普通高等教育“十一五”国家级规划教材

新编21世纪高等职业教育精品教材·法律类

法理学

（第七版 数字教材版）

主　编◎舒国滢
副主编◎蒋传光

中国人民大学出版社
·北京·

图书在版编目（CIP）数据

法理学 / 舒国滢主编．-- 7 版．-- 北京：中国人民大学出版社，2025.6. --（新编 21 世纪高等职业教育精品教材）．-- ISBN 978-7-300-34076-0

Ⅰ．D90

中国国家版本馆 CIP 数据核字第 2025GM4933 号

普通高等教育“十一五”国家级规划教材
新编 21 世纪高等职业教育精品教材·法律类
法理学（第七版　数字教材版）
主　编　舒国滢
副主编　蒋传光
Falixue

出版发行	中国人民大学出版社		
社　　址	北京中关村大街 31 号	**邮政编码**	100080
电　　话	010－62511242（总编室）		010－62511770（质管部）
	010－82501766（邮购部）		010－62514148（门市部）
	010－62511173（发行公司）		010－62515275（盗版举报）
网　　址	http://www.crup.com.cn		
经　　销	新华书店		
印　　刷	北京密兴印刷有限公司	**版　　次**	2005 年 7 月第 1 版
开　　本	787 mm×1092 mm　1/16		2025 年 6 月第 7 版
印　　张	15.25	**印　　次**	2025 年 6 月第 1 次印刷
字　　数	363 000	**定　　价**	52.00 元

第七版序

法理学乃法律思想之凝结，殊难以教材形式编写之。从根本上讲，法理学思想散见于历代思想家们的论著之中，而一切所谓法理学教材只不过是对这些论著之思想的复述和整理。自然，本教材也是这样一种复述和整理的产物。尽管如此，我们这些编写者们仍然不敢对法理学之题材有丝毫的怠慢，而尽力以专业的标准对待法理学所涉及的论题。

这样一种追求也许并没有完全顾及学习者的兴趣。一切初入法理学之门的人均渴望法理学极尽简明，要求作者删繁就简、抽丝剥茧，透露思想之光点。实际上，历史上只有那些在思想和文字上均达到炉火纯青地步的大学者才有可能满足我们的些许愿望。比如，本人心仪的德国法哲学家古斯塔夫·拉德布鲁赫曾在 1945 年为海德堡的学生写过一篇不足千言的短文《五分钟法哲学》，以优美的文字对自然法和法律实证主义思想精义作了经典的表述，一时引为楷模。我辈资质远未及此等境界，欲以五分钟之限说尽法理学之学，恐怕亦甚为困难。不如退而守拙，尽力以平实手法呈现专业知识和问题。

为引领学生进入法理学思维之门径，本教材在结构安排上进行了一些力所能及的尝试。每章正文前列名言、警句若干，意在让学生借助智者们的微言大义把握所涉主题之要旨。正文内时而插入一些“案例”，欲帮助读者直接感受生动的社会生活事实之中所蕴含的法学道理。每章学习完毕设计多少不等的“研习活动”，旨在激发学生对法理学理论和问题讨论的兴趣，试图使参与思考、分析和讨论的每个人都能够共享法理学智慧、方法和技术所带来的精神愉悦。但愿这样的方式逐渐为学习者适应，并产生编者无心插柳而柳成荫的奇妙效应。

本教材自初版面世以来，历经六次修订。每次修订的原则是：第一，基本章节结构不变；第二，核心观点和学界有基本共识或者理论界没有实质争议的内容不做修订；第三，与当前主流观点不一致的，做适当改动，以保持一致性；第四，法律已经修改的，按照修改后的法律阐释相关的制度；第五，已经过时的或者明显不能成立的观点和资料一律予以删除。

本次修订的重点是根据《中华人民共和国立法法》和法理学研究的新进展，对相关内容进行修改，对个别词句做出调整。

全书编写工作的分工为：

舒国滢（中国政法大学教授、博士生导师）：导论、第五章；

陈景辉（中国人民大学教授、博士生导师）：第一章、第九章、第十章、第十一章；

王莉君（中国青年政治学院教授、法学博士）：第二章、第三章；

梁迎修（北京师范大学教授、博士生导师）：第四章、第七章；

蒋传光（上海师范大学教授、博士生导师）：第六章、第十二章、第十四章、第十五章、第十六章；

柯华庆（中国政法大学教授、博士生导师）：第八章；

王夏昊（中国政法大学教授、博士生导师）：第十三章。

参与教材编写的作者大多与本人有经年问学交流之谊，志趣相投，心系法学。华庆、夏昊为中国政法大学同事，传光、景辉、莉君和迎修亦曾在法大求学数载，他们现在学有所成，业有专攻。可以说这本教材是大家齐心协力、取精用宏之成果，对他们的贡献，本人深表谢意。同时对中国人民大学出版社为本教材的顺利出版所给予的支持，表示感谢。

舒国滢

目　录

导　论 …… 1
第一节　法　学 …… 1
第二节　法理学 …… 7

第一编　法学基本概念

第一章　法 …… 15
第一节　法的概念 …… 15
第二节　法的形式特征 …… 20

第二章　比较法学与法系 …… 27
第一节　比较法学 …… 27
第二节　法　系 …… 30
第三节　两大法系 …… 32

第三章　权利、义务与责任 …… 40
第一节　权利与义务 …… 40
第二节　法律权利与法律义务 …… 44
第三节　责　任 …… 47

第四章　法律规范与法律体系 …… 57
第一节　法律规范与法律规则 …… 57
第二节　法律原则 …… 62
第三节　法律体系 …… 66

第五章　法律关系 …… 73
第一节　法律关系概述 …… 73

第二节　法律关系主体 …… 76
第三节　法律关系的内容 …… 79
第四节　法律关系客体 …… 80
第五节　法律事实 …… 82

第六章　法律行为 …… 85
第一节　法律行为概述 …… 85
第二节　法律行为的结构 …… 88
第三节　法律行为的分类 …… 91

第二编　法律的运行

第七章　立法、执法与司法 …… 99
第一节　立　法 …… 99
第二节　执　法 …… 103
第三节　司　法 …… 106

第八章　法律推理 …… 112
第一节　法律推理概述 …… 112
第二节　演绎法律推理 …… 115
第三节　类比法律推理 …… 118
第四节　法律推理的价值 …… 121

第九章　法律解释 …… 126
第一节　法律解释概述 …… 126
第二节　法律解释的目标与方法 …… 129
第三节　当代中国的法律解释体制 …… 133

第十章　法律渊源 …… 138
第一节　法律渊源概述 …… 138
第二节　正式法律渊源 …… 140
第三节　非正式法律渊源 …… 145

第十一章　法律效力 …… 149
第一节　法律效力概述 …… 149
第二节　法律的时间效力 …… 151
第三节　法律的空间效力 …… 155
第四节　法律的对人效力 …… 156

第三编 社会中的法

第十二章 法的演进 …… 161
第一节 法的起源 …… 161
第二节 法律发展的历史阶段 …… 166
第三节 法的未来 …… 174

第十三章 法的作用 …… 178
第一节 法的作用概述 …… 178
第二节 法的规范作用 …… 180
第三节 法的社会作用 …… 183
第四节 法的作用的局限性 …… 187

第十四章 法的价值 …… 191
第一节 法的价值概述 …… 191
第二节 法与秩序 …… 194
第三节 法与自由 …… 195
第四节 法与平等 …… 199
第五节 法的价值冲突及其解决 …… 202

第十五章 法与其他社会因素 …… 206
第一节 法与经济 …… 206
第二节 法与政治 …… 210
第三节 法与文化 …… 213
第四节 法与道德 …… 215
第五节 法与宗教 …… 218

第十六章 法治国家的一般理论 …… 222
第一节 法制与法治的概念 …… 222
第二节 法治的原则 …… 224
第三节 法治国家形成的条件 …… 226
第四节 法治国家建设目标和实现途径 …… 228

导 论

【本章引言】

法学对人的智识乐于提供也许是最好的科学思维技巧的训练——任何人，当他从法学转向其他科学时，都会感激曾有过这种法学的润养。

——古斯塔夫·拉德布鲁赫

法学在人文科学中无与伦比的优越性在于：其并非立于法秩序之旁，亦非追随其后，而是直接参与法秩序本身及法律生活的形成。

——卡尔·恩吉施

【本章学习目标】

通过本章的学习，你应该能够：

1. 掌握法学的性质、特征；
2. 了解法理学研究的对象和意义；
3. 熟悉法学思维的基本特点。

第一节 法 学

一、法学的概念

所谓法学，就是研究法律现象的知识体系，是以特定的概念、原理来探求法律问题之答案的学问。也可以说，法学是一门实践知识、实践学问，即通过“实践之思”获取的知识。按照古老的知识分类，实践知识（拉丁文为 prudentia），包括宗教知识、伦理知识、政治知识、法律知识等。

从历史上看，作为实践知识的法学在特定的历史条件下才得以产生。在中国，先秦时期就有所谓“刑名法术之学”，其后有专事注释法律的“律学”兴盛。总体上看，中国传统的律学是与成文法同时产生并同步发展的，它作为成文法的附属物，与立法解释和司法解释分不开，它研究具体的法律原则，阐述法律的宗旨、名词术语，解决法条对具体案件的适用等问题。具体而言，律学探讨律（法典）与例（判例）之间的关系，条文与法意的内在联系，以及立法与用法、定罪与量刑、司法与社会、法律与道德、释法与遵法、执法与吏治、法源与流变等各个方面。

在注释和研究方法上，律学具有如下特点：

（1）重视逻辑归纳，较为轻视逻辑演绎。中国传统的思维偏于形象思维，强调直观感悟，所以在注释法律时也注重归纳，即从个别对象具有某种属性的知识而推导出一般的结论。而演绎则强调从一般性的知识推导出个别对象的属性。

（2）重视考据，轻视理性论证。律学偏于引经据典、罗列材料，而较缺乏分析性的、论辩性的结论。

（3）重视实用技巧，较为轻视学理阐释。律学的知识大多是古代的官吏或私家注律者在法律实践中的经验总结，所以一直体现着“务实”的性质，更多地表现为司法官的办案技巧，因而理论色彩较淡。

（4）重视刑事法律，轻视民事法律。中国传统法律文化较为注重刑事法律，民事法律不甚发达。所以，律学的主要任务是对刑事法典条文内容进行注释。

西方“法学”的兴起也离不开立法和司法的发展，并且与“职业法律家阶层”的出现相关联。至少在古罗马，从公元前 3 世纪起，就开始逐渐形成了一个专业性的法律家群体，传授职业性的法律实践知识，并且产生了不同的法学派别。与中国律学相比，西方法学有其自身的特点，它的发展离不开哲学、认识论和方法论的发展。西方法学除了实用知识、技巧方面内容外，还有大量的内容涉及法律哲理、法律原理的思考。所以，西方法学理论的形成，除了有法学家们的思考外，哲学家、伦理学家、政治学家、逻辑学家均对此作出过贡献。19 世纪末，西方法学的概念经由日本引入中国，对中国的法律文化和法律学问的发展产生了重要影响。

二、法学的性质

实践性构成了法学的学问性质，我们可以从以下几个方面来看。

（一）法学的制度关联性

法学的研究总是指向法律现象或法律问题的。故此，法学的兴衰注定是与一个国家法律制度的发展相关联的：法制兴则法学繁荣；法制衰则法学不振。而其他学问的发展，并不一定以法制和秩序的存在为条件。例如，在一个没有法制和秩序的国家，可能会生成有创造力的文学或哲学。在中国古代，哲学思想的发展往往并不是出现在国家法律制度和法律秩序稳定的时期，而是在政治动荡甚或战乱时期（如先秦时期），但是律学的鼎盛则一定是在法律制度和法律秩序稳定的时期。

（二）法学的务实性

法学并非“纯思”，它的理论兴趣不在于寻求“纯粹的知识”或“纯粹的真理”。法学必须关注和面向社会的世俗生活，为人们在社会生活中的困惑、矛盾和冲突（例如人与人之间的经济纠纷，人们的行为所造成的损失之承担）寻找切实的法律解决方案，确立基本的原则，或为法律的决定作出合理且有说服力的论证。法学实践活动的所有方面（法律认识、法律判断、法律理解、法律解释等）都是围绕着这个领域展开的。

（三）法学的经验理性

法学是反映人的经验理性的学问，是人的法律经验、知识、智慧和理性的综合体现。在法学中，逻辑分析是必要的，但经验的审慎判断更为重要。法学的论证除了概念和原理的推导外，现实的事例证明和针对案件所进行的利益衡量也非常必要。因为在法律实践领域，法学家们所面对的是大量千差万别、有待处理的案件、情事和问题，这些案件、情事和问题没有所谓的“一般规律”可循。所以从总体上说，对待这些事物，法学的判断和分析有时更需要经验的积累。

（四）法学的职业性

法学是职业性知识体系，它所使用的语言是冷静的、刚硬的、简洁的、合乎逻辑的，是经过法学家们提炼、加工和创造出来的专业语言，与人们的日常语言存在一定的差别。在许多场合，法学的语言对外行人来讲是非常陌生的，如“无因管理”“不可抗力”等。

（五）法学的价值取向性

法学不同于自然科学之处，在于它研究的是一种“价值性事实”，即反映人类的价值观、价值倾向和价值意义的社会事实。无论是在立法、司法还是在守法中，人们的行为和行为关系都是具有价值意义的。通俗地说，人们在现实生活中的行为，无论是合法的还是违法的，都应当根据法律来加以评判，这种评判实际上就是一种价值评判。所以，法学必须从价值的观点加以考察。它是反映研究者一定的价值立场或价值取向的学问，在法学中很难做到“价值无涉”（value-free）或进行无立场的研究。

三、法学的研究对象

笼统地说，法学研究法律现象。然而，法律现象是纷繁复杂、多种多样的。我们从下列三个问题领域来对此加以考察。

（一）法律制度问题

一个国家法治建构的首要任务是确立一套相对统一而完整的法律制度体系，因而法律制度便成了法学研究的对象。无论是应用法学（如民法学、刑法学、诉讼法学）还是理论法学、法律史学、比较法学，都必须以法律制度作为考察的出发点。应用法学以一国现行有效的法律制度作为考察的重点；法律史学则将研究的重点放在历史上的法律制度；比较法学将各国同时期的法律制度的异同作为探讨的主题；而法学理论可能更多地思考国家法律制度之所以有效的理论根据。其他法学的分支学科也大体上首先将法律制度作为研究或思考的对象。譬如，立法学直接研究法律制度的制定原则和技术，宪法学研究一国宪法制度（国家权力的配置），行政法学研究行政管理的法律制度。即使那些以法律思想为直接研究对象的学科（如中国法律思想史学、外国法律思想史学），也并非完全能够脱离对法律制度的考察，因为历史上的许多法律思想就是针对法律制度而形成的。离开了法律制度这个研究对象，法学将无法存在。

（二）社会现实或社会生活关系问题

国家制定法律、建立法律制度的目的在于用它们来调整人类社会的生活关系。所以，法学必须研究社会现实或社会生活关系。更确切地说，法学要研究那些与法律制度有关联的社会现实或社会生活关系问题。比如，某人杀人，至少在杀人者与被害人及其亲属之间、杀人者与国家之间形成了一种关系，需要通过法律对这种关系进行判断和评价。如果我们能够从法律的角度对此生活关系进行判断和评价，那就可以断定这种社会现实或社会生活关系具有“法律制度的关联性”，否则就不具有“法律制度的关联性”。社会现实或社会生活关系本身是复杂多样的，并非所有的社会现实或社会生活关系都具有法律意义或“法律制度的关联性”。

参考案例 0-1

张某与李某是大学同班同学且为好友。一天，李某主动约张某星期天到电影院看电影。到了星期天，张某乘车至电影院门口等候李某。但李某突然改变主意，直到电影散场也没有去电影院。张某为此愤愤不平，提出要与李某“断交”。

在参考案例 0-1 中，李某存在“背信弃义”的行为，但该生活关系本身显然不具有“法律制度的关联性”，没有法律意义。也就是说，我们不能从法律的角度来评价李某的行为是合法还是非法，而只能从道德的角度来衡量其行为的好坏。法学必须研究社会现实或社会生活关系，才能够区分哪些社会现实或社会生活关系是有“法律制度的关联性”的，哪些是没有“法律制度的关联性”的，以便为立法、执法、司法和守法的活动提供科学、合理、正当的评价标准。从这个意义上讲，不研究社会现实或社会生活关系，就无法区分它们的意义，无法判断法与道德的界限，也就无从建立起一套立法、执法、司法和法律监督的制度。

（三）法律制度与社会现实如何对应问题

法学不是单纯地研究法律制度或社会现实，也就是说，法学既不完全脱离社会现实或社会生活关系来思考、观察或建构法律制度，也不完全离开法律制度来考察纯粹的社会现实或社会生活关系。因为自从法律产生之后，世界上就没有完全与社会现实或社会生活关系相隔离的法律制度，也没有完全与法律制度无关的社会现实或社会生活关系。实际上，我们在有法律的社会中所遇到的大量问题是法律制度与社会现实之间如何相互对应的问题，这些问题需要由法学来加以研究并予以解决。应当这样说，一方面，法律制度和社会现实之间并不是一一对应的，不是说一个国家有了一定的法律制度，就一定具有完全体现这种制度的社会现实。这一点很容易理解，比如，我国颁布了《中华人民共和国合同法》（以下简称《合同法》），并不是说社会现实生活中的所有关系就变成了合同法律关系了，即使在买卖关系方面，也不是所有的人都会按照《合同法》的要求来签订买卖合同。从中我们可以看到法律制度和社会现实之间的不一致、不对应现象，这就是法学经常可能面对的问题。我们假设立法者在制定法律制度时根本不考虑社会现实，那么很显然，在这种情况下，法律制度的内容就不符合实际，法律制度的设定就根本不能达到调整社会生活关系的目标。在现实生活中，我们不难发现有一些不切实际的法律制度（例如，那些在社会生活中根本不起作用的“书面上的法律”）。另一方面，即使法律制度在立法层面上看是完全切合实际的，但它们在执法、司法和守法上未必会完全被应用于社会现实或社会生活关系之中。例如，在执法者违法的场合，即便有良好的法律，也不一定能够产生立法者所期望的社会现实或社会生活关系。这反映出“应然”与“实然”、“规范”与“事实”、“制度”与“现实”之间存在差别性、不一致性。有时，执法者或司法者尽管极尽努力，也难以消除它们之间的这种差别性、不一致性。

参考案例0-2

《中华人民共和国消费者权益保护法》第55条规定："经营者提供商品或者服务有欺诈行为的，应当按照消费者的要求增加赔偿其受到的损失，增加赔偿的金额为消费者购买商品的价款或者接受服务的费用的三倍；增加赔偿的金额不足五百元的，为五百元。法律另有规定的，依照其规定。"王某得知某市百货商场正在销售假冒某品牌的电视机，遂购买了一台价值2 300元的假冒某品牌的电视机。第二天，王某以商场欺诈销售为由，要求该商场赔偿损失9 200元。后诉讼至法院，主审法官以王某"知假买假"为由认定其不属于消费者，对王某的诉讼请求未予支持。

在参考案例0-2中，法官按照自己的解释对王某的购买行为进行了否定的判断。在这里，什么是"消费者"的定义，什么是"知假买假"的构成条件及后果，都不是很清楚。故此，不同的裁判者对这个案件事实的认识会有所不同，裁决结果也可能有差别。这表明：法律规定本身若不清晰，要使规范与事实达到相互对应、相互一致是十分困难的。而法学的任务恰好是要在这些不相对应、不相一致的问题上找到解决的方案或办法，它们构成了法学研究的对象之一。

四、法学思维及其特点

每一门学问都有其独特的思维方式和思维特性。法学是一门独特的学问，其思维方式也是独特的。法学思维不是经济学思维，不是政治学思维，也不是伦理学思维，当然更不是自然科学的思维（这并不表明它们之间毫无影响）。法学思维是法学家在研究法律现象时所持的思考立场、态度、观点和使用方法。凡欲进入法学门径的人，首先要学会法学的思考方式，或从"常人"（普通人）思维转向法律职业人（法官、律师、法学教学研究者等）的思维。换言之，一个学习法律的人必须要像法律职业人那样去思考问题。概括地说，法学思维具有以下特点。

（一）法学思维是实践思维

法学区别于自然科学，原因在于它不是"纯思"，它不追求"纯粹的知识"，而是"实践的知识"。亚里士多德把人类的思考方式（也是获取知识的方式）分为三种，即思辨（哲学）之思、理论（科学）之思和实践之思。在他看来，思考自身不能使任何事物运动，而只有"有所为的思考"才是实践性的。实践之思是针对行为选择或欲望的思考，"这样的思考是一种实践的真理，而思辨的、理论的思考则不是实践的，它只是真与假而不造成善与恶……实践思考的真理要和正确的欲望相一致"①。法学是"有所为的思考"，是针对特定的法律现象的思考，也是针对人们的行为选择或欲望的思考。

（二）法学思维是以实在法（法律）为起点的思维

法学家的思考始终不能完全游离于各个时代发生效力的实在法。他们不能像哲学家或伦理学家一样站在超实在法或实在法之外的立场（譬如自然法立场）来批判法律，不能完全用道德的评价代替法律的评价，不能简单地预先假设一切实在法都是"非正义的法"，

① 亚里士多德．尼各马科伦理学．苗力田，译．北京：中国人民大学出版社，2003：120.

是非法之法。法学家对法律的批评应当是“体系内的”批评，实在法为法学家提供了思考的起点和工作的平台，但同时限制了法学家提问的立场和思考问题的范围。法学家完全可以表达自己在法律上的个人之价值判断，甚至像抒情诗人那样呈展自己渴望无限接近天空的浪漫想象，但法学家不能像诗人那样利用过度修辞的语言张扬自己的情感。他们如果不想让自己的判断和想象完全流于无效，那么，他们就必须用所谓理性、冷静、刚性的“法言法语”包裹起这种判断和想象，按照“法律共同体”之专业技术的要求，有逻辑地表达为法律共同体甚或整个社会均予认可的意见和解决问题的办法。也就是说，法学家必须依托实在法，按照“法学范式”① 来进行作业。故此，“假使法学不想转变成一种或者以自然法，或者以历史哲学，或者以社会哲学为根据的社会理论，而想维持其法学的角色，它就必须假定现行法秩序大体看来是合理的……它所关心的不仅是明确性及法的安定性，同时也致意于：在具体的细节上，以逐步进行的工作来实现‘更多的正义’。谁如果认为可以忽略这部分的工作，事实上他就不该与法学打交道”②。

（三）法学思维是问题思维

法学思维是针对法律问题而进行的思维。那么，什么是“法律问题”？当人们对法律制度或社会现实以及两者相互如何对应等方面的理解提供多于一个以上的答案时，就存在着某个“法律问题”。这样的法律问题是无处不在的，它既可能是立法问题，也可能是执法问题、司法问题、守法问题；既可能是法律解释问题，也可能是法律推理问题。有时，这样的法律问题甚至表现为一种“无路可走”的僵局性问题。譬如，假设有一项立法议案涉及大多数人的利益，无论是普通公民还是立法机构内部成员之间，都形成了完全对立的两派意见，谁也说服不了谁，表决的结果也是半数对半数，那么这就形成一种僵局性问题。在司法上也可能产生同样的情况。因此，法学的思考不是简单地运用演绎法，将法律作为毋庸置疑的前提条件通过推理得出结论的过程，更多的情况下是从问题出发，确定得出结论的前提条件是否可靠、是否被人们所接受。如果大家对推理的前提本身产生疑问，那么法学思考的工作就根本无法进行下去。所以，法学的首要任务是解决法律问题，为法律问题提供答案。

（四）法学思维是论证的思维、说理的思维

既然法学可能面临许许多多的法律问题，那么，法学在为法律问题提供解答方案时，必须为结论提供必要而充分的理由。在这里，法学思考遵循着“理由优先于结论”的规则。也就是说，法学的结论必须是有论证理由的结论，是对法学思考者本人以及其他人均有说服力的结论。显然，这种结论的形成需要由众多的个人和集团参与交谈、论辩，寻求讨论和理解的前提和方法。只有在法学思维中坚持论证和说理，才能确保个人和集团在法律问题上做到自我理解，以及其他个人和集团对此问题的相互理解，直至达成共同的法学意见或法学结论。以参考案例 0－2 中的“知假买假”为例，主审法官认为王某不属于“消费者”而判决其败诉，他就必须对这样的判决给出理由；否则，判决本身就站不住脚，既不能说服当事人，也不能使公众信服。

---

① 法学范式是指法学研究者、律师、法官等经过多年的法律实践积淀而形成，并通过职业教育传授的基本法律理论、法律信念、法律方法以及规范标准。

② 卡尔·拉伦茨．法学方法论．陈爱娥，译．北京：商务印书馆，2003：77.

（五）法学思维是评价性思维

上文谈到，法学所研究的是一种“价值性事实”，即反映人类的价值观、价值倾向和价值意义的社会事实。这就意味着：法学思维离不开评价。其实，自古以来，正统的法学就是“评价法学”。法学家们总是根据法律来评价人们的行为是合法的还是违法的。正如法学家施蒂希·约根森（Stig Joergensen）指出，法学及司法裁判的特色在于：它们“几乎完全是在处理评价的事”。① 德国法学家卡尔·拉伦茨（Karl Larenz）也认为，要“理解”法律规范就必须发掘其中所包含的评价及该评价的作用范围。法学主要关切的不是“逻辑上必然”的推论，而是一些可以理解并且有信服力的思想步骤。不管是在实践（法律适用）的领域，还是在理论（“教义学”）的范围，法学涉及的主要是“价值导向”的思考方式。② 在法学“价值导向”的思考中，寻求法律中的“正确性”要求是至关重要的。这种“正确性”要求所反映的主要价值是公正和正义。所以，法学思维所追求的价值目标与其他学问是有所不同的。比较而言，如果说经济学思维追求“效益最大化”的价值，伦理学思维追寻“道德之善”，政治学思维寻求“合目的性”“权宜之计”，那么，法学思维则以“正义”“公正”的价值为主要取向。这正是为什么要在立法和司法过程中设定严格甚至有些“烦琐”的程序的原因，即不惜牺牲“效率”，以保证法律的“正义”“公正”的价值得到实现。

第二节 法理学

一、“法理学”一词的含义及演变

法理学研究的对象主要是法和法学的一般原理（哲理）、基本的法律原则、基本概念和制度以及这些法律制度运行的机制。因而，就制度层面而言，法理学是一门研究所有法律制度中的一般问题、原理、原则和制度的学问。它不关心每个具体制度、法律的具体操作问题（这属于不同法学学科研究的对象），而是对每个法学学科中带有共同性、根本性的问题和原理作横断面的考察。法理学研究的范围（领域）是法哲学方向、法社会学方向和法的理论（或形式法学）这三个法学基本研究方向的结合。法哲学、法社会学、法的理论各自可以相互独立成为一门学问，它们分别侧重于对法的价值方面（法哲学）、事实方面（法社会学）和规范方面（法的理论）的研究。法理学以法哲学为基础，通过对法的原理、原则、概念、制度的探讨，将其他两个理论方向的研究联系和统一起来，但又不完全代替各个理论方向的具体研究。这样一个研究范围既反映了科学分化与整合的大趋向，也反映了当代世界三大法学流派（即自然法学、社会法学、实证主义法学）理论倾向相互融合的事实。

从语源看，汉译“法理学”一词来自日本。据考证，1870 年（日本明治三年），日本《大学南校（开成学校的前身）规则》中将法理学称为“法科理论”，1874 年（日本明治七年）初，在东京开设开成学校（东京大学的前身）时将这门科目改名为“法论”。直到

---

① 卡尔·拉伦茨．法学方法论．陈爱娥，译．北京：商务印书馆，2003：94.

② 同①94－95.

1881 年（日本明治十四年），日本法学家穗积陈重已在东京大学的法学部开设这门课程，认为“法论”与佛教中的“法谈”可能会混淆，让人觉得有一种讲经说教的感觉，带有些佛教气息，故改名为“法理学”。他原本打算将德文“Rechtsphilosophie”翻译作“法律哲学”，但认为当时的哲学仅限于形而上学的理论，故没有采用该译名，而选择“法理学”则能够适合于所有学派的理论。[①] 1832 年，英国法学家约翰·奥斯丁（John Austin）出版《法理学范围之限定》，使用“一般法理学”一语，指“实在法哲学”，以区别当时的政治哲学、道德哲学。这种用作“分析法学”意义的“法理学”后来为英美法学界接受，成为通行的概念。但在学者们的著作中，此概念有时与法哲学互用，有时并不完全等同于法哲学。

在我国，“法理学”作为学科的名称也几经变更。1949 年新中国成立以前，当时在高等法律院系中，曾开设“法理学”或相似的课程，也有若干法理学教科书出版。1952 年院系调整后，我国高等法律院系的基础理论课程依照苏联的模式，采用苏联 20 世纪 40 年代至 50 年代的法学教科书，译作“国家和法权理论”，直至 70 年代末改为“国家与法的理论”，此名称沿用至 80 年代初。1981 年，北京大学组织编写的《法学基础理论》教科书出版，从此，“法学基础理论”成为学科通用名称。进入 90 年代以后，大多数政法院系在各自编写的教材中已开始使用“法理学”的称谓，该名称同时为法学界普遍接受。

二、法理学在法学体系中的作用与地位

（一）法学体系

法学体系，也称为“法学分科的体系”，即由法学各个分支学科构成的有机联系的统一整体。它的中心问题是关于法学内部各分支学科的划分或法学学科的分类。由于法学研究的问题非常复杂，内容丰富多样，范围也很广泛，因而法学本身又分为许多学科，或称为“法学的分支学科”。每个法学分支学科各有其具体的研究对象和范围。因此，如何科学地界定各个法学分支学科的对象和范围、合理地划分法学分支学科，对于审视一个国家法学的总体发展，进一步调整法学研究的布局，都是具有积极意义的。

法学体系不等同于法学理论体系，但又与一定的法学理论体系相联系。法学理论体系是建立在一定的世界观和方法论基础上的法律理论观点、思想和学说体系。在此意义上，它与一个国家法学的学科体系（法学体系）是有区别的，一个国家的法学分科体系大致统一，但可以并存多个不同的法学理论体系（例如不同法学派别的理论学说）。多元法学理论体系的存在，有时并不影响法学的学科划分。法学体系可以按照某一种法学理论体系为基础建立起来，也可以兼容不同的法学理论体系或若干个法学派别的理论和观点。

法学体系也不完全是法学的课程设置体系。尽管法学专业课程的设置往往是以法学分科为依据（例如，法理学既是法学的分支学科，又是一门法学课程），但法学课程体系不可能穷尽法学所有的分支学科。法学院（系）在编制法学课程体系时，总是根据各自的实际需要和情况而定，有些院（系）偏重法学理论学科方面，另一些院（系）偏重应用法学方面。而且，有时一门课程可以包括几门学科的内容（如“法学概论”课程）；有时一门学科又可以设置几门相关的课程，例如，“宪法学”可以作为一门课程，也可以分设“中

① 穗积陈重．法窗夜话．曾玉婷，魏磊杰，译．北京：法律出版社，2015：118.

国宪法学”“外国宪法学”“比较宪法学”等若干课程。

至于法学分支学科的具体划分问题，国内外法学家至今尚无统一的标准。我们认为，在构想中国的法学体系时，应当明确以下几方面的问题：首先，要正确而客观地估量中国目前已经形成的学科现状，并且科学地预测目前或未来将会出现的新的学科前景；其次，划分法学分科时，在坚持以其研究对象为标准的基础上，要考虑各学科的研究方法、特点，以及学科结构的平衡等诸要素；最后，法学体系的构成要素是有层次、分等级的，划分学科应当注意这种层次和等级，不能将位阶低的法学学科与位阶高的法学学科并列起来或混为一谈。基于上述考虑，我们倾向于将中国的法学学科划分为六大门类，其中每一门类又包含第二或第三层次的分支学科。

1. 理论法学

这是指研究法的基本原理、概念、思想和规律的学科类别。包括法理学（法哲学）、中国法律思想史、外国法律思想史等。

2. 法律史学

这是指对中外历史上的法律制度进行研究的学科类别。包括中国法制史、外国法制史。其中，中国法制史又可以分为中国法制通史、断代史（如隋唐法制史、明清法制史）、专史（中国刑法史、中国民法史等）；外国法制史也可以按国别或时代来研究。

3. 国内应用法学

这是指与“理论法学”相对称的学科类别。它主要有两类：

（1）对一个国家的各个法律部门进行研究所形成的学科。包括宪法学、行政法学、民法学、经济法学、刑法学、婚姻家庭法学、劳动法学、环境保护法学、诉讼法学（刑事诉讼法学、民事诉讼法学、行政诉讼法学）、军事法学等。

（2）研究法律的制定或实施过程而形成的各种学科，包括立法学、法律解释学、法律社会学等。

4. 外国法学和比较法学

这是指对外国法律或不同国家的法律进行双边或多边研究所形成的学科类别。包括外国法学概论、比较法总论以及各外国部门法学或比较法学（如外国宪法学、比较宪法学等）。

5. 国际法学

这是对涉及国家之间的各种法律进行研究而形成的学科类别。包括国际公法学、国际私法学、国际经济法学、国际刑法学等。

6. 法学的交叉学科（边缘法学）

这是指将法学与有关的自然科学或社会科学结合起来进行研究而形成的学科类别。包括法医学、刑事侦查学、司法鉴定学、犯罪心理学、证据学、法律统计学、法律精神病学等。

（二）法理学的地位

在整个法学体系中，法理学居于一种非常独特的地位：一方面，法理学所研究的是法的一般原理、原则、概念、制度，这种研究对象与人类的生活方式、理念、价值和人文的总体精神息息相关。因此，法理学总是要站在法学学科发展的最前沿来追踪、吸纳人文科学、社会科学和自然科学的成就，反思法的基本问题，同时从法学的角度对各种人文思潮作出回应。在一定意义上，法理学（尤其是法哲学）也属于研究人类精神的学问（人文科学）之一，与那些专注于法律的应用与操作的学科（应用法学）存在较大的区别。另一方面，从法学体系的内部关系看，法理学在整个法学体系中具有“基础理论”的地位。它是建立在应用法学（部门法学及其应用学科）之上的，具有普遍意义、属性和职能的法学学科，其内容具有基础性、根本性、一般性、普遍性和抽象性，从而对各种应用法学给予理论上的指导。法理学是沟通法学诸学科的桥梁，在很大程度上影响整个法学发展的水平。法理学研究的不发达，必然会对法学其他学科的研究产生不良的后果。因此，强化法理学的基础地位，深化法理学的研究，对于建立一国法学体系是至关重要的。

法理学与法学其他学科的结合，反过来对于法理学自身的发展同样有十分重要的影响。法理学是一门开放性的学问，这不仅是指它对外的开放（即法理学与整个人文科学、社会科学和自然科学的结合），而且指它对内的开放，即在法学体系之内与其他法学学科的结合，不断从其他学科中获取理论和方法上的资源，以丰富和完善法理学自身的理论。例如，法律制度史的研究，国内部门法学（民法学、刑法学、宪法学等）的研究，在某些方面有各自学科的优势和特点，它们对历史上的法和现实的法所进行的实证考察，是法理学所不可替代的，而且它们从各自学科出发对法的本质和现象问题所作的结论，对于法理学亦具有重要的参考价值。因此，法理学若不与法律史、国内部门法学结合，则很可能会陷入空泛和游说无根的窘境，也不能起到前导学科的作用，不能对法学其他学科予以理论上的指导。然而，法理学与法学其他学科的结合，绝不意味着法理学可以完全照抄、照搬法律史学或国内部门法学的理论，将其他学科的东西据为己有；否则，也就失去了法理学自身的特色。

三、学习法理学的意义

一个民族若要站在科学的最高峰，就一刻也不能离开理论思维。这一论断，对于学习和研究法理学而言，同样是适用的。如果要在人文科学、社会科学、自然科学发展的大背景下审视法学整个体系的发展，那么就不能轻视法理学存在的价值和意义。

（一）法律文化的发展与法理学的研究密切相关

人类精神的演化和科学的进步离不开思辨的哲学。同样，一个国家、一个民族法律文化的发展也离不开法理学的研究。法理学归属于人文科学的一部分，它基于对法的原理、原则、制度的研究而推衍至对人类生活方式、价值、人类的精神等问题的思考，这无疑为人文科学（包括哲学）的研究展开了一个新的视角和方向。例如，一个时代需要什么样的法律精神？法对人的“生活世界”有什么影响？法到底应当体现什么样的社会价值或人类价值（自由、平等、秩序抑或进步）？等等。这些问题的探讨都离不开法理学（包括法哲学）的沉思。法理学的学习目的之一，就在于使学生具有对人类生存状态和世俗生活的关怀，塑造其法学的世界观，培养其对于人类社会法律生活的哲学态度。

（二）法理学重在培养法律和法学工作者的见识和境界

法理学不仅为人们提供学习法律的入门知识，更重要的是培养法律和法学工作者的见识和境界。前已述及，法理学是法学的基础学科，它关于法学的一些基本理论、基本概念、基本知识，为进一步学习和研究法学的其他分支学科奠定理论基础。不仅如此，法理学还通过其理论特有的魅力，向人们展示法律的文化内蕴，揭示法律的内在精神、原则、价值和理念，提高人们的法学境界，扩展法学研究的视野，使人们一开始就站在较高的理论层面上来审视重大的法学一般问题和本学科的法学理论问题。因此，一个合格的法律专业学生应当是具备良好的法理学素养的学生，一个称职的法官应当是既精通法律又兼具法理学境界的法官，而一个部门法学专家同时应当是一个法理学家。

（三）法理学重在训练人们的法律思维方式和能力

首先，法理学可以培养一个法律人（jurist/lawyer）所特有的观察问题和思考问题的方式，使法律人通过法的基本概念、范畴和方法形成对社会问题的法律（职业）判断和评价，在这一点上，法律人的立场区别于一个政治（学）家、经济（学）家或道德（学）家的立场。

其次，法理学可以培养人们对法的存在之源的不断探求精神，提升人们对法律的理性认识能力和法律智慧，使人们不仅知法之其然，而且还知法之所以然。

最后，法理学可以训练人们的法律推理能力和理论抽象能力，使人们既能够将一般的原理或法律命题运用于某一具体的法律事件的分析，又能够对具体的法律事件作出类型的概括，从中抽象出不同位阶的法律概念和命题。

由此，我们认为，空谈理论、轻视实践自然是不正确的，然而，一味强调“功利”“实用”，而轻视理论的价值同样是错误的。学习法律是要懂得法律，而懂得法律，不仅要掌握操作法律的知识，而且要深入研究法律的道理。只有如此，我们国家的民主与法治建设才会有一个较好的文化心理条件。毕竟，理论的发达，对于开启民智、培养民风、提高整个民族的素质同样是不可或缺的。在这个方面，法理学应当作出其应有的贡献。

【本章小结】

法学是一门实践知识、实践学问，即通过“实践之思”获取的知识。它具有这样的性质：第一，法学的研究总是指向法律现象或法律问题的。第二，法学具有务实性。第三，法学是反映人的经验理性的学问，是人的法律经验、知识、智慧和理性的综合体现。第四，法学是职业性知识体系，它所使用的语言是冷静的、刚硬的、简洁的、合乎逻辑的，是经过法学家们提炼、加工和创造出来的行业语言。第五，法学不同于自然科学之处在于它研究的是一种“价值性事实”，即反映人类的价值观、价值倾向和价值意义的社会事实。

法学研究的法律现象主要有：法律制度问题；社会现实或社会生活关系问题；法律制度与社会现实相互如何对应问题。法学的思维方式也是独特的。法学思维是法学家在研究法律现象时所持的思考立场、态度、观点和使用的方法。一个学习法律的人必须要像法律职业人那样去思考问题。

法理学研究的对象主要是法和法学的一般原理（哲理）、基本的法律原则、基本概念和制度以及这些法律制度运行的机制。法理学在整个法学体系中居于一种非常独特的地位。学习法理学具有重要的意义。

【本章研习活动】

1. 分析

在某个学术研讨会上，甲、乙、丙三位学者分别就“法理学”一词作了不同的解释。

甲说："法理学就是法哲学，研究法律中的哲学问题，比如法律原则、概念、制度、方法等。"乙说："法理学是研究社会现实问题的学问，相当于法社会学。"丙说："法理学是研究刑法、民法、宪法、诉讼法等法律部门如何适用问题的学问。"

问题：

你认为上述哪一种或哪些观点有道理？为什么？

2. 讨论

根据参考案例0-2，讨论以下问题：

(1) 这个案例中争议的核心问题是什么？

(2) 主审法官以王某"知假买假"为由认定其不属于消费者，是否有道理？

(3) 这个案件所涉及的问题是否只有一个答案？如果还有其他答案，请尝试列出。

要点提示：

学生在讨论这些问题时，可以不从具体的专业法律知识（如民法学）角度出发，也不一定要运用本教材后面介绍的内容（如法律关系、法律责任、法律解释和法律推理）来进行分析，只需要根据一般常识来辩论即可。目的在于使学生逐渐地学会法学思考和论证的方法。

【推荐阅读材料】

1. [德] 卡尔·拉伦茨著，陈爱娥译：《法学方法论》，北京，商务印书馆，2003。

2. 何勤华：《西方法学史》，北京，中国政法大学出版社，1996。

3. 林立：《法学方法论与德沃金》，北京，中国政法大学出版社，2002。

4. 舒国滢：《从方法论看抽象法学理论的发展》，载《浙江社会科学》，2004 (5)。

5. 舒国滢：《在历史丛林里穿行的中国法理学》，载《政法论坛》，2005 (1)。

第一编

法学基本概念

第一章　法

【本章引言】

只有把法的理论同正义哲学以及社会学区分开来，才有可能建立一门特定的法律科学。

——汉斯·凯尔森

国家的强制执行力是确定法的绝对标准，没有强制力的法律规范是一种自我矛盾，好比不燃之火、无光之灯。

——鲁道夫·冯·耶林

【本章学习目标】

通过本章的学习，你应该能够：

1. 掌握法的概念；
2. 了解有关法的概念的三个争议点；
3. 熟悉自然法与实证主义的基本立场；
4. 系统掌握法的形式特征，以便有效区分法与其他社会规范。

法理学的核心问题在于以何种方式来回答“法是什么”，法律思想上千年的发展历史就是围绕着这个问题展开的。但是，由于这个问题涉及的内容过于复杂，为了学习的顺利展开，本章将主要介绍上述问题所涉及的核心争议点，并阐述如何从形式上识别法的标准。

第一节　法的概念

一、研究法的概念的重要性

有关法的概念的研究，就是回答“法是什么”的问题。在历史上，不同的法学家和哲学家都试图给法下定义，但是到目前为止仍然不能寻找到一个相对一致、能够被普遍接受的法的概念。但是在法律人的工作中，不同的法的概念和立场完全可能导致对同一个案件作出不同的法律判断或决定。因此，法律人在处理一些案件，获得正当法律决定的过程中必须作出立场选择，除非法律人打算充当麻木的法律技术匠的角色。如果他们没有自己的立场，“将很容易在无意识当中成为权力所有者的工具，成为权力者的法政策目标甚至罪恶的法政策的工具”①。具体来说，有关法的概念的研究具有非常重要意义的原因在于：

其一，我们必须注意，法是利益关涉的，它对于人们的行为、利益等可能产生影响，因为它会引起有关权利、义务、责任的分配。比如，在刑法领域，何种行为属于犯罪、属于何种犯罪，都将引发不同的法律后果——或者表现为对自由的限制，或者表现为对生命的剥夺。即使是在民法领域，义务和责任的设定同样会使法律之下的行为丧失任意性的特征。而且，将何种规范视为法律，意味着这些规范将获得由国家机构采取强制手段加以实施的效果。因此，对于“法是什么”这个问题的回答，其实就是在不同程度上扩大或者缩小法的范围，进而对人们的行为附加不同的法律后果。故此，我们不能不对这个问题给予慎重的对待。而在其他领域，对于“什么是美”“什么是道德”之类的科学问题，其回答虽然同样会引起不同的行为后果，但是，一般说来，这种后果缺乏法所具有的强制效果，因此很难像法一样对人们行为和利益带来重大的影响。对于“什么是化学”“什么是物理”之类自然科学的定义问题，即使存在争议，也不会直接引发有关人们行为及利益的变化。但是，对“法是什么”的认识和界定则不同。

参考案例 1-1

王某自 20 世纪 80 年代初期以来，一直从事将山东的蔬菜贩运至北京的业务。我国 1979 年制定的《中华人民共和国刑法》（以下简称《刑法》）中规定了“投机倒把罪”，将现在我们习以为常的市场交易行为定义为“投机倒把”。1997 年，《刑法》作了修改，将这个罪名取消。这就意味着：按照 1979 年的《刑法》规定，王某的行为属于投机倒把行为并应当受到法律的制裁；但是在 1997 年以后，王某的行为不但不会受到法律制裁，反而会受到法律的保护。

从参考案例 1-1 中可以看出法概念的范围界定对于人们行为及利益的影响。

其二，我们知道，对于行为的约束与限制，并不只有法能够引发后果。法以外的其他社会规范——宗教、道德、习惯，同样具有这样的实效。因此，如何界定法律或者如何划定法的范围，在一定程度上等同于如何在法、宗教、道德、习惯之间划定界限的问题。其中，最为重要的就是法与道德之间的关系。如果法与道德之间的内容完全一致，没有分别，那么，人们就会基于道德理由否定法律的效力；同样，有时人们基于法的理由可以任意违反道德的要求。因此，研究法的概念还必须处理法和其他行为规范之间的关系。

其三，即使我们给出了一个法的概念，但是这个概念在面对“国际法”与“习惯法”时，可能缺乏充分的解释力度。因为国际法缺乏立法机关；没有国家的事先同意，国家就不能被送上法庭；国际法缺乏一套有组织的制裁体系；等等。习惯法也具有类似的特征。② 那么，这是否意味着我们不应当将上述两种规范体系视为法呢？这两个术语是否存

① 魏德士．法理学．丁晓春，吴越，译．北京：法律出版社，2003：280.

② H L A HART. The concept of law. Oxford: Clarendon Press, 1994: 3-4.

在用语不当的问题呢？

由以上的讨论，我们可以发现，法的概念影响具有强制力效果之行为准则的范围，牵涉法与其他社会规范（尤其是道德）之间的关系与界限，牵涉国际法与习惯法到底是否属于法的问题。上述三个问题都是非常难以回答的，要想在法学上完全把这些问题解释清楚，是非常困难的。

二、法的概念的三个基本争议点

英国法学家哈特（H. L. A. Hart）对法的概念问题进行了较为深入的研究。他将此前不同的法学家关于法的概念的分歧归结为以下三个方面：其一，法和以强制力为后盾的命令之间有什么区别与联系？其二，由于共享同样的词语并且有时存在共同的要求，法律义务与道德义务之间是否存在差别？其三，什么是规范？规范达到什么程度才能成为法？换言之，法与规范之间的区别何在？①

（一）法和命令

由于法和命令之间存在很多共同之处，因此，很多研究者将法视为某种来自国家的命令。两者的共同点包括以下几个方面：

（1）法和命令都处于“一方对另一方”的单向关系之中，因此，它们与具有讨价还价特征的交往关系不同，被施予者不能基于自身的原因或理由对抗法和命令的效力；换言之，法和命令不能与反向的关系共存。例如，军队中的首长对下级发布命令，下级只能服从，不能反向发布命令；当然，下级可以提供某些建议，但是建议之所以是建议而非命令，就是因为它不具备命令的单向特征。

（2）法和命令都处于“一对多”的结构之中，即有权发布法律或者命令的主体（无论是个人还是组织）都是特定的，但是其指向的对象是不特定的。例如，连长可以向全连的战士发布命令。法也是针对不特定的公民加以约束。

（3）在法和命令中，被指向者的行为都是非任意性的，即使存在一定的选择自由，这种选择也必须建立在法或者命令所给定的范围之内。

正是由于上述原因的存在，使得通过命令来界定法律的做法似乎顺理成章。

但是，法与命令之间存在着一个关键性的区别，即法之下的行为具有“义务性”的属性，换言之，我们可以运用“义务”一词来描述法律之下的行为；但是，我们很难运用“义务”一词来描述命令，因为命令之下的行为只具有被强制的特征而不具有义务性。例如，在纳税和抢劫的情形之中，都表现为一方当事人必须向另一方交出一定数量的财物。在纳税的情形下，纳税人负有缴纳税金的义务；而在抢劫的情形下，被害人只是被迫向抢劫者交出财物，他显然不负有交出财物的义务。

法与命令之间既存在着共同点，又存在着巨大的差异，使得我们必须仔细审视二者之间的关系。因此，那种试图通过命令来明确法的含义的做法必须以某种条件的成就作为基础，这就是必须能够证明命令引起的强制与法所带来的义务能够等同。但是，这个任务的最终实现具有相当程度的困难。

---

① H L A HART. The concept of law. Oxford：Clarendon Press，1994：Chapter 1.

（二）法律义务与道德义务

显然，法具有引发义务的能力。那么，法律的义务来自哪里呢？为了解释法律义务的来源，很多学者将目光投向了“义务”一词所使用的领域。其中，最经常使用“义务”一词的领域，除了法之外，就是道德领域。因此，这很容易将法律义务与道德义务联系起来，进而认为法律义务来自道德义务。

参考案例 1-2

A对自己的父母不孝顺，其父母起诉到法院，法官依据《民法典》“成年子女对父母负有赡养、扶助和保护的义务”之规定，判处A应当采取一定的措施尽到自己的赡养义务。除了依据相关的赡养义务的法律规定之外，法官还引用了“孝顺父母是中华民族的传统美德”之类的道德原则，进一步强调孝顺的道德义务性质。

在参考案例 1-2 中，法官之所以做这样的引述，原因在于：在他看来，“孝顺父母”之道德义务是“赡养、扶助和保护父母”之法律义务的来源，进而将法律约束力建立在道德约束力的基础之上。将法律义务视为某种特殊道德义务的看法，无论是在中国还是在外国，都是普遍存在的。

但是，持此种观点的学者们无法否认如下通常出现的情况：法律评价和道德评价的结果并非必然等同，因为法律评价的结果是“合法”与“违法”，而道德评价的结果是“好”与“坏”，只有在证明“好＝合法”与“坏＝违法”两个等式的基础上，才能得出“法律义务来自道德义务”的结论。根据一般的经验，显然，上述两个等式难以成立。那么，这是否意味着法律义务并非来自道德义务呢？法律义务与道德义务之间到底是什么关系？这样的问题将是有关法律概念的主要争议点。

（三）法与规范

一般认为，法是以一种规范性的形式出现的。然而，除了法之外，还存在很多的规范形式，如游戏规则、礼仪规则、语言规则等。那么，法和规范之间是什么关系？细致分析的话，这个问题可以分解为以下几个子问题：

（1）法是否仅仅由规范组成？与规范相对的实际情况能否被视为法的组成部分？如果法仅仅表现为规范的形式，那么，法引起的社会关系的实际变化就不具备成为法组成部分的资格；如果相反，那么，这些部分将是法的一分子。此外，法这种规范的主要功能在于通过提供一般性的行为准则，进而维持社会的基本秩序。显然，很多法以外的规范（道德、宗教、政策、习惯等）同样具备这种功能，那么，这些规范是否也是法呢？

（2）法官在解决纠纷的时候，必须依据法律规范作出判断；否则，法官的行为就是任意的。于是，问题就出现了，“法官运用法律规范作出判断”这个表述是什么意思？法官真的受到法律规范的约束吗？或者说，“依法律规范判决”是否仅仅是为了掩饰判决实质上不过是法官个人喜好的结果？因此，我们必须研究法律规范与行为之间的关系。

三、关于法的概念的两个基本立场：自然法理论与法律实证主义理论

不同法学家依据上述有关法的概念的三个争议点的不同理解，给出了各种各样的法的概念。这里，我们依据人们在定义法的概念时对法与道德的关系的不同主张，大致上可以

将那些形形色色的法的概念区分出两种基本立场，即自然法理论的法的概念和法律实证主义的法的概念。所有的自然法理论都主张，在定义法的概念时，道德因素被包括在内，即法与道德是相互联结的。所有的法律实证主义理论都主张，在法与道德之间，在法律命令什么与正义要求什么之间，在“实际上是怎样的法”与“应该是怎样的法”之间，不存在概念上的必然联系。① 自然法理论者坚持“恶法非法”，而法律实证主义者则认为“恶法亦法”。

（一）自然法理论

“自然法”是英文“natural law”的对译。按照西方学者的理解，自然法观念的起源，可以归结为人类心灵固有的活动，它促使人类心灵形成一种永恒不变的正义观念。这种正义被认为是更高的或终极的法，其来自宇宙之本性，或者出自上帝之意志，或者源于人类之理性。例如，古希腊哲学家柏拉图认为：世界由“现象世界”和“理念世界”组成，理念是现象的本质。理念具有一贯的、先验的内容。同样，变动不居的法律现象都必须符合不变的法理念。换言之，只有理念中的自然法才是本质上的法律，其他的法律都必须与理念的自然法保持一致。中世纪的神学家将他们的宗教信仰与古希腊两个层次的法观念结合起来，形成了新的自然法观念。他们将上帝的意志或理性同法的两个层次联系起来，形成了多层次的法理论。比如，按照中世纪最有权威的经院哲学家托马斯·阿奎那（Thomas Aquinas，1225—1274）的理论，法分为四种，即永恒法、自然法、人法和神法：永恒法是上帝用来统治整个宇宙的根本大法；自然法是人参与永恒法，是上帝用来统治人类的法；人法是国家制定和颁布的合乎理性的法；神法就是《圣经》，它是对人法的必要补充。② 近代的自然法观念是一种世俗化的自然法，它是以“上帝不在”为基础的观念。伴随着神的角色的消逝，“自然”一词的内容发生了极大的变化，人的理性成为自然的核心含义。这种理性的自然法以对人的预设为出发点，进而认为人的基本权利是自然法的关键，因此侵犯人的基本权利的法将会丧失实际的约束力。理性自然法的代表人物主要是资产阶级革命的启蒙思想家，例如格劳秀斯、普芬道夫、洛克、孟德斯鸠以及卢梭等人。总体而言，自然法理论否认法自身的独立性，认为法必然从属于更为高级的行为标准（现代自然法理论认为主要是道德），因此违反这个更高标准的法就不再是法。

（二）法律实证主义理论

法律实证主义理论强调实在法的自足性，认为法就是法，并不受制于法以外的其他更为高级的标准，无论这些标准是“事物的本质”“神意”还是“人的理性”。因此，即使实在法与上述标准相违背，也不能成为否定实在法之法律性质的理由，人们依然具有服从这种法律的义务。所以，法律实证主义理论其实是对于“法实际上是什么”之问题的研究。在不同的实证主义者看来，法是不同的实际存在的事物。法律实证主义的代表人物主要有约翰·奥斯丁、汉斯·凯尔森以及哈特等。

基于法和命令的相似性，约翰·奥斯丁认为，法就是由主权者颁布的，并服从习惯且保证实施的命令。因此，那些无法体现为主权者命令的行为准则，就无法使用“法”这个词汇加以描述。③ 汉斯·凯尔森认为，命令的约束力并非来自命令者的实际优势地位，而

---

① ROBERT ALEXY. The argument from injustice. Oxford：Clarendon Press，2002：3-4.

② 托马斯·阿奎那．阿奎那政治著作选．马清槐，译．北京：商务印书馆，1963：106-108.

③ 约翰·奥斯丁．法理学的范围．刘星，译．北京：中国法制出版社，2001：第1讲．

是来自命令者被授权发布有约束力的命令的规范。因此，命令的约束力并非来自自身，而是来自规范。① 在凯尔森看来，法就是由最高效力的基本规范通过层层授权的方式建立起来的规范体系。哈特则反对将法律视为命令的观点，而把法律界定为由“初级规则”和“次级规则”结合建立起来的规则体系。

无论是上述哪种法律实证主义的观点，都认为法是一种实际存在的事物，它并不需要符合外在的、具有更高效力的标准。因此，实在法并不因为与这些标准之间发生矛盾就必然丧失其在法律上的约束力。

第二节　法的形式特征

到目前为止，有关法的概念的争论并未终结，人们还在为寻找法的恰当定义而努力。甚至可以说，寻求法的概念就是法学永恒的使命。但是，任何特定国家的法律人在其工作过程中都必须以该国家现行有效的法律作为处理法律问题的出发点和前提。所谓特定国家现行有效的法，笼统地讲，是指“国法”（国家的法律）。其外延包括：（1）国家专门机关（立法机关）制定的“法”（成文法）；（2）法院或法官在判决中创制的规则（判例法）；（3）国家通过一定方式认可的习惯法（不成文法）；（4）其他执行国法职能的法（如教会法）。②

一般认为，法具有以下五个特征：

（1）法是调整人们关系行为的规范；

（2）法具有普遍性；

（3）法具有国家意志性；

（4）法具有国家强制性；

（5）法具有程序性。

本节将以上述五个公认的法的形式特征作为研究对象。

一、法是调整人们关系行为的规范

（一）法是一种规范

所谓规范，简单地说，就是指标准。例如，我们经常说“你的文章不符合规范的要求”，就是指文章没有按照事先的标准展开。但是，并非所有的标准都能够被冠以“规范”这个术语，只有那些针对不特定对象的标准才能被视为规范。所以，规范也可以被称为针对不特定对象的标准。由于法必须体现为规范的形式，它必须是针对不特定的对象提出的准则，因此，非规范性的要求无法顺理成章地被称为法。例如，张三的父亲向张三提

---

① 汉斯·凯尔森．法与国家的一般理论．沈宗灵，译．北京：中国大百科全书出版社，1996：33.

② 美国法学家罗斯科·庞德（Roscoe Pound，1870—1964）认为，法的意义有三：（1）法律秩序——通过有系统地、有秩序地使用政治组织社会的强力来调整关系和安排行为的制度；（2）一批据以作出司法或行政决定的权威性资料、根据或指示（特定的法律、比较法、财产法或契约法等）；（3）司法过程——为了维护法律秩序，依照权威性的指示以决定各种案件和争端的过程。参见罗斯科·庞德．通过法律的社会控制．沈宗灵，董世忠，译．北京：商务印书馆，1984：22.

出“每天晚上7点以前必须回家”的要求，就不能被视为规范，也就不能将其当作法来看待。

（二）法调整关系行为

1. 法只能针对行为，而不能针对思想

这是指法只能对人们的行为进行约束，而不能以某种观念或者想法作为调整对象。因为只有人们外在的行为可以依据一定的标准来进行判断，而针对观念或想法则很难寻找到现实可靠的标准。换言之，由于行为本身具有外显性，使得我们可以通过证据的收集等方式，发现特定人员是否从事过某种行为并评判其所从事的属于什么性质的行为；而观念和思想具有内在性，这使得我们在确定某人心理状态的时候，难以寻找到明确的证据。同时，每一个法律上的判断都应当建立在能够被反复审查的证据基础之上，显然，有关观念或想法的判断难以满足这个要求。例如，我们可以通过一把有被害人血迹的尖刀以及刀上王某的指纹，再辅之以证人刘某的证言，就可以推断出王某可能有杀人的行为。然而，我们很难通过在演奏国歌时王某紧皱的眉头，以及半夜无意中说出的梦话，就推断出他有推翻国家的企图。

法不针对思想，并不等于它毫不关注行为人的主观心理状态。例如，刑法中的故意与过失、民法中的过错都是有关行为人主观心理状态的考察。然而，这些主观心理状态的考察并不是对人们思想的简单重复，而是对法律上设定的“情节”之确定。换言之，对于这些心理状态的寻求，与其说是关注行为人的思想，不如说是关注特定法律条件是否成立。此外，法律上主观心理状态的判断是建立在行为基础之上的推定，也就是说，我们是通过行为人的行为推定其具有某种特定的心理状态。例如，刑法中的直接故意，就是指当明知自己的行为将会引发某种结果的时候，还积极追求这种结果的发生。

2. 法针对的是关系行为

这是指法针对的是社会关系之中的行为（关系行为、涉他行为或交互行为），而非纯粹个人意义上的个体行为（自涉行为）。按照行为是否具有行为人以外的对象，我们可以将行为划分为关系行为与个体行为。所谓关系行为，是指行为必然会涉及行为人以外的其他主体；相反，当某人的行为绝对不涉及其他主体的时候，这就是个体行为。例如，买卖关系就属于关系行为，而一个人在自己家里听歌就属于个体行为。法只能以前者作为调整的对象，理由如下：

（1）个体行为是建立在个人自由和尊严的基础上的，任何人或者组织都不能侵入这个领域；否则，人类生存的基本条件——个人自由的安全就会受到破坏。

（2）法的主要功能在于采取恰当的方式解决纠纷，在这个意义上说，没有纠纷就没有法律；而个体行为不会引发纠纷，因此在这个领域之内，法就没有必要介入。

当然，需要强调的是，某些个体行为存在着转化为关系行为的可能。例如，一个人在家里听歌，如果音响声音过大以至影响邻居的生活时，这种行为就不再是个体行为，而已经转化为关系行为了。

3. 法所针对的关系行为包括作为和不作为

行为可以按照其是积极的还是消极的，划分为作为与不作为两个基本类型。由于作为和不作为都会产生关系行为，因此两者都会成为法律调整的对象。例如，法律中的禁止性规定，就是针对不作为的。

二、法具有普遍性

（一）法作为一种规范，必然具有普遍性特征

法是针对不特定主体提出或者设定的行为规范。作为抽象、概括的规定，法所适用的对象当然是一般的人或者一般的事，而不是特定的人或事；换言之，法不是为了特殊人而创制的。一方面，法所涉及的“人”，是排除特定主体特殊性之后的“概念化的人”，是所有受到法律规制的实际主体的抽象类型。另一方面，法所调整的“事”同样具有抽象化特征，它在法律规范中以具有抽象性的“构成要件”来予以表述。表面上看起来千差万别的事情，很可能具有同样的构成要件，因而可能引发同样的法律效果。这就使法律规范成为法律适用推理的大前提。

（二）法的普遍性与法的公正性

法具有普遍性，在本质上也是其公正性的反映。法对于具有相同特征的人或事给予相同的对待并规定相同的法律后果，这个特点可以被视为法的公正性特征。我国宪法规定，中华人民共和国公民在法律面前一律平等，同等情况同样对待正是法律平等原则的核心要求。但是，需要注意的是，法所能保证的平等，仅仅是形式上的平等，有可能是无视个案特殊情形的普遍一律适用的平等。因此，仅仅强调形式上的普遍平等，往往不能实现个案的实质公正。这是因为，每个人或者每个案件都具有或多或少的特殊性，若过分强调形式平等，其实际效果反而会适得其反。此时，追求个案的实质公正也是非常必要的。在法的精神实质上，法的普遍性与法的公正性是一致的，而非矛盾的。

（三）法的普遍性与法的反复适用性

法的普遍性还表现为其规定的反复适用性，即每一个具有约束力的法律规定，在其生效期间对于同类案件可以反复适用，并不因为一次适用就使法的效力归于消灭。这个特点可以被视为法律适用时间的普遍性特征。这是因为，法律规范一旦产生，对于其效力范围之内的人或事就具有约束力；这种约束力无须在每次运用时重新作出宣告，而是具有当然的约束效果。因此，法与命令或者指令之类的行为规定不同，并非每次执行之后，这种规定的效力就会自然消失。例如，我国《刑法》第232条有关“故意杀人的，处死刑、无期徒刑或者十年以上有期徒刑”之规定，就适用于其生效期间内发生的所有故意杀人的案件。然而，某个特殊的命令，比如在军队中，连长向排长发出的命令——“你们排绕着操场跑一圈”，在完成命令要求的行为之后，这个命令的约束力自然就解除了。

（四）法的普遍性不等于法的绝对性与无限性

法的普遍性不等于法律适用的范围不受限制，这种普遍性是在法律有效范围之内的普遍性；换言之，普遍性是建立在法律约束领域的基础之上的。法并非对于所有事项都具有约束力，它不可能约束所有人的行为。因此，只有在其约束的范围之内，它才具有普遍性的约束效果。如果将法的普遍性等同于法对于所有事项或者行为无一例外地加以约束，那么将会产生法律万能主义的恶果。

三、法具有国家意志性

（一）法的制定与法的认可

法是一种特殊的行为规范，它是由国家制定或者认可的，体现了国家对于人们行为的评价，因此法必然具有国家意志性。法的形成是通过制定和认可两种方式实现的。

1. 制定方式

国家的立法机关依据自身的立法权限、按照法律程序创制规范性法律文件的活动，这种活动的结果就是成文法。成文法中所体现的国家意志是最为明显的，因为不但成文法的内容，而且其所具有的法律约束力都来自国家。

2. 认可方式

国家通过一定方式承认其他社会规范（道德、宗教、习惯等）具有法律约束力的活动，这种活动的结果往往形成习惯法。认可可以细分为两个子类型：

(1) 明示认可，即在规范性法律文件之中明确规定哪种道德或者习惯等社会规范具有法律上的约束力。例如，我国民法对于典权的规定，就是将我国传统习惯之中的典权制度赋予法律上的约束力。

(2) 默示认可，即法并没有明确授予某些道德规范或者习惯规范以法律效力，但是允许法官在审理相关案件时，援引这些规范作为裁决标准（非正式法律渊源①）。

无论采用哪种认可的方式，法都会体现出一定的国家意志性。

(二) 法的统一性与权威性

体现国家意志的法，必然拥有统一性和权威性的特征。所谓统一性，是指法律体系必须表现为一个统一体。在一个国家中，无论法律是由哪个机关制定或者认可的，都必然具有与之相符的统一性。所谓权威性，是指经过制定或认可的法律，任何团体或者个人无论是否愿意都应当对其表示服从，法律构成了团体或个人行使法律权利和履行法律义务的“唯一理由”。之所以强调法的统一性与权威性，主要是因为法在根本上是反对差别化和个别化的。

四、法具有国家强制性

法是以国家强制力为最后保障手段的规范体系，具有国家强制性。

(一) 规范的强制力

任何行为规范都必须附加一定的强制力以保证实施，因此，强制力就等同于约束力。但是，强制力不等于暴力，强制力需要具备正当性的基础，那些不具备正当性基础的所谓强制力就是纯粹的暴力。例如，抢匪对于银行职员发出的“把钱交出来”的命令，会对银行职员产生行为上的约束，但是由于这个命令本身并不具备正当性的基础，因此只能称为暴力，而无法将其称为规范强制力。

行为规范的强制力可以体现为多种形式。如果以强制力的来源为标准，可以将其划分为一般强制力与特殊强制力。所谓一般强制力，是指某些行为规范能够引起的约束具备多种来源。例如，道德规范所具有的强制力可能表现为外在的舆论压力与内在的精神压力。所谓特殊强制力，专指国家强制力的约束。

(二) 法由国家强制力加以保障的必要性

作为国家意志的体现，法必然具有国家强制性。因为对于法律的违反，必然会引发国家强制力的运用。法之所以要由国家强制力来保证实施，原因在于：其一，法的遵守不能始终或者主要依赖于行为人的自愿，基于各种各样的原因，违反法律规定的行为始终会存

① 关于非正式法律渊源的详细内容，参见本书第十章。

在。如果对于违反法律的行为长期不予以制裁，法的约束力将会受到侵犯，而且会危及法的权威性。① 因此，必须采用国家强制的手段加以纠正。其二，法不能自行实施，这就是所谓的“徒法不足以自行”，因此必须由特定国家机关加以执行。如果缺乏国家强制力，法律的执行就是不可想象的。例如，法官有权最终决定纠纷争执的获胜和败诉结果，但是，法官绝非以个人身份，而是以“国家代言人”这个公共的身份参与纠纷的解决，因此其裁决必然需要国家强制力的保障。否则，法官的裁决将会丧失意义，因为单凭法官个人或者法院组织难以保障其决定被尊重；换言之，缺乏国家强制力支持的法院或者法官都是非常脆弱的，更不用说实现其解决纠纷的职能了。

五、法具有程序性

法是严格规定程序的行为规范，具有程序性。从形式化的意义上看，法与其他社会规范的一个区别就在于：法是强调程序、严格规定程序和实行程序的规范。也可以说，法是一个程序制度化的体系或制度化解决问题的程序。因此，在一个现代社会，如果要实现有节度的自由、有组织的民主、有保障的人权、有制约的权威，那么就必须使其法律有正当的程序。程序是社会制度化的最重要的基石②，程序性也是法的一个重要特征。美国法学家哈罗德·J. 伯尔曼（H. J. Berman）指出：“法律是一种特殊的创造秩序的体系，一种恢复、维护或创造社会秩序的介于道德和武力之间的特殊程序……它的特点——精巧、明确、公开性、客观性、普遍性——使它成为解决这些干扰、维护社会正常秩序的有机程序。”③

法具有程序性，其理由还表现在两个方面：一方面，法在本质上要求实现程序化；另一方面，程序的独特性质和功能为保障法律之效率和权威提供了条件。从功能上看，程序的规定实际上是对人们行为的随意性（恣意性）、随机性的限制和制约，它是一个角色分派的体系，是人们行为的外在标准和时空界限，是保证社会分工顺利实现的条件设定。④ 故此，商品经济的有序发展，政治民主的建立，国家和法的权威的树立，公民权利和自由的界定和保障，这一切都离不开对各种法律程序（如选举程序、立法程序、审判程序、行政程序、监督程序等）的完善设计和人们对法律程序的严格遵守。从一定意义上可以说，法治发展的程度，事实上取决于一个国家法律制度程序化的程度及对法律程序的遵守和服从的状态。一个没有程序或不严格遵守和服从程序的国家，就不是一个法治国家。

参考案例 1－3

法官 A 在审理案件时，发现当事人 B 是他的同学。A 被公认是一个大公无私的法官，并且他与 B 已经 20 年没有见面了。于是，A 并未回避对于这个案件的审理，最终作出了非常公正的判决。另一方当事人 C 以“B 与 A 是同学关系”为由提出上诉。最终，A 的判决由于违反程序性规定而被撤销。

参考案例 1－3 表明：法律所规定的程序本身具有约束力。违反程序性规定，即使实

① 魏德士．法理学．丁晓春，吴越，译．北京：法律出版社，2003：32.

② 季卫东．程序比较论．比较法研究，1993（1）：5.

③ HAROLD J BERMAN，WILLIAM R GREINER. The nature and functions of law. Brooklyn，1966：28.

④ 同②8.

质结果正确，同样可以认定为不合法，有关的责任人应当承担由于违反程序而产生的不利后果。

通过以上对法的外在特征的分析，我们看到：法是一种特殊的行为规范，即具有规范性、国家意志性、国家强制性、普遍性和程序性的行为规范或社会规范。从结构上看，法这种行为规范又是一个由各具体的法律规范（规则和原则）所构成的相互联系的整体（体系），其内容规定的主要是人们相互交往的行为模式，即人们的法律权利和法律义务。法通过权利与义务的规定来调整一定的社会关系，维护一定的社会秩序。

【本章小结】

法理学的核心问题在于以何种方式来回答“法是什么”。在历史上，法学家们基于各自不同的立场，提出了各种不同的法的定义。英国法学家哈特认为，有关该问题产生的争议点一共有三个：其一，法和以强制力为后盾的命令之间有什么区别与联系？其二，由于共享同样的词语并且有时存在共同的要求，法律义务与道德义务之间是否存在差别？其三，什么是规范？规范达到什么程度才能成为法？本书认为，应当去寻找一个形式化的法的概念，这就是通常所说的“国法”。其外延包括如下几个方面：其一，国家专门机关（立法机关）制定的“法”（成文法）；其二，法院或者法官在判决过程中创制的规则（判例法）；其三，国家通过一定方式认可的习惯法（不成文法）；其四，其他执行国法职能的法（如教会法）。法的五个特征：（1）法是调整人们关系行为的规范；（2）法具有普遍性；（3）法具有国家意志性；（4）法具有国家强制性；（5）法具有程序性。

【本章研习活动】

1. 分析

张某在开车上班途中，发现赵某被汽车撞伤，倒在地上。张某将赵某扶进自己的汽车，张某救人心切，一路上闯了六个红灯，将赵某送到医院。后张某由于违反道路交通安全法的规定被交通警察罚款 200 元。

问题：

（1）交通警察对张某罚款 200 元，体现了自然法理论的基本立场，还是法律实证主义理论的基本立场？

（2）假如你要为张某的行为辩护，应当站在什么样的法学立场上？

2. 思考

请运用法的形式特征分析如下案件：一对夫妻在自己的家中观看黄碟，是否应当受到法律的制裁？为什么？

要点提示：

这里关键要分析“在自己的家中观看黄碟”是关系行为还是个体行为。

【推荐阅读材料】

1. H. L. A. Hart：*The Concept of Law*，Oxford，Clarendon Press，1994.

2. 季卫东：《程序比较论》，载《比较法研究》，1993（1）。

3. ［德］魏德士著，丁晓春、吴越译：《法理学》，北京，法律出版社，2003。

4. ［奥］汉斯·凯尔森著，沈宗灵译：《法与国家的一般理论》，北京，中国大百科全书出版社，1996。

5. ［英］约翰·奥斯丁著，刘星译：《法理学的范围（中译本第二版）》，北京，北京大学出版社，2013。

6. Austin M. Chinhengo：*Essential Jurisprudence*，London，Cavendish Publishing Limited，2000.（影印本由武汉大学出版社 2004 年出版）

第二章 比较法学与法系

【本章引言】

有比较才会有体会……要了解希腊人的才华，拿一座希腊雕像与另一座埃及或者亚洲的雕像来对比，要比只研究一百座希腊雕像的人更有体会。

——马尔罗

不知别国法律者，对本国的法律便也一无所知。

——茨威格特，克茨

【本章学习目标】

通过本章的学习，你应该能够：

1. 掌握比较法学的概念与研究范围；
2. 结合实际，描述比较法学的功能；
3. 掌握法系的概念，明晰法系划分标准的多样性和相对性；
4. 熟悉两大法系的概念、历史、特征；
5. 确定两大法系的分野之处。

第一节 比较法学

一、比较法学的概念和研究对象

比较法学是一门以“比较”为基础思维方法、以不同国家和地区中的法现象的差异性与类似性为研究对象而建构的法学理论体系。其获得正式的命名始于 1900 年在法国举行的第一次国际比较法大会。一般认为，比较法学的研究对象具有如下特点：

首先，比较法学是针对不同国家和地区的法现象进行的比较研究。本国法和外国法的比较，或者不同的外国法的比较，都属于比较法学的研究范围。不过，在一国之内，当一些特殊地区的法律制度具有非常独到的性质、特征时，它们也可以和该国的其他法律制度形成对比，并成为比较法学研究的对象。比如，在英国，一些比较法学家经常将苏格兰的法律与英格兰、威尔士以及北爱尔兰的法律进行比较，就是因为苏格兰的法律具有不同于后者的显著特征。在我国，由于历史的原因，香港、澳门地区的法律也与我国内地的法律有着明显的不同，在它们之间进行的比较研究，也属于比较法学研究的范围。

其次，比较法学的研究范围并不仅限于法律制度、法律概念、法律规则之间的比较，它也是针对各种法律实践、法律文化等而进行的比较研究。这是因为，在不同国家，法律制度、法律概念或者法律规则是各不相同的，有时甚至未必存在可以相提并论的制度、规则或概念，如果我们仅仅以具体的制度、规则或概念为中心，可能会很难找到可以进行比较的基础。

参考资料 2-1

为了保护未成年人的利益，使未成年人能够参加法律上的活动，欧洲大陆国家设立了父母代理未成年人参与法律活动的法定代理制度。然而，在英国普通法中，父母并未自动地被赋予代理其子女的权利或义务。但是，如果以此作为根据，认为英国的普通法对未成年人保护不足，那就错了。在英国，当未成年人作为原告参加诉讼时（积极诉讼），法院会为其特别指定一个人——称为“近友”（next friend）——代其进行诉讼活动。如果未成年人作为被告人参与诉讼（消极诉讼），则法院同样地为其指定一个人——称为“诉讼监护人”——代其进行诉讼活动。总之，英国普通法将保护未成年人利益的法律需要进行分解，然后通过不同的法律形式予以调整，这也能够令人满意地解决问题。①

因此，比较法学学者的研究对象往往不会局限于具体的法律规则或静态的法律文本。二十世纪六七十年代以来，比较法学学者往往会选择从某种共同的法律需求或者法律功能出发，对不同法律制度、法律文化进行比较研究。这样，研究便不会被一国法律制度体系上的具体概念或规则所拘束。应当说，这种研究方法使比较法学得到了长足的进步。它不仅为形态迥异的英美国家法律与欧洲大陆国家法律之间的比较研究架起了桥梁，并在矗立于资本主义法律与社会主义法律之间的壁垒上打开了一个突破口。

最后，比较法学不会停留在对不同法现象的介绍与描述层面。作为一种理论体系，它要对不同法现象进行“求同”与“辨异”，从而为进一步解答不同的法律文明之间是否具有相互理解、沟通与相互促进提供可能。因此，比较法学学者对其观察的法律的复杂性往往都保持着充分的关注。这也使得比较法学形成了广阔的研究范围，其研究对象并不限于制定法，还包括处理法律素材的一般方法，调解和裁决争议的程序，法律家从事法律工作时所使用的方法以及传统文化的特点等。例如，比较不同的立法技术、法典编纂方式和法律解释方式、判例的效力范围、学说对于法律发展的意义、判决的方式，以及在现实生活中的效果、不同民族的法律观念、传统文化对立法和司法的影响等。

二、比较法学的功能

（一）比较法学的理论研究功能

对于理论研究而言，比较法学的作用表现为以下两个方面。

---

① 茨威格特，克茨．比较法总论．潘汉典，等译．贵阳：贵州人民出版社，1992：60-61.

1. 它能够帮助我们跳出法学地方主义的局限，深入地洞察法律现象本身

仅仅研究本国的实在法，很容易受制于狭窄的本国法律素材，坐井观天，看不见几乎每一个法律问题都会有大量的可能存在的解决办法。① 比较法学正好可以弥补仅以本国法为研究对象的法学的缺陷。

2. 它有助于我们面向整个世界，并赋予法学以世界意义

尽管主要以国外法律制度和文化为研究对象，但是，比较法学并不局限于描述外国法。作为一门独特的学科，比较法学的重要性还在于：它具有一种“世界主义”的视野。研究者可以通过比较的方法，进一步将有关知识组合起来，从而总结出不同法律制度的总体发展趋势，以及隐藏在各种立法、判例、学说等领域中的可以作为基准的东西。② 这样，有助于法学成为一门具有世界意义的学科。

（二）比较法学的实践功能

以法律实务家的眼光看来，比较法学承担着一定的实践功能。我们可以将这一功能总结为以下四项。

1. 它能够提供立法资料

对不同国家和地区的法律制度进行研究，能够为立法搜集丰富的、可资参考的文献资料，从而推动本国的法律制度改革，改善本国法。这方面的事例不胜枚举。比如，《德国民法典》中“债法”的许多观念就来自1881年的《瑞士债法》，而该法本身就是以广泛的比较研究为基础的。在我国，早在晚清时期，清政府的立法修律就以“参酌各国法律，务期中外通行”为宗旨，并采取了许多比较研究的措施。我国近年来的立法活动，同样依托比较法学，大量借鉴外国的立法经验。

参考资料2-2

罪刑法定原则最早发端于1215年订立的英国大宪章。经过17、18世纪资产阶级革命的洗礼，这一原则先后为美国和法国的宪法文件所吸收。第二次世界大战以后，罪刑法定原则成为国际人权公约的内容。在我国，由于历史条件的局限，1979年的《刑法》并没有规定罪刑法定原则。此后，在比较各国有关罪刑法定原则规定的基础上，我国1997年修订的《刑法》确立了罪刑法定原则。1997年修订后的《刑法》第3条规定：“法律明文规定为犯罪行为的，依照法律定罪处刑；法律没有明文规定为犯罪行为的，不得定罪处刑。”这一规定与其他国家的罪刑法定原则既有共同之处，又有其自身的特点。③

从参考资料2-2中可以看出，比较法学在立法中具有重要的作用。

2. 它可以填补法律缺漏及辅助法律解释

在填补法律缺漏以及进行一般的法律解释时，比较法学的方法得到有效的应用。当本国的法律不明确或者存在漏洞的时候，国外针对相同问题的法律规定与法律实践可以作为一个补充性的“方法的仓库”供人们使用。此时，通过深入的比较研究，有助于消除法律的不明确之处或者填补法律漏洞，帮助人们寻找最适当的解决问题的方法。

---

① 茨威格特，克茨．比较法总论．潘汉典，等译．贵阳：贵州人民出版社，1992：38.

② 大木雅夫．比较法．范愉，译．北京：法律出版社，1999：73.

③ 何秉松．刑法教科书．北京：中国法制出版社，1997：52-70.

3. 它有利于提升法学教育水平

一国法律制度的长处与缺陷，往往会在与另一国法律制度的比较过程中清晰地映衬出来。因此，通过对不同法律制度进行纵向与横向的比较，能够使大学法学教育的内容更为充实，也有助于培养善于独立思考的法律专业人才。正是基于这一原因，美国法学家庞德早在 1934 年就提出：法学专业的教师应当具有比较法的功底，为了专业教育的目的，在本国的法律教学过程中，最好讲授比较法。①

4. 它可以促进法律的协调和统一

为了使以国际贸易为主的国际交流更为顺畅，减少因各国法律制度不一致所带来的困难与风险，自 19 世纪起，人们就曾对建立适用于各国的“共同法”投入极大的精力。在这一方面，比较法学具有重要的作用。因为，通过对不同法律概念、法律规则体系、法律思维的对比研究，可以减少分歧、达成共识，从而促进法律的协调和统一。自 20 世纪以来，比较法学在国际货物买卖法、运输法、知识产权法和票据法等方面都取得了很大的进展。随着全球各国联系的加深，比较法学的重要作用将会进一步显现出来。

第二节　法　系

一、法系的概念

法系是比较法学中的一个核心概念。在英文中，“法系”常用两个词组表示：“legal genealogy”和“legal family”。英文“genealogy”就是生物学研究中的系谱学，源于希腊文“geneos”，意指一定的谱系，如世系、家谱、族谱、家系、血统、系谱等，即由具有一定渊源关系的某些事物所组成的一个整体。“family”也有家族、亲族、系和族等含义。故此，“法系”也可译为“法族”。

比较法学家们将形态各异、多种多样的各国法律按照一定的标准进行划分，从而将其归属于不同的类型——法系，然后对这些不同法系以及各自的规范性要素进行宏观比较。在此意义上，所谓法系，就是指根据某种标准划分出的一切具有共性或共同历史传统的法律的总称。

二、法系的划分标准

对形形色色的法律制度予以抽象的类型化，其面临的首要问题就是分类标准问题。在比较法学的发展历史上，法系的分类标准经历了一个从单一性标准到多样性标准、从绝对性标准到相对性标准的过程。

在比较法学发展的早期，许多学者曾经以种族、语言或法律体系出现的时间顺序为单一标准进行法系的划分。比如，1884 年，日本学者穗积陈重就曾以民族差异为标准将世界各国的法律划分为印度法族、支那法族、回回法族、英国法族和罗马法族。1922 年，法国学者列韦·乌尔曼（Levy Ullmann）以语言因素为标准将世界各国的法律划分为三大

① 庞德．在美国法学院课程中比较法的地位//茨威格特，克茨．比较法总论．潘汉典，等译．贵阳：贵州人民出版社，1992：39－40.

法系，即大陆法系、英语国家法系和伊斯兰法系。1928 年，美国西北大学教授威格摩尔（John H. Wigmore）将世界各国的法律按出现时间顺序划分为 16 个法系。[①]

第二次世界大战以后，由于欧洲、亚洲和拉丁美洲一系列社会主义国家的出现和第三世界国家的民族解放和独立运动的兴起，比较法学家无法使用单一标准将这些既具有新的属性又具有混合特征的法律制度划分为不同的类型。因此，学者们开始考虑用多种因素作为标准划分法系。比如，德国学者茨威格特和克茨就认为，用一种标准来分类是不够的。他们构想出了一个由以下几个决定性要素构成的标准：（1）一个法律秩序在历史上的来源与发展；（2）在法律方面占统治地位的特别的法学思想方法；（3）特别具有典型性的法律制度；（4）法律渊源的种类及解释；（5）政治、经济以及宗教等方面的思想意识因素。[②]据此，他们划分出了八个法系：罗马法系、德国法系、北欧法系、普通法法系、社会主义法系、远东法系、伊斯兰法系和印度法系。

同时，学者们还注意到：无论划分标准数量多少，这些标准都往往具有相对性。人们从不同的角度出发，就可能把同一个国家的法律归属于不同的法系。

首先，法系的分类可能因所涉及的法的部门不同而结果各异。德国的法律秩序就是一个典型的例证：由于其拥有民法典，德国应当同法国、意大利等欧洲大陆国家一样被归入大陆法系国家；相反，没有民法典的英国、美国等则属于英美法系国家。但如果以有无违宪审查的司法制度为决定性标准，就可以把德国、美国和意大利等国的法律划为一个法系，以区别于英国、法国等国家的法律秩序。此外，阿拉伯各国的家庭法和继承法属于伊斯兰法系，印度的家庭法和继承法属于印度法系，但是这些国家的财产法（即契约法、商法和侵权行为法）却深受殖民国家和受托管理国的法律观念的影响。例如，印度受英国法的影响，大多数阿拉伯国家则受法国法的影响。

其次，随着时间的变化，法系的划分也会发生变化。日本的法律秩序是这方面的典型例证。比较法学者曾将日本法划归远东法系。但是，在当代，把经历了百年西化的日本法归入远东法系似乎就不太合适了。[③] 由于日本的法制变革曾受到德国法律制度的深远影响，因而有学者将日本视为大陆法系国家。但是，也有学者认为，日本虽然长期以来以德国民法为母法，但在第二次世界大战以后更多趋向于以美国为代表的法律制度，因此，日本今天或许已经处于向英美法系过渡的阶段了。[④] 另外，20 世纪七八十年代以来，随着全球化的进一步发展，不同国家在法律制度上的相互吸收、彼此借鉴日益增多，许多 20 世纪 50 年代确立的法系划分方式在很多方面都已经难以描述当代各国法律的全部真实情况了。

最后，不同的比较法学者基于不同的立场和研究旨趣，也可能会把同一个国家的法律归属于不同的法系。比如，对于许多原属殖民地国家的法律体系，西方学者往往根据“法的接受”和“法律移植”等理论模式，将它们划分到原殖民地宗主国的法律体系中。但

---

① 这 16 个法系分别是：埃及法系、梅索不达米亚法系、希伯来法系、中国法系、印度法系、希腊法系、罗马法系、日本法系、穆罕默德法系、凯尔特法系、斯拉夫法系、日耳曼法系、海商法系、教会法系、罗马法系、英国法系。See J H WIGMORE. A panorama of the worlds legal systems. New York：West Publishing Company，1928：1127－1128.

② 茨威格特，克茨．比较法总论．潘汉典，等译．贵阳：贵州人民出版社，1992：131.

③ 同②125－127.

④ 茨威格特．关于法圈论//大木雅夫．比较法．范愉，译．北京：法律出版社，1999：111，148.

是，我国有学者就曾对此提出不同看法。该学者认为，对于原属殖民地的国家而言，殖民地时代所留下的法律传统所起的作用往往不像一些比较法学家所说的那么重要。相反，这些国家在当代世界经济与政治格局中所处的地位，以及它们所在的社会发展阶段，都可能对其法律制度有更重大的影响。据此，应当首先将世界法律体系按照南北矛盾划分为发达国家的法律体系与发展中国家的法律体系两大主类别，然后再根据其他标准划分出主类别下的亚类别。①

总之，法律现象是极其复杂的。人们很难使用简单明了的标准将各种法律制度纳入一个公式化的法系图表之中。近年来，对法系理论的批评主要集中于两点：第一，在全球化趋势下，不同国家的法律文明相互渗透，无法从整体上和类型上对其进行截然的区分。因此，法系已经走向终结了。第二，现有的法系分类过于标签化，掩盖了研究者欧美中心主义的倾向。

尽管如此，法系仍然是比较法学研究的一个重要的认识范畴。这是因为，由于不同法律文明在生成过程中的路径依赖，因此，它们在保持自身特色的方面往往会形成强大的惯性，即使遇到“异类”文化的冲击，也不太容易发生绝对的相互混同。另外，在法律文明的生成变化过程中，的确存在着“殖民/反殖民、接受/反接受、推广/反推广、模仿/反模仿”的各种争斗，但谱系学的考察反而更容易追踪种种争斗的发生链条，从而揭示法律文明变化的轨迹和意义。借助于法系的划分，人们可以将世界各国千变万化的法律现象分成数目有限的不同类别，从而得以进行体系性的宏观比较，使复杂多样的相关知识系统化。“比喻地说，这就像动物学家在研究大象或蛇等动物时，只用显微镜观察它们各自的细胞是无法把握大象与蛇在形态上的区别一样。”② 在法学研究中，也需要将显微镜改为望远镜来观察问题。因此，尽管绝对的、客观的法系分类标准可能并不存在，但是，比较法学者仍在不断努力，力图在前人的研究基础上向更合理的法系分类迈进。

第三节　两大法系

一、两大法系的重要性

经过长期的历史发展，西方社会形成了蔚然壮观的法律制度。如何对这些法律制度进行归类，不同学者的观点不尽相同。不过，人们一般认为，在西方社会的法律制度中，大致呈现出了两大法系并立之势。这里所说的两大法系指的就是产生于西方社会的两个重要的法系——英美法系与大陆法系。

在当今世界上，英美法系和大陆法系是两个基本的法系。不仅如此，随着不同国家和地区的人们交互活动的增多，两大法系的影响遍及整个人类世界。当然，这些交互活动有些是被迫的，有些则是自主的。欧洲列强对于殖民地的征服、超级大国对世界施加的政治影响，都会引发被迫的交互活动，同时会促使西方社会的法律制度直接或间接地、或隐或显地从一个地方迁移到另一个地方。另外，经历了工业革命、资产阶级民主革命的西方国

① 朱景文．比较法社会学的框架和方法．北京：中国人民大学出版社，2001：86－87.

② 大木雅夫．比较法．范愉，译．北京：法律出版社，1999：63.

家，其法律制度比较好地适应了工业社会的需要，因此获得了强大的生命力。对于经济上处于不发达或欠发达地位的国家而言，为了改变本国的面貌和本国的国际地位，往往将工业化作为一个重要的战略措施。与此相应，这些国家也会自愿地模仿或学习发达国家的许多法律制度。各种被迫和自主的交互活动交织在一起，使得几乎所有国家的法律都不同程度地受到英美法系或大陆法系的影响，这就使两大法系变成了当代世界具有代表性的法系。

二、英美法系的历史发展

一般认为，英美法系是指以英格兰中世纪的法律，特别是以普通法为基础和传统而产生与发展起来的法律的总称。因此，英美法系又被称为普通法法系。

普通法的形成过程也是英国法律统一的过程。1066 年，威廉一世统治下的诺曼人打败了盎格鲁-撒克逊人，逐渐控制了不列颠全岛，结束了原有的各个部落的统治。威廉一世则自称为英国的主人以及盎格鲁-撒克逊王位的合法继承人。一开始，他并没有立即废除英格兰原有的传统法律，而是一再声称尊重盎格鲁-撒克逊人原有的各种地方习惯法。在司法方面，沿袭旧制，仍由地方性的司法机关（如百户法院、郡法院、乡民大会等）继续执行职务。① 诉讼一般仍向原有的地方性司法机关提出，国王只在一些特殊场合下行使“最高审判权”。这种最高审判权并不能随意干预所有的案件，以国王为核心的中央皇家管理机构——御前会议——也并没有全部案件的管辖权。直到 12 世纪和 13 世纪，中央皇家管理机构的权力才从对有关国事的特别管辖权，发展成为广泛的具有普遍性的司法管辖权。御前会议则逐渐发展出了三个王室法院：财政法院（court of exchequer）、普通诉讼法院（court of common pleas）和王座法院（court of king's bench）。这三个法院都设在威斯敏斯特，由专业法官任职，在国王不参加的情况下，也可以主持审判。② 作为中央一级的法院，王室法院还有权对各种地方上的法院（如百户法院、郡法院、领主法院、教会法院）实行严格的监督，有权撤销其判决。王室法院法官办案的依据：一是国王的诏书和敕令；二是分析整理后的各地日耳曼法律和习惯中公正、合理的部分。这些法官在办案结束后，常常一起讨论，相互交流意见，将共同认可的一些可以作为办案依据的判例逐步加以统一。随着司法权逐渐集中于王室法院，一些被引为依据的判例便成为普遍适用于全国的法律——普通法（common law）。

通过判例发展起来的普通法，是一个有着严格和烦琐程序要求的法律体系。自 14 世纪开始，这种严格按照形式主义程序运作的普通法开始面临危机。尽管法院已尽量利用类推解释之权扩张法律的适用范围，但仍然有许多委屈不平得不到法院的救济，其中包括大多数契约及商业行为，尤其是涉及诈欺与权力（利）的滥用等案情。当败诉的一方在不能获得王室法院的审判或对这些法院所作的处理感到不满时，往往会想到一个获得公正判决的可能途径：直接向“公正和宽恕之源”的国王申诉，由国王对这些法院的失误进行纠正。在这种场合，臣民们的申诉一般会经过大法官，在他认为必要时转呈国王，国王在枢密院就此作出决定。15 世纪，大法官越来越成为独立于威斯敏斯特王室法院以外的法官，

① 阿瑟·库恩．英美法原理．陈朝壁，译．北京：法律出版社，2002：13.

② 茨威格特，克茨．比较法总论．潘汉典，等译．贵阳：贵州人民出版社，1992：337.

可以国王和枢密院授权的名义独自判决。他的决定，起初是考虑“个别案件的公允”而作出的，后来则变得越来越有系统。大法官所审理的案件，被称为衡平案件。到 16 世纪，随着衡平案件的不断增加，大法官官署最终发展成为与普通法法院并列的法院，即衡平法法院或者称为大法官法院。大法官或大法官法院所作出的判决逐步形成了一种与普通法并列的判例法——衡平法。

为了弥补普通法的不足，衡平法以“正义、良心和公正”为基本原则，以实现和体现自然正义为主要任务。这一点，可以从以下几个衡平法格言中显现出来：

（1）平等即衡平。即对同一类人应给予相同的待遇。

（2）衡平不允许有不法行为而无补救。如果由于某些技术上的缺陷，一种权利在普通法上不能强制实施，那么，衡平法将出面干预，以保护这种权利。

（3）衡平法依良心行事。利用衡平法处理案件时，凭借的是大法官的良心。它要求大法官按照社会的公平、正义理念审理案件，作出判决。①

17 世纪，普通法法院与衡平法法院之间曾因管辖权的问题发生过一些抗争和冲突，但最终达成了和解。1873 年通过、1875 年生效的《司法条例》则最终结束了普通法法院和衡平法法院两个法院系统相互独立的局面。自此以后，同一法院可以同时适用普通法和衡平法。

在特定历史条件下形成的普通法和衡平法都是由法院的判例组成的。为了保证这些法律的连续性与稳定性，防止法官的专断，英国逐渐确立了“遵循先例”的原则。这一原则意味着：法院审理案件时，须将先前的判例作为审理和裁决的法律依据，对于本院和上级法院已经生效的判决所处理过的问题，如果再遇到与之相同或“密切相关”的案件，在没有新情况和提不出更充分的理由时，就不得作出与过去的判决相反或不一致的判决。② 这样做，有利于实现“同样情况同样处理”的公平原则。而且，一贯地遵循先例，也可以帮助人们通过先例而了解法律的内容，从而增加法律的可预测性。另外，由于这种判例法是“从判例到判例”的法律推理传统思维的产物，因而它偏重于对具体争议的解决，而不偏重于抽象概念的逻辑发展。18、19 世纪，随着议会制度在英国的确立，议会所制定的法律开始发挥重要的作用。但是，受判例法传统的影响，制定法在形式上并不强调按照严格的逻辑顺序进行叙述，在内容上也大多只是整理和重述判例法发展起来的现行规则。

因此，对于英国而言，判例不仅是其法律的古老来源，而且是其最典型的法律渊源。与某一具体事实相联系的判例在历史上的反复适用、不断说理与自证，使其判例法传统产生了极强的生命力。此后，这种法律传统又被传播到英国的各个殖民地之中。曾经作为英国殖民地的美国也继受了这一法律传统。

在独立战争前后，美国曾一度表明要和英国的普通法传统决裂。但是，经过了一个迂回曲折的过程，普通法传统还是于 19 世纪在美国取得了胜利。普通法传统的基本原则（遵循先例原则、法律至上原则、陪审团审判原则）以及法律推理方式被美国法律实践所接受；普通法传统中的基本分类（普通法和衡平法的划分）也同样被美国所继承。当然，

---

① 由嵘．外国法制史．北京：北京大学出版社，1991：471－472.

② 汪建成．对判例法的几点思考．烟台大学学报（哲学社会科学版），2000（1）：29.

美国并没有把英国的普通法全部照搬过来。因为，“不管两个国家的背景和传统如何相似，将一种法律制度从一个国家原封不动地转移到另一个国家的做法是不可取的”①。美国不仅对不适于自己需要的部分普通法规则进行了修改，而且形成了许多不同于英国的法律制度。比如，它拥有成文宪法与违宪审查的司法制度，它的法律体系包括联邦法和州法两套系统，它拥有一定数量的法典等。尽管如此，许多学者还是认为，美国和英国的法律制度可以被划归于同一法系，即英美法系，因为它们的法律制度具有一些重要的共同之处：

第一，判例法是主要的法律形式和正式的法律渊源；

第二，注重法律程序，有关诉讼程序、证据程序和判决的执行程序非常多；

第三，普通法具有根深蒂固的影响力。

一般来说，目前属于英美法系的国家和地区主要有英国（苏格兰除外）、美国、加拿大、印度、新加坡、澳大利亚、新西兰以及非洲的个别国家、地区等。

三、大陆法系的历史发展

大陆法系是指以罗马法为基础而形成和发展起来的法律的总称。

从历史上看，大陆法系与罗马法有着重要的渊源。这里所说的罗马法，是指从罗马奴隶制社会逐渐形成时期到公元 534 年东罗马帝国皇帝查士丁尼编纂《民法大全》时期，前后大约 10 个世纪的法律。其中，《民法大全》比较完整和系统地保留了罗马法的精华。②从其内容上看，罗马法包括人法、家庭法、继承法、财产法、侵权行为法、不当得利法、契约法、法律补偿方式等。这些法律制度与 19 世纪欧洲大陆出现的民法典有着密切的关联，它们都涉及一些相同的问题和关系。西欧大陆的法学家认为，围绕着这些问题和关系形成的法律规范在整体上就是民法。在他们看来，民法是基本法，它构成了法律制度的基本内容，而民法典就是法律的真正“心脏”。大陆法系的主要法律概念、基本法律结构和主要法律制度无一不是直接从民法中推演出来的。基于此，大陆法系又被称为民法法系。

在欧洲，随着罗马帝国的衰亡，《民法大全》及其所代表的古代罗马法也陷入了长久的沉寂。实际生活中适用的罗马法均是意大利半岛的各民族翻译过来的原始和粗糙的节本——又被称为“粗俗”的罗马法。据说在 1135 年左右，意大利人在战争时获得了《民法大全》部分手抄本。15 世纪，手抄本又转归佛罗伦萨城并由劳伦廷图书馆珍藏。随着古罗马法律典籍的发现，研习法律的学术风气在欧洲大陆又一次被掀起。民法学者将其称为“罗马法复兴”。这一文化运动肇始于 11 世纪晚期的意大利波伦亚城，并逐渐扩展到欧洲大陆的许多城市。

对以《民法大全》为代表的古罗马法的偏重是由许多原因促成的。第一，神圣罗马帝国的概念在 12 世纪的意大利极为重要，得到了教皇和世俗皇帝的支持。而《民法大全》

---

① 伯纳德·施瓦茨．美国法律史．王军，等译．北京：中国政法大学出版社，1997：19.

② 公元 529 年，在君士坦丁堡的罗马皇帝查士丁尼统一颁布了以皇帝敕令为内容的《查士丁尼法典》，公元 534 年公布了法典的修订本。公元 533 年公布了罗马法学家的著作选录《学说汇纂》和一本官方法学基础教材《法学阶梯》。查士丁尼在《查士丁尼法典》颁布后又发布了许多新的敕令，这些敕令在他死后，被编纂为《新律》。《查士丁尼法典》《学说汇纂》《法学阶梯》《新律》被中世纪的法学家合称为《民法大全》（*Corpus Juris Civilis*）。参见沈宗灵．比较法研究．北京：北京大学出版社，1998：88－91.

又被看作神圣罗马帝国的立法，因此它的地位远远超过了当时存在的其他法律。第二，法学家们认为《民法大全》具有高质量的知识水平，认为它优越于日耳曼入侵者统治下所适用的粗俗的法律汇编。① 第三，以《民法大全》为代表的罗马法就其内容来说，是一种完整地体现了简单商品生产的法律，因此，这种法律正好满足欧洲中世纪西欧大陆新兴资本主义成长的需要。②

在罗马法复兴的过程中，罗马法的概念、原则、制度和精神逐渐与当时的社会实际结合在一起，被西欧大陆的大多数国家所接受。15、16 世纪以来，这些国家开始致力于本国的法律统一运动。罗马法对它们的法律统一运动产生了不同程度的影响。19 世纪，西欧主要国家最终编纂了适用于本国领域之内的民法典。在这些民法典中，又以 1804 年通过的《法国民法典》和 1896 年通过的《德国民法典》最为著名。这两部法典体现了西欧几个世纪以来对罗马法延续不断地研究之成果。就《法国民法典》而言，它在结构上继承了古罗马法关于人法、物法、债法的分编方法。在简单的 6 条导言之后，它分为三编，分别为“人”“财产及对所有权的各种限制”“取得财产的各种方法”。在内容上，《法国民法典》同样有着古罗马法的烙印：关于合同的法律规定部分几乎完全是来自古罗马法。与《法国民法典》不同，《德国民法典》在形式上更加系统化、抽象化和富于逻辑性。《德国民法典》共分五编，分别为“总则”“债”“物权”“亲属”“继承”。这五编的排列是演绎式的，即由抽象的、概括的原则出发，逐步走向具体。编下分章、由章而节，同样按照由一般到个别、由抽象到具体的原则进行安排。《德国民法典》的内容和用语都受到了德国研究古罗马法的重要学派——潘德克顿学派的影响，在表达上精准一致，具有浓厚的学术色彩。除民法典以外，欧洲大陆国家还编纂了诸如《商法典》《刑法典》等许多法典。

大陆法系国家在法律的分类上也受到了古罗马法的重要影响。在古罗马，法律有公法与私法之分。古罗马法学家乌尔比安的名言“公法涉及罗马国家的关系，而私法涉及个人的利益”，至今仍是公法与私法的经典划分根据。中世纪，公私法划分的基本原则在罗马法研究著作和罗马法课程的讲授中得以进一步确立。随着资本主义革命的胜利以及 17、18 世纪的自然法学说的崛起，公与私之间（这里指国家与个人之间）的对立观点得到了突出的强调。人们认为，调整统治者与被统治者、政府机关与个人之间关系的法律是“公法”，它不同于调整被统治者之间关系的“私法”。到 19 世纪，公法与私法的二元化模式逐步成为大陆法系各国建构资本主义法律制度的基础，其法律在整体上被划分为公法和私法两类，二者调整不同的法律关系，适用不同的法律原则。

一般认为，大陆法系的法律制度具有如下特点：

（1）制定法是其主要的法律形式和正式的法律渊源。在这些制定法中，法典尤其是民法典占据着重要的地位。

（2）编纂法典的目的在于以某种社会正义的观念为根据，预先界定人们的实体权利和义务，因而大陆法系的法律更侧重于实体规范。同时，司法判决不能被视为正式的法律渊源。

（3）罗马法的影响根深蒂固。

目前，属于大陆法系的国家和地区主要有：法国、德国、葡萄牙、荷兰等欧洲大陆国

---

① 约翰·亨利·梅利曼．大陆法系．顾培东，禄正平，译．上海：知识出版社，1984：10.

② 沈宗灵．比较法研究．北京：北京大学出版社，1998：93.

家；非洲的埃塞俄比亚、南非、津巴布韦等；亚洲的日本、泰国、土耳其等；加拿大的魁北克省、美国的路易斯安那州、英国的苏格兰等。

四、两大法系之比较

下面，我们可以简单地比较一下两大法系的不同之处。

（一）法律渊源的不同

在法律渊源上，英美法系与大陆法系有所不同。这种不同主要在于判例法是否是正式的法律渊源。在大陆法系中，一般情况下，制定法是正式的法律渊源，而判例法不是正式的法律渊源。先前的判例不能作为司法判决的直接根据，法官也无权通过判例创造法律规范。在英美法系，由于历史的原因以及判例法自身的生命力，判例法至今都是法的正式渊源。这意味着允许并要求法官根据过去的、其他的案件的裁判来裁判具体的案例。但是，由于判例法的数量众多、过于分散和复杂，造成了此种法律渊源难以被人们接近的缺陷。在现代社会，基于法官判案而生成的判例法还因其民主正当性不足、法官事后立法造成法律的溯及既往等问题而遭受批评。① 另外，当社会生活发生巨大变化，人们急需通过法律对未来可能发生的问题作出超前性和先导性的安排时，作为过去经验总结的判例法也很难适应现实的需要。因此，当下英美法系的许多国家也都存在着大量的制定法。

不过，需要注意的是：在当代社会，判例法在大陆法系各国仍然起着重要的作用。原因在于：

（1）制定法所确立的一般规则与社会生活的具体事实之间往往不存在一一对应关系，这使得法官的法律适用活动产生了较大的不确定性。而判例反映了与个案事实紧密相关的法律意见，因此能够在一定程度上弥补制定法的不足，发挥使制定法具体化、填补法律漏洞等功能。

（2）为了保证法在实施过程中的统一性，司法机关在审理案件时不可能不参考以前类似的判决。

（3）上诉制度与法官晋级制度的存在，使得上级法院的判决对下级法院的判决在事实上有相当大的约束力。

（4）在德国和意大利出现了宪法法院，而宪法法院带来的一个显著变化是，它形成了一套判例法，以及根据判例法衍生的规则。②

（二）立法技术的不同

在法典编纂上，英美法系与大陆法系也有所不同。大陆法系的一些基本法律往往采用较系统的法典形式，在它的主要发展阶段上，几乎都有代表性的法典。而在英美法系国家，尽管制定法也在不断增多，但其制定法一般采用单行法形式，不采取包罗万象的法典形式。在美国，虽然有名为“法典”的法律，但这种“法典”也与由立法机关自行设计、分类精确、逻辑清晰的大陆法系国家的法典不同。美国的法典通常指经过修改整理和统合的法律汇编，其编纂的目的主要在于使数量众多的法律规范更易于理解、便于人们查询和

---

① 判例法要求法官在作出判决时要对本案所适用之规则进行总结、归纳和陈述，所以实际上这是一个“事后的立法”行为。高鸿钧，等．英美法原论（上）．北京：北京大学出版社，2013：208.

② 宋冰．读本：美国与德国的司法体制及司法程序．北京：中国政法大学出版社，1998：55.

引用。而且，如同其判例法一样，美国的法典也具有实用、灵活的倾向。[①]

（三）法律分类的不同

在法律的分类上，英美法系与大陆法系也有所不同。大陆法系国家一般都将公法与私法的划分作为法律分类的基础，而英美法系则以普通法与衡平法为法的基本分类。尽管英国现在已经不再存在普通法法院和衡平法法院两大系统，但是，这并没有改变普通法和衡平法两分的状况。法官在审理案件的过程中几乎都毫无例外地分别陈述这两种体系的准则；在法学教育上，普通法和衡平法也仍是不相同的法律课程，代表着不同的法律原理。[②]

（四）诉讼程序的不同

在诉讼程序上，英美法系与大陆法系也有所不同。由于历史的原因，大陆法系的诉讼程序以法官为中心，法官既要帮助双方当事人厘清争议的焦点，积极指导取证活动，还要在法庭上主动询问双方，积极影响案件审理的进程。这种诉讼程序突出法官的职能，具有纠问式诉讼的特征。英美法系的诉讼程序则以原告、被告及其辩护人和代理人为中心，法官只是双方争论的“仲裁人”而不能参与争论。因此，英美法系的诉讼程序又被称为对抗制诉讼程序。

但是，需要注意的是，在当代社会，大陆法系的诉讼程序与英美法系的诉讼程序出现了某种程度的融合。一方面，为了缩短诉讼时间、提高诉讼效率，英美法系国家的法官在传唤证人、评价证据、组织诉讼等方面开始发挥着越来越积极的作用；另一方面，在大陆法系国家，法官也开始注意吸收当事人的积极因素，以改变司法制度中官僚化的习气。

参考资料 2-3

美国于1938年在《民事诉讼规则》中增加了证据开示程序。所谓证据开示，是指庭审前一方当事人可从对方当事人那里获取对方证据的程序。当事人双方可以向法院提出动议申请，来实现要求对方开示其证据的权利，并根据开示的结果修改诉讼请求的范围及论据论点。在这个过程中，法院必须放弃传统的不介入的态度，并主动对案件的各种实质性和程序性问题进行考量并作出决定。[③]

两大法系除了在上述几个方面存在差异外，在法律术语、法学教育以及司法体制等方面也有许多不同之处。

随着各国之间经济、政治、文化交流的增多，两大法系之间的相互借鉴也日益增多，因而它们之间的差别也开始缩小。但是，在总体上，两大法系由于漫长的历史变迁而形成的不同之处，在可以预见的未来期间是不可能完全消失的。

【本章小结】

比较法学就是指以不同国家和地区的法律制度及法律文化为研究对象，以比较为其基

① 有关美国法典的内容和编纂方式，可参见封丽霞．法典编纂论：一个比较法的视角．北京：清华大学出版社，2002：123－137.

② 朱景文．比较法社会学的框架和方法．北京：中国人民大学出版社，2001：117－118.

③ 宋冰．读本：美国与德国的司法体制及司法程序．北京：中国政法大学出版社，1998：12－14.

本研究方法的法学学科。它的作用表现为以下两个方面：其一，它能够帮助我们跳出法学地方主义的局限，深入地洞察法律现象本身。其二，它有助于我们面向整个世界，并赋予法学以世界意义。

法系可以理解为由若干国家或特定地区的、具有某种共性或共同传统的法律的总称。在当今世界上，英美法系和大陆法系是两个基本的法系。在法律渊源、法典编纂、法律的分类、诉讼程序、法律术语、法学教育以及司法体制等方面，二者有许多不同之处。但随着各国之间经济、政治、文化交流的增多，两大法系之间的相互借鉴日益增多，因而它们之间的差别开始缩小。

【本章研习活动】

1. 思考

结合我国法治建设的实际情况，说明比较法学的作用。

2. 分析

在有关法系的问题上，学生甲与学生乙有一些不同的认识。甲认为：(1) 法系就是指法律体系；(2) 法系的划分标准是单一的、绝对不变的；(3) 在英美法系中，制定法不是法的正式渊源。乙认为：(1) 法系是比较法学的概念，它与法律体系不同；(2) 法系的划分标准具有相对性，因此划分法系是没有意义的；(3) 在英美法系中，制定法和判例法一样，都是法的正式渊源，但是，在大陆法系中，判例法不是法的正式渊源，判例也没有什么作用。

问题：

你认为上述哪一种或哪些观点有道理？为什么？

3. 讨论

美国最高法院曾审理过“格林斯潘诉斯利特”一案。在此案中，为了说明判决的理由，最高法院的法官直接援引了包括奥地利、法国、德国、意大利和瑞士等国的有关法律规定。

问题：

这一事例说明了什么问题？

【推荐阅读材料】

1. [德] 茨威格特、克茨著，潘汉典等译：《比较法总论》，北京，法律出版社，2003。

2. [法] 勒内・达维德著，漆竹生译：《当代主要法律体系》，上海，上海译文出版社，1984。

3. 沈宗灵：《比较法研究》，北京，北京大学出版社，2004。

4. 朱景文：《比较法社会学的框架和方法》，北京，中国人民大学出版社，2001。

5. 高鸿钧等主编：《比较法学读本》，北京，上海交通大学出版社，2011。

6. 朱景文：《比较法总论（第三版）》，北京，中国人民大学出版社，2014。

第三章　权利、义务与责任

【本章引言】

没有无义务的权利，也没有无权利的义务。

——马克思

法律的力量仅限于禁止每一个人损害别人的权利，而不禁止他行使自己的权利。

——罗伯斯庇尔

自由不仅意味着个人拥有选择的机会和承受选择的重负，它还意味着他必须承担行动的后果，接受对其行为的赞扬或谴责。自由与责任实不可分。

——哈耶克

【本章学习目标】

通过本章的学习，你应该能够：

1. 理解权利、义务、责任以及法律权利、法律义务、法律责任的含义；
2. 明确权利和义务之间的关系；
3. 明确法律权利、法律义务、法律责任的种类及其相互之间的区别；
4. 掌握归责与免责的概念，以及归责的基本原则、免责的基本情形。

第一节　权利与义务

一、权利与义务的概念

所有的法律关系都可以被归结为权利与义务，因此这些范畴足以分析即便是最复杂的法律利益，诸如信托、选择权、附条件的契约、预期利益、公司利益等。① 它们是法律和

① HOHFELD. Fundamental legal conceptions as applied in judicial reasoning and other legal essays. New Haven: Yale University Press，1913：35.

法学中的最小公分母。[1] 但是，到目前为止，即使学者们进行了长久的、广泛的、深入的研究，关于它们的讨论并没有取得一致意见。[2] 在历史上有关权利的概念的学说主要有：(1) 自由说；(2) 范围说；(3) 意思说；(4) 利益说；(5) 折中说；(6) 法力说；(7) 资格说；(8) 主张说；(9) 可能性说；(10) 选择说。[3]

上述各种观点实质上都是从权利的某一个属性来揭示权利的本质，它们在强调权利的某个属性时忽略了其他属性。我们认为权利实际上是由多方面的属性和多层次的结构构成的。权利的五个要素可以分为不同层面：利益、自由各为一个层面，后者又分为意志自由和行为自由；主张、资格、权能各为一个层面。

(一) 权利的概念

既然权利是由多方面的属性和多层次的结构构成的，我们可以从以下几个方面认识权利的概念。

1. 从性质上看，权利具有正当性

从词源上看，英语中的“权利 (right)”的本义就是正当的、合理的。从历史上看，权利概念的出现与变迁都与“正当”“正义”相联系。从权利与利益、自由、主张、资格和权能等的关系看，正当性是更为根本的。利益是权利的内在层面，但是一个主体要实现利益或者满足利益，他必须是一个自由的人，即具有意志自由和行为自由的人，否则利益只能成为永不满足的欲望。行为是意志的外化或者外部活动，意志自由和行为自由是同一个事物的两个不同方面。而一个主体的利益要想通过自己的行为自由得到满足或实现的前提是，他的利益得到社会某种方式的承认和支持，或者说具有正当性、合理性或者正统性。这是其一。其二，主张、资格和权能都可以由正当性、合理性或者正统性派生出来或者推演出来。[4] 这说明主体之所以有资格主张某种利益并且具有权能，是因为主体的这种利益具有正当性、合理性或者正统性，或者说这种利益得到社会某种方式的认可与支持。因此，权利与利益、资格、主张、权能、自由的真正区别就在于权利具有正当性、合理性和正统性。也就是说，权利之所以是权利，不是因为它是利益、资格、主张或者具有权能，而是因为这些东西具有正当性、合理性或者正统性。[5] 那么，权利的正当性、合理性、正统性来源于什么？或者说什么为权利提供了正当性、合理性和正统性？习俗、道德、法律等为权利提供了根源。

2. 从内容上看，权利表现为权利主体在一定社会关系中享有的行为自由与行为控制

首先，权利只有在一定的社会关系中才能发挥作用。正如上述，主体为了实现自己的利益，不仅依赖于自己意志的决定，而且必须使自己的意志决定转化为外部的活动即行为。如果主体的行为是不自由的，就不可能实现自己的利益。既然主体为了实现其利益必

---

① J W HARRIS. Legal philosophies. London：London Butterworths，1980：77.

② ROBERT ALEXY. A theory of constitutional rights. Oxford：Oxford University Press，2002：111.

③ 陈云生，张文显．法学基本范畴研究．北京：中国政法大学出版社，1993：74-81.

④ 罗玉中．人权与法制．北京：北京大学出版社，2001：11.

⑤ 美国学者皮文睿认为，权利与利益是不同的概念，它们属于不同的道德范畴或者它们存在于不同的道德层面。权利属于道德原则，它本身即是目的。权利不是以功利和社会效果为基础，而是以其正当性的演化与利益无关的道德原则为基础的。英文中的“right”蕴含着道德的正确性，如做正确的事情。而权利则演绎出权威的概念。

须要依赖于外部活动即行为，那就意味着利益的实现不仅仅是主体单个人的活动，而且必然要涉及人与人之间的关系。也就是说，涉及主体所属社会能否允许他为实现其利益而作出某种行为。如果主体所属社会不允许他为实现其利益而采取某种行为，这就意味着主体的意志是一种纯粹的心理活动，其利益只能是一种欲望。这意味着，权利现象总是出现在权利主体与义务主体之间的社会关联之中。离开了与义务之间存在的社会关联，权利既无由产生，也无法运作。正如美国学者杰克·唐纳利所说的那样："权利创设了一个以权利拥有者为中心的支配-被支配的互动领域。"①

其次，权利意味着权利主体行为自由与行为控制的统一。德国法学家、学说汇纂派著名代表温特沙伊德（Windscheid）曾将权利看作法律赋予的意志力，即个人意志所能自由活动或个人意志所能任意支配的范围。他还提出了两种权利范畴：第一种范畴的权利表现为权利的执掌者具有发动专为强制反对意志的实质强力，这是一种对抗拒者的强制权利；第二种范畴的权利是判定第一种权利、消灭或变更既定权利的意志能力，这体现的是权利主体对自身权利的意志支配力。② 总之，权利既意味着权利主体支配自身的行动自由，也意味着约束他人的行为控制。对此，美国哲学家韦尔曼（Carl Wellman）曾举过这样一个事例予以说明：如果一个发言者希望揭发政府的行为，而政府的官员希望这个发言者闭嘴，此时，言论自由权的要点或目的就在于它能够满足发言者的愿望，同时抑制政府官员的意志，使其不得干预发言者的发言。言论自由权既表现为权利主体发表言论的行为自由，也表现为权利主体要求他人不得干涉这一言论自由的行为控制。权利是自由与控制的统一体。③

因此，所谓权利，就是指在一定社会关系中，权利主体所拥有的正当的行为自由与行为控制。

（二）义务的概念

义务与权利是两个相互关联的概念。我们既可以通过义务来理解权利，也可以通过权利来理解义务。

1. 义务同样是一个具有正当性的概念

古罗马法学家西塞罗曾经指出："任何关于义务的研究都包括两个方面：其一涉及善的界限，其二包括可运用于生活各个方面的实践规则。"④ 与权利一样，义务也具有"应当""正当"的性质。在历史上，对于义务的正当性来源有许多解释，如功利主义的解释、自然主义的解释、直觉主义的解释、神学的解释等。⑤ 不管人们从何种角度来解释，义务具有正当性都是一个共识。义务的正当性也是由规范提供的。如英国法学家哈特所分析的那样，"有义务"与"被强制"是不同的：有义务做某事，是指义务人应当根据一定的行

---

① 杰克·唐纳利．普遍人权的理论与实践．王浦劬，等译．北京：中国社会科学出版社，2000：14.

② 狄骥．宪法论：第一卷．北京：商务印书馆，1959：200.

③ CARL WELLMAN. An approach to rights：studies in the philosophy of law and morals. Dordrecht：Kluwer Academic Publishers，1997：4.

④ 西塞罗．论义务．王焕生，译．北京：中国政法大学出版社，1999：11.

⑤ A 赛森斯．价值与义务．北京：中国人民大学出版社，1992：93－106.

为标准做出某种行为，这种行为对于自己和别人来说都是正确的事情。“某人有义务做某事”的陈述意味着规则的存在。而被强制做某事，是指行为人确信某种损害后果会发生，为了避免它的发生不得不做出的某种行为。“某人被强制做某事”的陈述一般只是一个对于损害的判断与估计有关的心理学陈述。[①] 因此，在一个持枪歹徒的威胁下，将自己的钱包交给歹徒的行为就不是履行义务的行为，而只是被强制做出的行为。另外，义务具有行为准则上的根据，还意味着义务是一种“分内之事”，它总是有限度的。

2. 从内容上看，义务表现为在一定社会关系中，义务主体适应权利主体的要求而必须进行的行为约束

“义务是权利的对待观念，权利人行使权利，其相对人即受其拘束而生义务。”[②] 不过，也有学者认为，权利和义务并不一定是相关的。比如，“自由”是做或不做什么的权利，可以不依赖于相应的义务而存在，而“请求权”则是要求他人做什么或不做什么的权利，它必须依赖相应的义务而存在。但是，这种观点似乎只能够在逻辑上成立。如果在现实生活中，我们将自由权看作一项与义务无关的权利，那么，享有一项自由权利的人就不能要求他人承担不得干预的义务。也就是说，尽管 X 承认 Y 有做某事或不做某事的权利，但是 X 或其他人并不保证不干预 Y 做某事或不做某事，那么，Y 所享有的这种自由权利就只是形同虚设，而没有任何实在的意义。

因此，所谓义务，就是指在一定社会关系中，义务主体应当根据权利主体的要求而必须进行的行为约束。

二、权利与义务的关系

如上所述，权利与义务是两个互文见义的范畴，也是通向彼此的桥梁。就权利和义务的相互关系而言，我们可以说，它们处于对立统一的关系之中。

（一）权利与义务是人类交互行动中两个相互分离、内容对立的成分和因素

从行为的角度看，权利意味着一定的行为自由，而义务则意味着行为的约束。义务主体的这种行为约束可能意味着义务人必须积极地做出某种行为，如收到了出卖人的货物后，买受人必须履行支付货款的义务；它也可能意味着义务人必须消极地不做出某种行为，比如，午夜时分，某人忽得喜讯，极想高歌一曲，但为了不影响邻居，他只好压抑自己，放弃高歌，这是他“不损人”的消极义务。

（二）权利与义务之间具有不可分割的联系

1. 权利主体的权利实现离不开义务主体的配合

X 有权利获得某种东西就意味着 Y 有义务向 X 提供这种东西。离开了 Y 的支持，X 权利的实现就成为空谈。因此，权利与义务的相关关系首先意味着不同主体之间存在着一种相互影响、相互依赖的关系。

---

① H L A 哈特．法律的概念．张文显，等译．北京：中国大百科全书出版社，1996：84－90.

② 韩忠谟．法学绪论．北京：中国政法大学出版社，2002：185.

2. 权利主体享有行动自由的同时往往也要承担一定的义务

没有无限度的义务，也没有无限度的权利。在现代社会，“他人和国家利益的约束永远为权利设置了一道界限，没有界限就不存在权利，界限的内外格局总体才是权利本身。”① 权利的限度就表现为权利主体进行自我约束的义务。权利主体在行使权利时负有不得滥用权利的一般义务，就是这方面的典型例证。

3. 权利与义务具有价值的一致性和功能的互补性

价值的一致性意味着，权利和义务都具有价值上的正当性。人们无论是行使权利还是履行义务，都是在做正确的、应当做的事。功能的互补性则意味着，权利与义务“同时贡献着启动与抑制、激励与约束、主动与被动、受益与付出两种机制”②。只有通过权利与义务的良好配合，人类社会才能够达到自由与秩序和谐共存的状态。

第二节　法律权利与法律义务

一、法律权利与法律义务的概念

法律是以权利和义务为机制调整人的行为和社会关系的。可以说，权利与义务是编织法律之网的基本纽结，我们也总是要借助于法律权利与法律义务，才能够描述、认知和把握各种具体的法律现象。

一般认为，法律权利是指在法律关系中，权利主体依法享有的行为自由与行为控制，它的实用性与有效性是由他人的义务和国家的强制力来保障的。当我们说“某个法律主体享有法律权利”时，它的意思是，该法律主体享有的权利既可能是主张权或者自由权，也可能是权力权。这就是说，法律权利的基本语义类型有三个：主张权、自由权和权力权。主张权也被称为请求权，是指法律主体可以要求或请求他人作出或不作出一定的行为。自由权，是指法律主体被允许自主地决定做什么或不做什么，而且他人不得干涉。权力权，是指法律主体拥有能够使其与其他法律主体之间的法律关系发生变化的法律上的力量或强力，因此，也被称为法律能力。因为权力权可以创立、维持或改变法律主体之间的法律关系，所以，主张权和自由权本身可以成为权力权的客体或对象。在这个意义上，主张权和自由权被称为一阶权利，权力权被称为二阶权利。

法律义务是指在法律关系中，义务主体依法所应承受的行为约束。与法律权利的基本语义类型相对应，法律义务有两个基本语义类型：一是与主张权和自由权相对应的语义类型，即职责性义务；二是与权力权相对应的语义类型，即服从性义务。与主张权相对应的职责性义务，一般来说是命令义务人作或不作的某些行为，即主张权的持有者主张或要求义务人作或不作某些行为；与自由权相对应的职责性义务，一般来说是禁止义务人作或不作的某些行为，即自由权的持有者有权利要求义务人不作阻碍其自由行为的某些行为；与权力权相对应的服从性义务，一般来说是义务人负有服从或屈服于权力持有者对他们之间

---

① 梅夏英．财产权构造的基础分析．北京：人民法院出版社，2002：141.

② 张文显．法理学．2 版．北京：高等教育出版社，2003：112.

的法律地位或法律关系的改变的义务。

二、法律权利与法律义务的特征

权利和义务有许多种类，包括道德权利和道德义务、习惯权利和习惯义务、法律权利和法律义务等。法律权利和法律义务与其他类型的权利、义务一样，都意味着行为自由、行为控制与行为约束。不过，法律权利和法律义务也有一些自己的特点，使得它们与其他类型的权利和义务能够区分开来。这些特征表现为：

第一，法律权利和法律义务与其他权利和义务的规范性根据不同。前者是由法律所确认、以国家强制力为保障的权利和义务。后者则是由道德规范、习惯规则等社会规范所确认，由个人良知、社会舆论以及习以为常的习俗支持的权利和义务。

第二，法律权利和法律义务与其他类型的权利和义务在内容上有所不同。法律为人们提供的行为准则较为具体确切、可操作性强。而道德等社会规范为人们提供的行为准则较为笼统，只具有原则性。因此，与其他类型的权利和义务相比，由法律而产生的权利和义务往往具有更为明确的先决条件、行动范围、存在期限等，这使得法律权利和法律义务的内容更为明晰、具体。

参考案例3-1

甲与乙均为某村农民。为了组织销售当地土产，乙雇用甲进行土产收购。一日，甲与乙在工作途中，乙不慎从其所驾驶的摩托车上摔下，摩托车翻倒在马路中央。甲上前救助乙时，身后突然开过来一辆农用拖拉机。拖拉机不仅将乙的摩托车撞翻，而且撞倒了甲，甲摔倒在乙的摩托车边。由于摩擦，乙的摩托车中的汽油燃烧起来。甲因昏倒在燃烧的摩托车旁，导致被烧成重伤。拖拉机司机肇事后开车逃逸，行动尚有自由的乙也未及时扑灭甲身上的火焰。事后，甲因治疗烧伤而支付了巨额医疗费，背上了沉重的债务。由于拖拉机司机已逃逸，于是甲要求乙对其进行经济补偿。但乙一再推脱，不肯给予补偿。

在参考案例3-1中，乙在道德上是否具有补偿义务是一个见仁见智的问题。但是，根据法律的相关规定，我们可以找到更加明确清晰的答案。首先，甲与乙之间存在着劳务合同关系，可以适用《中华人民共和国民法典》（以下简称《民法典》）的相关规定。根据《民法典》第509条的规定，在履行合同的过程中，双方当事人除了应履行约定的义务以外，还应根据合同的性质、目的和交易习惯履行通知、协助、保密等附随义务。在该案例中，乙不仅应当履行支付报酬等约定的义务，而且，对于在合同履行过程中受伤的甲，乙还负有救助的附随义务（如扑灭火焰）。但是，乙并没有履行这一义务。因而，乙对甲所受到的损害应当予以一定的补偿。

总之，与道德规范不同，法律规范偏重于对各种社会关系进行精细分析，并通过区分不同的情况而规定针对性更强的权利和义务，法律权利和法律义务也因此具有更为确定明晰的内容。

第三，法律权利和法律义务的运作方式与其他类型的权利和义务有着明显的区别。法律的运作主要通过一整套特定的、国家制定或认可的制度进行。比如，如果人们认为自己的权利受到了侵犯，需要通过法律来使自己的权利获得保护，就必须经过一定的法律程序，由法定机关依法来判断是否应当追究相应的法律责任。而人们实现道德权利和习惯权利的活动则主要是以非国家正式制度的方式进行的，其运作方式相对简单、灵活。

三、法律权利与法律义务的分类

法律权利与法律义务的种类非常繁多。按照不同的标准，可以把它们划分为以下几类。

（一）基本权利义务、普通权利义务

根据权利和义务在社会生活中的重要程度，可以把法律权利与法律义务划分为基本权利义务和普通权利义务。

基本权利义务是指人们在国家政治生活、经济生活、文化生活和社会生活中的根本权利和义务，是源于社会关系的本质且与主体的生存、发展、地位直接相关的权利和义务。它们是人们在基本政治关系、经济与文化关系和社会关系中所处地位的法律表现，一般由宪法或基本法确认或规定。如我国宪法所确认和规定的公民的基本权利和义务即是。

普通权利义务即非基本的权利和义务，是人们在普通经济生活、文化生活和社会生活中的权利和义务，通常由宪法以外的普通法律所规定。如我国《民法典》中关于缔约人权利和义务的规定。

（二）绝对权利义务、相对权利义务

根据权利和义务相对应的主体范围的不同，可以把法律权利与法律义务划分为绝对权利义务与相对权利义务。

绝对权利亦称“对世权利”，其特点是权利主体无特定的义务人与之相对。对于这种权利，所有的法律主体都是可能的义务人。它的内容是排除他人的侵害，通常要求一般人不得作出一定的行为。国家的安全权、独立权以及公民的各项自由权、财产权等均属于此类。绝对义务亦称“对世义务”，其特点是义务主体无特定的权利人与之相对。绝对义务的内容通常不是积极的作为，而是消极的不作为。例如，任何人都负有不得损害其他公民生命安全的义务。

相对权利亦称“对人权利”或“特定权利”，其特点是权利主体有特定的义务人与之相对，权利主体可以要求特定的义务人作出一定行为或抑制一定行为。相对义务亦称“对人义务”或“特定义务”，其特点是义务主体有特定的权利主体与之相对，义务主体应当根据特定权利主体的合法要求作出一定行为，以其给付、协助等行为使特定权利主体的利益得以实现。合同关系中的权利和义务，婚姻家庭关系中夫妻之间、父母与子女之间的权利和义务等均属于此类。

参考案例3-2

甲有一台500万像素的索尼牌数码照相机，其同事乙因到外地旅游，借用该相机。但因旅游途中保管不善，相机遭损毁。归来后，乙购买了一台300万像素的佳能牌数码照相机作为赔偿，甲不同意，遂至法院起诉，要求乙赔偿其所借出的相同型号的数码照相机。法院审理后对甲的请求予以支持。

在参考案例3-2中，索尼牌数码照相机归甲所有，表明甲对此具有所有权，也是“对世权利”。在没有出借之前，甲对该照相机的权利所针对的义务人是不特定的。甲有权要求除自己之外的所有人都履行不侵害这一所有权的义务（乙当然也负有这一义务）。当甲的照相机被乙损毁后，甲便拥有了向乙要求损害赔偿的权利，这种权利所针对的义务人只能是乙，乙则有义务赔偿甲的损失，因此属于“对人义务”。

（三）第一性权利义务、第二性权利义务

根据权利和义务之间的因果关系，可以把法律权利与法律义务划分为第一性权利义务与第二性权利义务。

第一性权利亦称“原有权利”，它是直接由法律赋予的权利或由法律授权的主体依法通过其积极活动而创立的权利，如财产所有权、缔约权、合法契约中双方当事人的权利。第一性义务与第一性权利相对，是由法律直接规定的义务或由法律关系主体依法通过积极活动而设定的义务，如宪法中规定的公民的纳税义务、服兵役义务等。

第二性权利亦称“补救权利”或“救济权利”，补救权利是在原有权利受到侵害时产生的权利，如诉权、恢复合法权益的请求权。第二性义务与第二性权利相对，其内容是违法行为发生后所应负的义务。

在参考案例3-2中，甲对照相机的所有权就属于“第一性权利”，乙不得损害甲所有权的义务就属于“第一性义务”。乙将照相机损坏后，甲要求乙进行损害赔偿的权利就属于“第二性权利”，乙赔偿甲损失的义务就属于“第二性义务”。

（四）行动权和接受权、消极义务和积极义务

根据权利和义务实现方式的不同，有学者将权利和义务划分为行动权和接受权、消极义务和积极义务。

行动权是指权利主体可以积极主动地作出某种行为的权利。由于行动权的实现依赖于义务主体不得干预、阻止权利主体行使其权利的行为，因此与行动权相对应的基本义务是“不得作出……行为”的消极义务。接受权是指权利主体可以接受某物或者被他人以某种方式对待的权利。由于接受权的实现依赖于义务主体积极主动地给付某物或者作出某种对待，故与接受权对应的基本义务是“应当或者必须作出……行为”的积极义务。

第三节 责 任

一、责任的概念

责任的内涵具有复杂性和多层次性。首先，与权利、义务一样，责任也是一个具有价值判断色彩的概念。“一般所谓‘责任’，在广义上乃指人之行为作为某种评价对象时，基于一定的事实之价值，而使为一定的负担之一种概念。”① 责任意味着某种任务或负担，同时，这种任务或负担是应当承受的负担。

其次，就责任概念的内涵而言，人们往往在三个意义上使用“责任”一词：

（1）根据某种价值观念和行为规范，一般人应当作出或者不作出某种行为。西方学者

① 洪福增．刑事责任之理论//刘作翔，龚向和．法律责任的概念分析．法学，1997（10）：7.

曾将责任看作“人们之间的约束，首先是我们对自己的约束”①。此时，责任与义务的含义基本相同。

（2）根据某种价值观念和行为规范，某些特定的人对特定的事情具有某种特定的负担。此时，责任指的是一种特殊身份的人应负的义务。“岗位责任”就是这样一类责任。

（3）根据某种价值观念和行为规范，作出了某种错误行为的行为人应当受到的对其不利的处置。此时，责任就是指一种对自己的错误行为承担不利后果的特殊义务。

也有学者将前两种责任称为积极责任，将最后一种责任称为消极责任。②

可见，责任与义务这两个概念之间具有相当的包容性：有的时候二者的含义相同；有时责任指的是一种特殊的义务，即具有特殊身份的人应负的义务或者一种对自己的错误行为承担不利后果的义务。

二、法律责任的概念

与对责任的多样化理解一样，对“法律责任”一词，法学界也有不同的认识。其中，具有代表性的观点有以下几种。

（一）义务说

这种观点将法律责任定义为“义务”或者“第二性义务”。例如，《布莱克法律词典》将“法律责任”解释为“因某种行为而产生的受惩罚的义务及对引起的损害予以赔偿或用别的方法予以补偿的义务”③。我国有学者认为：法律责任是“由于侵犯法定权利或违反法定义务而引起的、由专门国家机关认定并归结于法律关系的有责任主体的、带有直接强制性的义务，亦即由于违反第一性法定义务而导致的第二性义务”④。

（二）不利后果说

这种观点把法律责任定义为“处罚”“惩罚”“制裁”“谴责”等不利后果。例如，我国学者李肇伟认为：“所谓法律责任，乃为义务人违反义务时，所应受法律之处罚也。”俄罗斯学者认为：“法律责任是指由法律制裁规范规定的，反映国家对违法行为有过错主体的惩罚，它体现在违法主体要接受人身、财产或组织性质的国家强制剥夺和限制措施。”⑤另外，还有许多刑法学者将责任理解为从道义的立场进行的非难，是对行为人的否定性评价和谴责。⑥ 无论是处罚还是谴责，对于责任人而言，都是其应当承担的不利后果。

（三）责任能力说或心理状态说

这种观点把法律责任说成是一种主观责任，一种应受谴责的心理状态。例如，苏联学者沙赫马托夫认为：“责任乃是一种对自己行为负责、辨认自己的行为、认识自己行为的意义、把它看作是自己的义务的能力。”⑦ 人们只有对自己行为意义有认识的能力时，才

---

① 周辅成．西方著名伦理学家评传．上海：上海人民出版社，1987：706.

② 张文显．法理学．2版．北京：高等教育出版社，2003：142.

③ 布莱克法律词典．美国西部出版公司，1983：1197//张文显．法学基本范畴研究．北京：中国政法大学出版社，1993：186.

④ 张文显．法学基本范畴研究．北京：中国政法大学出版社，1993：187.

⑤ B B拉扎列夫．法与国家的一般理论．王哲，等译．北京：法律出版社，1999：37.

⑥ 冯军．刑事责任论．北京：法律出版社，1996：22－25.

⑦ 巴格里·沙赫马托夫．刑事责任与刑罚．韦政强，等译．北京：法律出版社，1984：2.

对这一行为承担责任。因为，当某人认识到自己的行为可能会造成侵害并仍然坚持这一行为时，其心理状态就具有可谴责性。基于此，他就应对该行为负责。总之，责任人的责任能力或心理状态是追究责任人责任的基础。

以上关于法律责任的界定既有合理之处，也都有一定的不足。

首先，上述三种类型的定义都类似于“责任”的第三种含义（即消极责任的含义），只不过其着眼点各有不同而已：“义务说”从行为状态的角度来界定法律责任；“不利后果说”从行为人所承受的结果的角度来界定法律责任；“责任能力说或心理状态说”则从行为人的主观状况角度界定法律责任。它们都忽略了“法律责任”一词也可能具有积极的含义，如“担保责任”“举证责任”以及国家机关及其工作人员的责任，都属于积极责任。

其次，上述三种法律责任的定义忽略了无过错责任等特殊法律责任的存在。所谓无过错责任，是指无论行为人主观上是否有过错，只要行为人实施了法定的行为或发生了法定的危害后果，行为人都要依法承担责任。这一法律责任的存在意义，不是对不法行为的制裁，不是对行为人主观状态的谴责，也不是因不履行第一性义务的行为而追加的第二性义务，而是对一些“不幸损害”的合理分配。

参考案例3-3

我国台湾地区某航空公司的飞机因突然发生的恶劣天气而失事。后来，该航空公司对旅客因此而造成的损失予以赔偿。其依据是台湾地区所谓“民用航空法”第89条的规定：“航空器失事致人死亡，或毁损他人财物时，不论故意或过失，航空器所有人应负损害赔偿责任。其因不可抗力所生之损害，亦应负责。自航空器上落下或投下物品，致生损害时，亦同。”

民用航空器在正常经营中因意外事件或者不可抗力而导致的损害，并非航空器所有人的过错所致，而只是一个不幸的事件。航空器所有人并没有从事不法行为，也没有不履行法定义务。法律之所以要求航空器所有人对这种损害承担赔偿责任，其目的在于保障人们的生命财产不至于因为难以预见的不幸事件而受到损害。另外，为了不妨害航空器的正常经营，这一损害赔偿责任还可以通过商品服务的价格机制及保险制度予以分散。总之，这一损害赔偿责任就是典型的无过错责任。

为了弥补上述定义的不足，我们可以从两个方面来理解法律责任：广义上的法律责任与法律义务同义；狭义上的法律责任是由特定事实所引起的、对损害予以赔偿、补偿或接受惩罚的特殊义务。这里所说的特定事实，指的是违法行为、违约行为或者法律直接规定的应当承担责任的行为。由于广义上的法律责任与法律义务同义，下面我们将仅就狭义上的法律责任进行讨论。

三、法律责任的构成要件

法律责任因何而成立？一般认为，当某一行为符合以下构成要件时，法律责任即成立。

（1）违法行为、违约行为或者法律规定的造成损害的行为。

有行为才有责任，纯粹的思想不会导致法律责任。引起法律责任的行为，一般都是某种具有危害性的行为，如不履行法定义务从而导致损害他人权利或社会公共利益的行为。

参考案例3-4

甲（年满十九周岁）骑摩托车时超速行驶，撞伤了行人乙。乙住院治疗，花费医药费2万元。另外，在乙住院治疗期间，其名贵手表被盗，家中兰花枯死，被盗财物以及枯死植物价值2万元。乙病愈后，要求甲对自己因受伤而产生的物质损失以及精神损害承担法律责任。

在上述案例中，甲超速行驶的行为侵害了乙的健康权等合法权利，属于违法行为。一般认为，违法行为是产生法律责任的前提条件之一。不过，在判断某种侵害他人权利的行为是否具有违法性时，需要注意该行为是否存在“违法阻却事由”，如该加害行为是否属于合法行使职权的行为，是否属于正当防卫行为等。如果存在违法阻却事由，那么，加害行为便不具有违法性，也不会导致法律责任的产生。

除违法行为以外，还有两类行为也会导致法律责任：一是违反合法契约的行为；二是法律规定的特定行为。由于当事人之间的合法契约对于缔约者而言具有法律效力，因此违约行为会带来法律责任；另外，在特定情况下，法律责任的承担不以行为具有违法性为前提条件，而是以法律规定为条件。无过错责任便是这种类型的法律责任。

（2）责任主体。

尽管导致损害的行为是产生法律责任的前提，但是，并非所有实施加害行为的人都必须承担法律责任。只有具有责任能力的行为人才应当对自己的行为承担相应的法律责任。责任能力的设置目的在于确定何种主体应对其违法行为所造成的损害后果承担法律责任，以保护他人和社会利益。如在主体有完全责任能力时，使其独立承担法律责任；在其无完全责任能力时，则找出代替责任人，使其代为承担责任。

责任能力的设置也与行为人的意志密切相关，它一般包括责任主体对自己行为的辨识能力和控制能力，即主体能够认识自己的行为是法律所禁止的；并且具备决定自己是否以行为违反法律的能力。责任能力因程度不同，可分为完全责任能力、完全无责任能力、限制责任能力。影响责任能力的因素有自然人的责任年龄、精神障碍、生理功能丧失及生理醉酒等；行政机关及其工作人员的职责范围；法人的性质等。根据责任主体所违反的法律不同，可将责任能力分为民事责任能力、刑事责任能力、行政责任能力等。①比如，在参考案例3-4中，行为人已满十九周岁，属于完全民事行为能力人，可以成为承担民事责任的主体。

（3）损害事实。

只有具有危害性的行为才会导致产生法律责任。行为的危害性表现为行为所带来的损害事实，即该行为损害他人权利或公共利益的事实。在实际生活中，损害事实的表现是多种多样的：既可以是物质性损害（如参考案例3-4中乙因受伤而支出的医药费），也可以是非物质性损害（如参考案例3-4中乙因受伤而承受的精神痛苦）；既可以是已得利益的损失，也可以是预期可得利益的损失；既可以是已经发生的现实损害后果，也可以是尚未

① 孙国华. 中华法学大辞典·法理学卷. 北京：中国检察出版社，1997：501.

发生、但是有发生可能性的损害后果。① 但是，无论处于何种形态，损害都应当具有现实性，而不是臆测的、虚构的。当损害表现为某种危险状态而非已经发生的具体后果时，损害的现实性要求根据行为当时的具体情况和一般社会经验判断，该行为确实存有引发具体损害后果的可能性。②

（4）因果关系。

因果关系是指可归责的行为与损害事实之间存有的必然联系。只有当行为人的行为是导致损害事实的必然原因时，才能够追究行为人的法律责任。比如，要确定参考案例 3-4 中甲的法律责任，必须要确认：乙是否因甲的超速行驶行为而受伤？有关因果关系的认定有许多复杂的理论。一般而言，在确定因果关系时，首先应确定行为与损害事实之间存在条件关系，即该行为是损害事实发生的必要条件。但是，由于社会生活的复杂性，事实上的因果关系链条连绵不绝，单一行为往往不是损害事实发生的唯一条件。比如，参考案例 3-4 中乙的名贵手表被盗，虽然以乙因甲致害受伤不在家为条件，但还以他人的盗窃行为为条件。因此，肯定原因行为与损害事实之间具有条件关系，还不足以要求行为人承担法律责任。只有行为人的行为与损害事实之间具有“相当性”的条件联系时，才能够确认行为人的法律责任。即如果行为人的行为使损害发生的可能性有了相当程度的提升，该行为与损害事实之间便具有因果关系。是否具有“相当性”，以常人所能够认识到的知识和行为人特别能够认识到的知识为判断根据。③

（5）心理状态。

构成法律责任要件的心理状态，是指行为主体在主观上存在故意和过失，通称过错。故意是指行为人明知自己行为的不良后果，却希望或放任其发生。过失是指行为人应当预见到自己的行为可能发生不良后果而没有预见，或者已经预见但轻信不会发生或自信可以避免。应当预见或能够预见但没有预见，称为疏忽；已经预见但轻信可以避免，称为懈怠。

古代社会比较偏向于客观归责，即根据结果的危害程度而非行为人的主观心理状态来决定责任的有无和轻重。受制于特定的知识水平，古代社会的立法者尚认识不到行为人的主观意志的独立性，而仅仅出于便于填补损害、对加害人予以惩戒以及对其他社会成员进行震慑等目的来设定法律责任。为了尊重行为人的行为自由与道德自主，现代社会的法律制度一般都将行为人的主观过错作为法律责任的构成要件。但是，现代社会存在着许多具有高度风险的行业，在这些行业之中，危害的发生往往是人们很难预见的。由于无法预估风险，自然也没有机会制止不良后果的产生。在这种情况下，如果因无过错而导致无人对损害负责，将导致严重的社会问题。20 世纪以来，各种无过错补偿责任和社会保险机制得以建立和发展，进而，在一些特定的领域（如交通事故的赔偿、产品瑕疵的赔偿等），法律责任的存在并不以行为人的过错为归责的要件。另外，20 世纪上半叶还出现了过错责任的客观化现象。判断侵权人是否有过错，不是以个人的主观判断能力为标准，而是采取客观的标准。如英美法系中的“抑制合理人”标准，大陆法系中的“善良管理人”等。

---

① 在特定情况下，尚未发生、但足以发生某种危险的行为可能导致刑事法律责任的产生。例如，我国《刑法》第 116 条规定的破坏交通工具罪，便要求破坏交通工具的行为“足以使火车、汽车、电车、船只、航空器发生倾覆、毁坏危险”，而并不要求被破坏的交通工具已经发生了倾覆或毁坏的实际后果。

② 张明楷．刑法学．北京：法律出版社，2003：164.

③ 叶金强．相当因果关系理论的展开．中国法学，2008（1）.

四、法律责任的种类

以引起责任的行为性质为标准，我们可以将法律责任划分为以下几类。

（一）刑事责任

刑事责任是指责任人因其犯罪行为所必须承受的，由司法机关代表国家所确定的否定性法律后果。刑事责任的特点是：

（1）产生刑事责任的原因在于行为人行为的严重社会危害性。只有行为人的行为具有严重的社会危害性，即构成犯罪，才能追究行为人的刑事责任。

（2）刑事责任是犯罪人向国家所负的一种法律责任，它与民事责任由违法者向被害人承担责任有明显区别。

（3）刑事责任是一种惩罚性责任，是所有法律责任中最严厉的一种。它可以表现为一种财产上不利后果的责任（如缴付罚金、被没收财产），也可以表现为一种资格上不利后果的责任（如被剥夺政治权利），还可以表现为一种人身上不利后果的责任（如被剥夺人身自由甚至生命）。

（4）刑事法律是追究刑事责任的唯一法律依据。在追究刑事责任时，必须严格遵循罪刑法定原则。即何种行为构成犯罪，对犯罪追究何种法律责任，都必须由刑事法律事先予以明确规定。

（二）民事责任

民事责任是指责任人由于违反民事法律、违约或者由于民法的规定而应承担的一种法律责任。民事责任的特点是：

（1）产生民事责任的原因主要有：由违约行为（或不履行其他义务）而产生的违约责任；由民事违法行为，即侵权行为产生的一般侵权责任；因法律规定而产生的特殊侵权责任（如无过错责任）。

（2）民事责任主要是一方当事人对另一方当事人的责任，在法律允许的条件下，多数民事责任可以由当事人协商解决。

（3）民事责任主要是一种救济责任。民事责任的功能主要在于救济当事人的权利，赔偿或补偿当事人的损失，从而使被侵害的社会关系恢复到未被侵害之前的状态。因此，民事责任也是一种财产责任。

（三）行政责任

行政责任是指因违反行政法或因行政法规定而应承担的法律责任。行政责任的特点是：

（1）产生行政责任的原因是行为人的行政违法行为和法律规定的特定情况。

（2）行政责任是发生在行政主体之间或者行政主体与行政管理相对人之间的责任。前者又可以称为内部行政法律责任，如上级国家行政机关工作人员对下级国家行政机关工作人员的违法失职行为予以追究的责任；后者又可称为外部行政法律责任，如国家行政机关对公民、社会组织等行政管理相对人违反行政法的行为予以追究的责任。

（3）行政责任主要是一种惩罚性责任，其责任的实现方式是多种多样的。内部行政法律责任的实现方式包括警告、记过、记大过、降级、降职、撤职、留用察看、开除等；外部行政法律责任的实现方式则包括警告、罚款、没收违法所得、责令停产停业、暂扣或者吊销许可证、行政拘留等。

（四）违宪责任

违宪责任是指由于有关国家机关制定的某种法律、法规或规章与宪法相抵触，或者有关国家机关、社会组织或公民从事的与宪法规定相抵触的活动而产生的法律责任。虽然广而言之，所有违法行为都是违宪行为，但是，构成违宪责任的违宪行为与一般违法行为还是有区别的。构成一般违法行为的法律根据为普通法律，而构成违宪行为的法律根据为宪法这一根本大法。

违宪责任的实现方式主要有：撤销与宪法相抵触的普通法律，罢免国家机关的领导人员等。在我国，监督宪法实施的权力属于全国人民代表大会及其常务委员会。

（五）国家赔偿责任

国家赔偿责任是指国家对于国家机关及其工作人员在执行职务、行使公共权力时，损害自然人、法人和非法人组织的法定权利与合法利益所应承担的赔偿责任。国家赔偿责任的特点是：

（1）产生国家赔偿责任的原因是国家机关及其工作人员在执行职务过程中的不法侵害行为。

（2）国家赔偿责任的责任主体是国家。

（3）在我国，国家赔偿责任的范围包括行政赔偿与刑事赔偿两部分。行政赔偿是指行政机关及其工作人员在行使职权时，因侵犯相对人的人身权、财产权而造成损害应给予的赔偿。刑事赔偿是指行使国家侦查、检察、审判、监狱管理职权的机关及其工作人员在刑事诉讼中，因侵犯当事人人身权、财产权而造成损害应给予的赔偿。

五、归责与免责

（一）归责

归责，即法律责任的归结，是指由特定国家机关或国家授权的机关依法对行为人的法律责任进行判断和确认的活动。在我国，归结法律责任应当遵循以下原则。

1. 责任合法原则

责任合法原则的要求是：作为一种否定性的法律后果，法律责任应当由法律规范预先规定；在追究相关法律责任时，一般应当依据法律事先规定的性质、范围、程度、期限、方式追究责任人的责任。

责任合法原则反对任何责任擅断、没有法律根据进行责罚的行为。根据责任合法原则，没有法律授权的任何国家机关和社会组织都不能认定和归结法律责任；任何国家机关和社会组织既不能超越权限追究他人的法律责任，也无权向责任主体追究法律明文规定以外的责任；任何国家机关和社会组织都不能违反法定程序追究他人的法律责任。

参考案例3-5

某市政府在一次工作检查中发现两起行政行为存在问题：该市市场监督管理局在查办一起案件过程中，将有关当事人扣押了48小时；该市交通管理部门在一起交通事故的处理中，超过法定的时限进行责任认定，同时强令一方当事人赔偿另一方当事人因交通事故造成的损失。

参考案例3-5中发生的情况都违反了责任合法原则的要求。根据《中华人民共和国行政处罚法》的规定，市场监督管理局无权以限制人身自由的方式追究当事人的责任；根据《中华人民共和国道路交通安全法》的规定，交通管理部门在责任认定过程中有时限上的要求，交通管理部门不能违背这一法律程序的规定；另外，交通管理部门仅有权进行责任认定，而无权决定与事故有关的损害赔偿问题。

责任合法原则还包含对责任人不利的溯及既往之排除。在现代社会，新制定的法律一般不能适用于该法律生效之前的行为。除非新制定的法律能够更好地保护行为人的权利和利益（如新法不认为犯罪或者处刑较轻的），它才能够例外地溯及既往。对于责任人而言，法律责任是一种不利的后果。因此，在追究责任人的法律责任时，一般都应当依据法律事先的规定进行归责。如果事后制定的、新的法律规定不应追究其生效前的行为的法律责任或者只是追究较轻的法律责任，那么，新的法律才能够例外地被适用。

2. 公正原则

在追究法律责任方面，公正原则的要求表现为：

（1）坚持公民在法律面前一律平等，对任何公民的违法犯罪行为，都必须同样地追究法律责任，不允许有不受法律约束或凌驾于法律之上的特殊公民。

（2）责任的种类、性质、轻重与违法行为或造成的损害相均衡。

（3）综合考虑使行为人承担责任的多种因素，做到合理地区别对待。

（4）依据法律程序追究法律责任，非依法律程序，不得追究法律责任。

3. 效益原则

效益原则是指在追究行为人的法律责任时，应当进行成本-收益分析，讲求法律责任的效益。作为一种不利的后果，法律责任的设定和追究都应有节制，尽可能以最小的代价获得最好的效益。这里所说的效益不仅指物质上的效益，也包括精神上的效益；不仅指个人效益，也包括社会效益。如果责任人承担较轻的责任就可以达到惩戒、预防、教育等目的，那么就没有必要要求责任人承担更重的责任。

4. 责任自负原则

责任自负原则的要求是：在一般情况下，法律责任的主体只能是作出了会导致法律责任行为的行为人本人。责任自负原则反对的是古代社会的株连、连坐等极端残酷的团体责任制度。但是，这一原则并不是绝对的。在某些特殊的情况下，为了社会利益的需要，也会产生责任的转移承担问题，如监护人对被监护人、雇主对雇员承担的替代责任。

（二）免责

免责，也称法律责任的免除，是指由于出现法定条件，法律责任被部分或全部地免除。从我国的法律规定和法律实践看，主要存在以下几种免责形式。

1. 时效免责

时效免责，是指法律责任经过了一定的期限后被免除。时效免责的意义在于：保障当事人的合法权益，督促法律关系的主体及时行使权利、履行义务，提高司法机关的工作效率，稳定社会生活秩序，促进社会经济的发展。

2. 不诉免责

不诉免责，是指如果受害人或有关当事人不向法院起诉要求追究行为人的法律责任，行为人的法律责任就实际上被免除，或者受害人与加害人在法律允许的范围内协商同意的免责。在这些场合，法律将追究责任的决定权交给受害人和有关当事人。只要受害人和有关当事人不起诉，国家就不去追究行为人的法律责任。这种免责主要发生在民事活动领域。

3. 自首、立功免责

自首、立功免责，是指对那些违法之后有立功表现的人，免除其部分和全部的法律责任。这是一种将功抵过的免责形式。

4. 补救免责

补救免责，是指对于那些实施了违法行为并造成了一定的损害，但在国家机关追究责任之前采取补救措施的人，免除其部分或全部责任。

5. 人道主义免责

一方面，在责任人没有能力履行全部或部分责任的情况下，有关国家机关或权利主体可以出于人道主义考虑免除责任人全部或者部分的法律责任。例如，在损害赔偿的民事案件中，人民法院在确定赔偿责任的范围和数额时，应当考虑到责任人的财产状况、收入能力、借贷能力等，适当减轻或者免除责任，而不应使责任人因赔偿而处于无家可归、不能维持基本生计的状态。另一方面，在责任人无履行能力的情况下，即使有关国家机关把法律责任归结于该责任人，也会因其不能履行而落空。

【本章小结】

权利和义务是法学的基本范畴。法律权利是指在法律关系中，权利主体依法享有的行为自由与行为控制。法律义务是指在法律关系中，义务主体依法所应承受的行为约束。两者处于对立统一的关系之中。根据不同的标准可以将法律权利和法律义务分为：基本权利义务、普通权利义务；绝对权利义务、相对权利义务；第一性权利义务、第二性权利义务；行动权和接受权、消极义务和积极义务。

责任的内涵具有复杂性和多层次性。广义上的法律责任与法律义务同义，狭义上的法律责任是由特定事实所引起的，对损害予以赔偿、补偿或接受惩罚的特殊义务。法律责任可以划分为刑事责任、民事责任、行政责任、违宪责任、国家赔偿责任等。在我国，归结法律责任应当遵循以下原则：第一，责任合法原则；第二，公正原则；第三，效益原则；第四，责任自负原则。由于出现法定条件，法律责任可以被部分或全部地免除（如时效免责，不诉免责，自首、立功免责，补救免责，人道主义免责等）。

【本章研习活动】

1. 分析

根据参考案例 3－2，分析绝对权利义务与相对权利义务之间的区别。

2. 思考

判断以下关于权利和义务的说法是否正确，并说明理由：

(1) 诉讼当事人要求法院依法公开审理的权利是对世权利。

(2) 法律规定不得侵犯他人的自由，这一义务属于对人义务和消极义务。

(3) 在许多情况下，权利可以转让或放弃，义务不能随意转让或者放弃。

3. 讨论

根据我国 1997 年 10 月 1 日起生效实施的《刑法》（又被称为新刑法）第 270 条的规定，将代为保管的他人财物或者他人的遗忘物、埋藏物非法占为己有，数额较大且拒不交还的行为构成侵占罪，可以处以一定的刑罚。但是，在 1997 年 10 月 1 日之前，在我国具有法律效力的刑事法律是 1979 年 7 月 1 日通过的《刑法》（又被称为旧刑法）。旧刑法并未设置侵占罪。甲于 1997 年 2 月 28 日拾得他人遗忘的手提包，手提包内有巨款。在失主乙向甲讨要时，甲拒不归还。

问题：

法院是否可以对甲以侵占罪追究其法律责任？为什么？

【推荐阅读材料】

1. 张文显：《法学基本范畴研究》，北京，中国政法大学出版社，1993。

2. ［英］H. L. A. 哈特：《法律的概念》，北京，中国大百科全书出版社，1996。

3. ［俄］B. B. 拉扎列夫主编，王哲等译：《法与国家的一般理论》，北京，法律出版社，1999。

4. 舒国滢：《权利的法哲学思考》，载《政法论坛》，1995（3）。

第四章　法律规范与法律体系

【本章引言】

一个规则和一个原则之间的差别在于，一个规则对于一个特定的事件作出一个固定的反映；而一个原则在我们决定如何对一个特定的事件作出反映时，指导我们对特定因素的思考。

——罗纳德·德沃金

法不仅必须适应于总的经济状况、必须是它的表现，而且必须是不因内在矛盾而自相抵触的一种内部和谐一致的表现。

——马克思

【本章学习目标】

通过本章的学习，你应该能够：

1. 掌握法律原则与法律规则的区别；
2. 掌握法律部门的划分标准；
3. 了解法律规则的结构、分类和功能；
4. 熟悉中国现行的法律体系。

第一节　法律规范与法律规则

一、法律规范

（一）规范与法律规范

“规范”一词，古希腊文为 nomos，包含法律、伦理习惯、宗教礼仪等意义；拉丁文为 norma，英文为 norm，包含准则、标准、模范、模型、典型等意义。在古罗马，“规范”还曾是一种丈量土地的工具的名称。在汉语里，规范最初指作为测量仪器的规矩，后又引申为法、法度。

“规范”一词的意义领域的边界是不清楚的，可以在不同的意义上被使用，可以被运用于不同的事物。我们所谓的“规范”一定是与人的行为或活动相关的，是关于人们行为或活动的命令、允许和禁止，它属于应然命题。规范具有语言的依赖性，因此，我们必须将一个规范和规范性陈述（normative statement）区别开来。规范性陈述就是用以表达规范的语句，规范就是规范性陈述所表达的意义。①

与人的行为或活动相关的，关于应该、允许或禁止的意义的规范有很多种，如社会规范、技术规范、语言规范等，其中社会规范又包括道德规范、宗教规范、法律规范等。这些不同的社会规范都能对人们的行为起到指引作用，从而使社会处于一种有秩序的状态。在人类社会的不同历史阶段，这些不同的社会规范在社会控制体系中的地位和重要性有所差异。例如，在欧洲中世纪，宗教规范的效力和地位要高于法律规范；而在中国的封建社会，统治者主张“德主刑辅”，更强调道德规范的作用。进入现代社会之后，法律规范的地位和作用逐渐加强。美国法学家庞德曾经指出：“自16世纪以来，法律已成为社会控制的最高手段了”②，因为自那时起，“社会政治组织已成为首要的了。它具有或要求具有，而且就整个来说事实上保持着一种对强力的垄断，所有其他社会控制的手段被认为只能行使从属于法律并在法律确定范围内的纪律性权力”③。

（二）法律规范与法律规则辨析

法律规范是国家制定或认可的关于人们的行为或活动的命令、允许和禁止的一种规范。法律规范可以分为法律规则和法律原则，两者都是针对特定情况下有关法律责任的特定的决定。④ 这就是说，法律规范是法律规则的上位概念，法律规则只是法律规范的类型之一。⑤ 因此，我们不能说法律规范就是法律规则，而只能说法律规则是一种法律规范。但是有学者认为：“在现代汉语中，规则与规范基本上是同义的。”⑥ 许多学者将法律规范和法律规则等同，有现实的原因。有学者考证，古代的法典大都是一些规则的结合，并没有规定法律原则的条文。在法律文本中规定法律原则是近代以后的事。⑦ 即便是在近现代的法律文本中，规定法律规则的条文也占较大的比重，这种情形可能影响了人们的观念，即把法律规范单单看作是由法律规则构成，在使用中也对法律规范和法律规则不加区分。虽然我们认为法律规范可以被区分为法律规则与法律原则，但是不能否认下列事实：法律规范主要是由法律规则构成的；换句话说，法律对人们的行为的调整主要是通过法律规则来实现的。这是由法律规则和法律原则各自的性质及法律的作用、功能和价值所决定的。

据此，我们作出如下定义：法律规则是指以一定的逻辑结构形式来具体地规定人们的法律权利、法律义务及相应的法律后果的一种法律规范。

二、法律规则的逻辑结构

法律规则的逻辑结构是指一个法律规则在逻辑上是由哪些要素构成的。法律规则与法

---

① ROBERT ALEXY. A theory of constitutional rights. Oxford：Oxford University Press，2002：21－22.

② 罗斯科·庞德．通过法律的社会控制．沈宗灵，董世忠，译．北京：商务印书馆，1984：131.

③ 同②12.

④ RONALD DWORKIN. Taking rights seriously. Cambridge：Harvard University Press，1977：24.

⑤ 同①45.

⑥ 沈宗灵．法理学．北京：北京大学出版社，1999：36.

⑦ 徐国栋．民法基本原则解释：成文法局限性之克服．北京：中国政法大学出版社，1992：352.

律原则的显著区别就在于：法律规则有严密的逻辑结构。

（一）二要素说与三要素说

关于法律规则的逻辑结构，法学界有两种代表性的观点：二要素说和三要素说。

1. 二要素说

持二要素说的学者认为，法律规则由行为模式和法律后果两要素构成。行为模式是指法律规则中为主体如何行为提供标准或准则的范式。行为模式可以分为三类：可以这样行为；应当这样行为；不得这样行为。法律后果是指法律对具有法律意义的行为赋予某种结果。法律后果可以分为两类：一类是肯定性的法律后果，即法律承认行为合法、有效并加以保护甚至奖励；另一类是否定性的法律后果，即法律不承认某种行为或禁止某种行为，并对这种行为予以撤销或制裁。

二要素说的不足主要在于：法律规则除了行为模式和法律后果之外，还有“假定”这一要素，而该要素并不能包括在行为模式之中。

2. 三要素说

主张三要素说的学者认为，法律规则由假定、处理和制裁三要素构成。假定是指法律规则中所规定的适用该规则的条件或范围；处理是指法律规则所要求的作为和不作为；制裁是指法律规则规定的主体违反规则所应当承担的法律责任。

三要素说存在如下缺陷：首先，制裁只是法律的否定性后果，而否定性后果仅仅是法律后果的一种，将制裁视为要素之一，在逻辑上犯了以偏概全的错误；其次，如果将肯定性的法律后果也包括在制裁之内，则与“制裁”的含义相差甚远；最后，“处理”一词的含义也与中文“处理”的本义不符。

（二）新三要素说

本书主张新三要素说，认为任何法律规则都是由假定条件、行为模式和法律后果三个要素构成。

1. 假定条件

假定条件是指法律规则中有关适用该规则的条件和情况的部分。主要包括以下两种条件：

（1）法律规则的适用条件。即法律规则在什么时间、空间，对什么人适用，以及在什么情况下对人的行为有约束力的问题。其内容包括法律规则在什么时间生效、在什么地域生效以及对什么人生效等。

（2）行为主体的行为条件。

2. 行为模式

行为模式是指法律规则中规定人们如何具体行为之方式的部分。它是从人们大量的实际行为中概括出来的法律行为要求。根据行为要求的内容和性质不同，法律规则中的行为模式分为三种：

（1）可为模式，是指在假定条件下，人们“可以如何行为的模式”。

（2）应为模式，是指在假定条件下，人们“应当或必须如何行为”的模式。

（3）勿为模式，是指在假定条件下，人们“禁止或不得如何行为”的模式。

从另一个角度看，可为模式亦可称为权利行为模式，而应为模式和勿为模式又可称为义务行为模式。行为模式的内容是法律规则的核心部分。

3. 法律后果

法律后果是指法律规则中规定人们在作出符合或者不符合行为模式要求的行为时应承担相应的结果的部分。它是法律规则对人们具有法律意义的行为的态度。根据人们对行为模式所作出的实际行为的不同，法律后果又可分为两种：

（1）合法后果，又称肯定式的法律后果，是法律规则中规定人们按照行为模式的要求行为而在法律上予以肯定的后果，它表现为法律规则对人们行为的保护、许可或奖励。

（2）违法后果，又称否定式的法律后果，是法律规则中规定人们不按照行为模式的要求行为而在法律上予以否定的后果，它表现为法律规则对人们行为的制裁、不予保护、撤销、停止，或要求恢复、补偿等。

（三）法律规则与法律条文

需要注意的是，法律规则与法律条文是既相互联系又相互区别的两个概念。法律规则是法律条文的内容，法律条文是法律规则的表现形式；但并不是所有的法律条文都直接规定法律规则，也不是任何条文都完整地表述一个规则或只表述一个法律规则。

在立法实践中，通常采取两种不同的方式来明示人们的行为界限，分别以不同的法律条文表现出来。具体而言，大致有以下几类情形：

（1）一个完整的法律规则由数个法律条文来表述；

（2）法律规则的内容分别由不同规范性法律文件的法律条文来表述；

（3）一个法律条文表述不同法律规则或其要素；

（4）法律条文仅规定法律规则的某个要素或若干要素。

三、法律规则的分类

依据不同的标准，可以对法律规则进行不同的分类。常见的分类如下。

（一）授权性规则、义务性规则和权义复合规则

按照法律规则所设定的行为模式的不同，可以将法律规则分为授权性规则、义务性规则和权义复合规则。

授权性规则是规定主体可为或可不为一定行为，以及要求其他主体为一定行为或不得为一定行为的规则。授权性规则是主体享有法定权利的依据，而且该类规则具有可选择性，主体可以行使授权性规则所赋予的权利，也可以放弃行使该权利。

义务性规则是规定主体应当为一定行为或不为一定行为的规则。义务性规则以法定义务形式为主体设定必要行为的尺度，该类规则具有强制性而不具有可选择性，主体对自己的法定义务只能履行而不能拒绝。义务性规则分为两类：一类是命令性规则，即规定主体应当履行作为义务（亦称积极义务）的规则；另一类是禁止性规则，即规定主体不得作为义务（亦称消极义务）的规则。

权义复合规则是指兼具授予权利、设定义务两种性质的法律规则。权义复合规则大多是有关国家机关组织和活动的规则。这类规则的特点是：一方面，主体有权按照法律规则的规定作出一定行为；另一方面，作出这些行为又是主体不可推卸的责任，否则将承担相应的法律责任。

参考案例4-1

张某在路途中遭到流氓殴打，跑到附近的派出所向值班民警求救，民警要求张某给“保护费”，张某没有答应，于是民警拒绝给予保护，导致张某被打成重伤。事后，张某向法院提起行政诉讼，状告派出所民警行政不作为。法院审理案件之后认为：由于公安机关不履行法定行政职责，致使张某的合法权益遭受损害，应当承担赔偿责任。

依据我国法律的规定，公安机关负有维持社会公共秩序、保护公民生命财产安全的职责。这种职责既是公安机关所享有的一种权力，同时也是一种必须履行的义务。如果公安机关拒绝履行这种义务，将承担相应的法律责任。

（二）强行性规则与任意性规则

按照法律规则是否允许主体按照自己的意愿自行设定权利和义务，可以把法律规则分为强行性规则和任意性规则。

强行性规则是指为社会关系参加者规定了明确的行为模式而不得自行变更其内容的规则。据此，行为主体必须遵守规则的规定，不允许他们自行协议解决问题，违反法定行为模式的协议是无效的。一般来说，强行性规则在公法与刑法等法律部门比较常见。

参考案例4-2

王某与同村的张某因为琐事打架，王某不慎失手将张某打死。王某的父母向张某的父母求情，并表示愿意赔偿张家40万元，希望张家不要向公安机关报案。考虑到两家是世交，关系一直很好，王家又愿意赔偿，张某的家人答应接受赔偿，不向公安机关报案，两家“私了”此事。后来村里有人向公安机关举报，公安机关介入此案，在查明事实后，移交给检察机关提起公诉，法院经过审判之后，认为王某犯过失杀人罪，判处有期徒刑3年。

在参考案例4-2中，王某犯过失致人死亡罪，按照我国《刑法》的规定，必须由检察机关提起公诉，由审判机关判决此案。《刑法》的有关规定是强行性规则，必须依照这些强行性规则来处理此案。张家和王家没有权利自行达成协议，“私了”此事。

任意性规则是指在规定主体权利和义务的同时，允许当事人在法律许可的范围内通过协商自行设定彼此的权利与义务，只有在当事人没有协议的情况下，才适用法律规则的规定。任意性规则在民商法、婚姻家庭法等私法法律部门中比较常见。例如，在买卖合同关系中，合同当事人可以自行商定产品的质量标准，如果没有约定，当发生纠纷时，应依据有关产品质量检验方面的法律规定中的质量标准处理。有的公法法律部门中也有任意性规则，如我国《刑法》中的“告诉才处理”的法律规则。

参考案例4-3

黄某（男）经人介绍与陈某（女）结婚。陈某系再婚，其前夫因病去世，遗有一子刘某。婚后，黄某经常虐待陈某的儿子，不让他吃饱饭，并对其拳打脚踢，造成孩子身上多处受伤，给其身心健康造成严重伤害。陈某稍加阻拦，黄某即对陈某拳脚相向。无奈之下，陈某作为刘某的法定代理人向法院提起刑事诉讼。法院经过审理之后，判决黄某犯虐待罪，判处有期徒刑1年。

根据我国的刑事诉讼制度，我国实行公诉主义，对犯罪分子由国家检察机关向审判机关提起公诉。但对于某些刑事案件，如暴力干涉他人婚姻自由案件、虐待案件及侮辱、诽谤案件等，刑法规定“告诉才处理”。也就是说，只有当事人向法院起诉，法院才受理，而检察机关并不主动对这些案件提起公诉。在参考案例 4－3 中，对于黄某所犯的虐待罪，检察机关并不提起公诉，而由受害人自主决定是否提起刑事诉讼。如果陈某不愿意向法院提起公诉，则司法机关不会主动介入此案。但是，假如黄某所犯的是盗窃罪或者故意杀人罪等不属于“告诉才处理”的罪行，则必须由检察机关提起公诉，当事人之间无权自行协议解决。

（三）确定性规则、委托性规则和准用性规则

按照法律规则内容的确定性程度不同，可以将法律规则分为确定性规则、委托性规则和准用性规则。

确定性规则是指明确规定了行为规则的内容而不必再援用其他规则来确定本规则内容的规则。大部分的法律规则属于确定性规则。

委托性规则是指没有明确规定具体的规则内容而委托（授权）有关主体规定具体的规则内容的规则。

准用性规则是指本身没有明确规定具体的规则内容，但明确规定可以或应当依照、援用、参照其他规则来使本规则的内容得以明确的规则。例如，《中华人民共和国反不正当竞争法》第 20 条第 2 款规定，经营者对其商品的性能、功能、质量、销售状况、用户评价、曾获荣誉等作虚假或者引人误解的商业宣传，欺骗、误导消费者，属于发布虚假广告的，依照《中华人民共和国广告法》的规定处罚。这就属于准用性规则。

第二节　法律原则

一、法律原则的概念

“原则”一词来自拉丁语 principium，其基本意思是开始、起源和基础。在法学中，法律原则是指可以为法律规则提供某种基础或本源的、综合性的、指导性的原理或价值准则的一种法律规范。它是具有高度的一般化层别的规范。① 既然法律原则位于高度一般化的层别，它的确定性与可预测性的程度就相对较低；因而，它不能直接用来对某个裁判进行证立，还需要进一步的规范性前提。②

法律原则通常反映出立法者以法的形式所选择确定的基本价值，体现了法律的主旨和精神品格。在许多法律部门中都有法律原则，如行政法中的行政应急性原则、刑法中的罪刑法定原则、民法中的诚实信用原则等。但是，我们不能将法律原则与价值等同。

二、法律原则与法律规则的区别

法律原则和法律规则作为法律规范的两种具体形式，在许多方面都存在着明显区别。

① 阿列克西．法律论证理论．舒国滢，译．北京：中国法制出版社，2002：301.

② 同①301，321.

（一）性质不同

法律规则是一种“应该做”的规范，它直接要求规范主体“做”或“实施”某行为或活动（do action）。法律原则是一种“应该是”的规范，它不直接要求规范主体做或实施某行为或活动，而是要求规范主体的行为或活动符合某种性质或实现某个目标，以及行为或活动的结果符合某种性质或达到某种性质状态。在逻辑上，“应该做”的规范是以“应该是”的规范为前提与基础的。[①] 因此，法律规则是以法律原则为前提或基础的，是法律原则或理念和价值的具体化、详细化，是对在事实情况下的许多法律原则与目标进行平衡或衡量的结果。法律原则处于法律的深层面，而法律规则处于法律的浅层面。

（二）适用范围不同

法律规则由于内容具体明确，故只适用于某一类型的行为。而法律原则由于具有抽象性，对人的行为及其条件有更大的覆盖面，它们是对从社会生活或社会关系中概括出来的某一类行为、某一法律部门甚或全部法律体系均适用的价值准则，具有宏观的指导性，其适用范围比法律规则宽广。

（三）适用方式不同

法律规则是以“全有或者全无的方式”应用于个案。也就是说，如果一条规则所规定的事实是既定的，那么，或者这条规则是有效的（在这种情况下，必须接受该规则所提供的解决办法），或者该规则是无效的（在这种情况下，该规则对裁决不起任何作用）。美国法学家德沃金在说明这一点时，曾以棒球规则为例：在棒球比赛时，击球手若对投球手所投的球三次都未击中，则必须出局。裁判员不能一方面承认三击不中者出局的规则有效，另一方面又不判三击不中者出局。这种矛盾在规则的情况下是不允许的。[②] 当两个法律规则冲突时，只能选择一个规则适用，被选择适用的规则是有效的，未被选择适用的规则是无效的。

与法律规则的适用方式不同，法律原则不是以“全有或者全无的方式”适用于个案。不同的法律原则具有不同的强度，这些不同强度的原则都可能存在于一部法律当中。当两个原则在具体的个案中碰撞时，法官必须根据案件的具体情况在不同强度的原则之间作出权衡，被认为强度较大的一个原则适用于该案件。但另一原则并不因此无效，也并不因此被排除在法律体系之外，因为在另一个案件中，这两个原则的强度关系可能会改变。例如，我们不能根据在某一个案件中采用公平原则，而否定意志自由原则的效力；相反，我们在另一个案件中强调意志自由原则，也并不否定公平原则的效力。当然，在权衡原则的强度时，有些原则自始就具有较大强度，例如法律平等原则、民法中的诚实信用原则，它们往往被称为“帝王条款”。

三、法律原则的功能

具体来讲，法律原则具有三大功能：指导功能、评价功能和裁判功能。

（一）指导功能

法律原则的指导功能，是指法律原则可以作为解释和推理的依据，为法律规则的正确

① G H VON WRIGHT. Practical reason. Oxford: Basil Blackwell Publisher Limited, 1983: 185.

② 罗纳德·德沃金．认真对待权利．信春鹰，吴玉章，译．北京：中国大百科全书出版社，1998：43.

适用提供指导。法律解释和法律推理是司法过程中的必要环节。在每个案件的审判中，法律原则构成了正确理解法律规则的“钥匙”，是法律推理的权威性出发点。当面对相互冲突的法律规则或者存在对法律条文的多种解释可能时，法律原则就成了取舍和说理的依据，借助于法律原则的指导，能够作出合乎法律精神的正确解释。在这里，法律原则不直接作为法律推理的大前提，它只是在法律推理的过程中作为解释法律规则的一种理由。法律原则辅助法律规则的适用，共同发挥法律规范的调整作用。

（二）评价功能

法律原则的评价功能，是指法律原则可以作为对法律规则甚至整个实在法的合理性进行评价的标准，说明实在法及其规则是否有效、是否正确、是否公正的理由，揭示法律规则缺乏正当的根据，指出法律规则的例外情形等。在司法过程中，可能遇到这样的情形：由于法律规则具有一般性和刚性，故无法直接将该规则适用于个别案件的判决，否则将会导致极其不公正的结果。这时，运用作为法律灵魂和体现社会价值的法律原则，则可以保证个案正义的实现，并使法律与社会的发展保持和谐。

参考案例 4-4

美国纽约上诉法院在 1889 年曾经审理过这样一个案件：帕尔默是其祖父所立遗嘱中指定的财产继承人，因恐其祖父撤销遗嘱并为了及早获得遗产，帕尔默将其祖父毒死。帕尔默被其姑妈里格斯诉至法院。面对这一案件，法官必须裁决帕尔默是否能够依据该项遗嘱继承其祖父的遗产。根据纽约州的有关遗嘱的法律规则的规定，该遗嘱有效，帕尔默有权继承其祖父的遗产。但是，这样判决将明显带来不公正的结果，后来法官并没有依据有关遗嘱的法律规则裁决案件，而是依据普通法中的一项原则，即“任何人都不得从他的不当行为中获利”，作出裁决，帕尔默无权继承其祖父的财产。

在极端的情形下，法律原则甚至可以否定整个实在法的效力。例如，第二次世界大战结束后，在对纳粹战犯的审讯中，有的战犯认为自己不过是在执行纳粹帝国的法律，所以没有违法。但国际战犯法庭认为，纳粹帝国的一些法律（比如屠杀犹太人的法律和鼓励告密的法律）违背了基本的法律原则，使得这些法律不具有效力。因此，执行这些法律的行为被视为是违法行为。

（三）裁判功能

法律原则的裁判功能，是指法律原则直接作为裁判依据用于案件的裁判过程。由于立法者的有限理性以及社会的变动不居，制定法不可避免会存在漏洞。作为法官，在面对无明确法律规则可适用的新奇案件时，由于社会角色的要求，其不能拒绝审判案件。这种情形下，可以直接以法律原则作为裁判的依据。法律原则在这种情形下，可以起到填补法律漏洞的作用。

参考案例 4-5

原告甲酒厂于 1987 年 1 月 30 日在国家商标局核准注册了圆圈图形喜凰牌商标一枚，用于本厂生产的白酒。此酒的瓶贴装潢上，除印有圆圈图形喜凰牌的注册商标外，还印有“喜凰酒”这一特定名称。被告乙酒厂生产的白酒，注册商标为圆圈图形天福山牌注册商标。被告为了与原告争夺市场，拿着原告商标标识“喜凰酒”的瓶贴装潢到莱州市彩印厂，让其把喜凰牌注册商标更换为天福山牌注册商标，除喜凰酒的“凰”字更换为“风”字外，其余均仿照印制。被告将印制好的天福山牌喜风酒瓶贴装潢于本厂生产的白酒。甲酒厂得知这一事实后，将乙酒厂起诉至法院。法院在审理该案件的过程中，认定乙酒厂的行为构成不正当竞争，但当时《中华人民共和国反不正当竞争法》还未出台，其他的法律如《中华人民共和国商标法》等对这种情形并没有明确规定，最后法院判决乙酒厂的行为不仅违反了《中华人民共和国民法通则》（以下简称《民法通则》）第 4 条关于民事活动应当遵循诚实信用的原则的规定，侵害了甲酒厂合法的民事权益，而且依照《民法通则》第 7 条的规定，乙酒厂的这种行为还损害了社会公共利益，扰乱了社会经济秩序，构成不正当的竞争行为，必须予以制止。原告甲酒厂所遭受的经济损失必须由被告乙酒厂来赔偿。

在参考案例 4－5 中，法官在没有具体的法律规则可以适用的情况下，直接依据诚实信用的民法原则作为判案的依据，弥补了法律的漏洞，有效地解决了纠纷。

四、法律原则适用的条件和方式

（一）法律原则适用的条件

法律原则在发挥评价功能和裁判功能时，可以克服成文法的缺陷，保证个案正义，填补法律漏洞，使得法律更好地适应社会的变迁。但由于法律原则的内涵高度抽象，外延宽泛，不像法律规则那样对行为模式和法律后果有相对明确的规定，因此，当法律原则直接作为裁判案件的依据发挥作用时，会赋予法官较大的自由裁量权，增加法律适用的不确定性。为了保障法律的客观性和确定性，必须对法律原则的适用设定严格的条件。

具体来讲，法律原则的适用必须符合下列条件。

1. 穷尽法律规则，方得适用法律原则

在通常情况下，法律适用的基本要求是：有规则依规则。在有具体的法律规则可以适用时，不得直接适用法律原则。只有在出现无法律规则可以适用的情形下，法律原则才可以作为填补“规则漏洞”的手段发挥作用。之所以这样规定，是考虑到法律规则相对明确和具体，优先使用法律规则有助于保持法律的安定性和权威性，避免司法者滥用自由裁量权。

2. 除非为了实现个案正义，否则不得舍弃法律规则而直接适用法律原则

一般情况下，法官应该依据法律规则来裁判案件，适用法律规则时不需要对规则本身进行正确性审查。但如果适用法律规则可能导致个案的极端不公正的结果，则需要舍弃法律规则而适用法律原则。当然，这种例外的情形在司法过程中极少出现。除非直接适用法律规则的结果极端不公正，否则法官不得轻易舍弃法律规则而适用法律原则。

（二）法律原则适用的方式

如果说法律原则的适用条件是从外在方面保证法律的确定性，那么，法律原则的适用方式则是从内在方面保证法的确定性。从整体上来说，法律规则的适用方式是涵摄（subsumption），法律原则的适用方式是衡量（balancing）。[①] 这就意味着如果法律人适用法律

① ROBERT ALEXY. The argument from injustice. Oxford：Clarendon Press，2002：70.

原则来裁判一个具体案件，那么对该案件来说，就不只有一个原则可适用，往往是至少有两个法律原则都可适用于该案件，法律人的工作就是在这些相竞争的原则之间进行衡量。这是法律原则特性的必然结果。

具体来说，第一，法律人要确定有哪些法律原则可以适用于一个具体案件。第二，要确定原则与原则之间的优先关系。如有两个法律原则 p1 和 p2，那么就有两种优先关系：p1 优先 p2（记为：p1 P p2），p2 优先 p1（记为：p2 P p1）。第三，要确定原则之间的优先关系的条件，我们用 C 指称优先关系的条件，这样我们就得到：（p1 P p2）C 和（p2 P p1）C′。第四，要确定具体案件符合哪一种优先性的条件。第五，将优先性条件得到满足的法律原则适用于该案件。① 当然，在整个过程中，法律人必须进行充分的说理和论证。法律的最终权威是建立在充分说理和论证的基础之上，而且充分的说理和论证也是当事人、律师和其他法律职业人检验法官裁判思路的过程。只有借助于这个说理和论证的过程，才能检验法官运用法律原则所进行的裁判是否合理。

第三节　法律体系

一、法律体系的概念

法律体系，也称“法的体系”或者“法体系”，是指按照一定的原则和标准对一国全部现行有效的法律规范进行分类所形成的法律部门而构成的统一有机整体。

法律体系是一个主权国家全部现行法律规范构成的整体。它既不包括一国历史上的法律或已经失效的法律，也不包括一国将要制定的法律或尚未生效的法律，只包括现行的国内法和被本国承认的国际条约及国际惯例。

法律体系是一个呈体系化的有机整体。一个国家的法律体系由一个个具体的法律部门构成的，这些法律规范不是杂乱无章的，而是呈现为一个体系化的、系统化的、相互联系的有机整体。

现代社会的任何特定国家都有许多实在法，而且这些实在法越来越复杂化和细节化，因此，人们不可能经验地掌握并运用它们。为了应对这种挑战，法律体系化成为必然。具体来说，法律体系化能够使人们概览复杂化、细节化的法律；能够使人们科学地进行立法预测和立法规划；能够使人们对案件进行分类，进而划归不同法庭管辖；能够使法律人在适用他们所属国家的某一部分现行有效实在法时，不必重新分别阐述规范整体，因此，可以节省时间和精力；能够使法律人获得一面洞察规范整体的“透镜”，使得对最终决定所要选择的法律解释结果的确认成为可能，因此使得法律思维具有精确性。此外，法律体系化有利于法学研究和教学，使法典化成为可能。

二、法律部门

（一）法律部门的概念

法律体系是由一定的法律部门构成的。法律部门又称为部门法，是根据一定标准和原

① ROBERT ALEXY. A theory of constitutional rights. Oxford：Oxford University Press，2002：52－54.

则对一国现行的全部法律规范进行划分所形成的同类法律规范的总称。它是法律体系的有机组成部分，每个法律部门都有其相对独立性，但又互相联系、协调统一，共同构成一国的法律体系。

部门法与规范性法律文件是两个不同的概念。规范性法律文件是表现部门法内容的形式或者载体。有时，规范性法律文件的名称与部门法的名称是一致的，如"宪法"，可以被认为是作为一个规范性法律文件的宪法，也可以被认为是作为一个法律部门的宪法部门。同样，"刑法"可以是作为规范性法律文件的刑法，也可以被认为是刑法部门。这些部门法中的法律规范除了存在于上述同名规范性法律文件中之外，还存在于其他许多规范性法律文件中。如宪法部门中的规范，除了存在于宪法典中之外，还存在于选举法、国籍法、特别行政区基本法等规范性法律文件中。

（二）法律部门的划分标准

划分法律部门的标准有两项：法律规范所调整的社会关系和法律规范的调整方法。

1. 法律规范所调整的社会关系

法律是调整社会关系的行为准则，任何法律都有其调整的社会关系。由于社会关系种类众多，各具特征，因此可以按照法律调整的社会关系的性质和种类的不同来划分法律部门。例如，调整平等主体之间的人身关系和财产关系的法律规范被划归民法部门；调整行政管理关系的法律规范被划归行政法部门等。

2. 法律规范的调整方法

法律规范所调整的社会关系虽然是划分法律部门的最基本的标准，但仅仅以此为标准是不够的，因为这样无法解释一个法律部门（如刑法法律部门）可以调整不同种类的社会关系，也不能解释同一社会关系需要由不同的法律部门来调整的现象。因此，我们需要将法律规范的调整方法作为划分法律部门的辅助标准。如可将凡属于用刑罚作为制裁手段的法律规范划分为刑法部门。

（三）公法与私法

公法与私法的划分，是大陆法系国家的法律的一项基本分类，最早是由古罗马法学家乌尔比安提出来的。到目前为止，大陆法系的法学理论中并没有形成普遍可接受的、单一的公法与私法的区分标准。这些标准有：(1) 公共当局主体论。凡是调整那些至少有一方主体是国家或其他公共当局的社会关系的法律规范属于公法；反之，属于私法。(2) 主从关系论。凡是调整处于平等地位的主体之间的社会关系的法律规范属于私法；反之，属于公法。(3) 强制规范论。公法是强制性规范的总称，私法是任意性规范的总称。(4) 利益论。凡是调整公共利益关系的法律规范属于公法；反之，属于私法。(5) 折中论。即公共当局主体论与主从关系论相结合的理论。但是，这不能否定公私法之分的下列意义：有利于法学研究和法学教育，划定不同法庭（如民庭与行政庭）之间的管辖权限，为现行法律规定的解释提供基础。现在公认的公法包括宪法和行政法等，私法包括民法和商法等。

（四）实体法与程序法

法律不仅可以被区分为公法和私法，也可以被区分为实体法和程序法。从抽象的角度看，实体法是规定目的的法律，程序法是规定手段或工具的法律。从具体的角度看，实体法是规定诉讼实质主题（subject-matter）的法律，程序法是规定诉讼过程的法律。由此，我们可以说，实体法是关于司法（the administration of justice）试图所实现的目的的法律，程序法是关于这些目的被实现所依赖的手段和工具的法律。前者规定关于被诉的标的的行为和关系的法律；后者是调整法庭和诉讼当事人关于诉讼自身的行为和关系的法律。从这些关于实体法与程序法的区分原理看，下列观点是错误的：实体法是规定权利的法律，程序法是规定救济的法律。一方面，有许多权利属于程序领域；另一方面，规定救济的法律规则与规定权利本身的那些规则都同样属于实体法。[①] 宪法、行政法、民法、商法、刑法等属于实体法，行政诉讼法、民事诉讼法、刑事诉讼法等属于程序法。

三、当代中国的法律体系

关于当代中国的法律体系如何划分，我国法学界迄今尚无统一的认识。本书参考国务院新闻办公室 2011 年 10 月 27 日发表的《中国特色社会主义法律体系》白皮书，将当代中国的法律体系分为如下法律部门。

（一）宪法

“宪法”在法学中具有不同意义，如作为法的渊源的“宪法”，又如作为特定国家法律体系的构成部分即部门法的“宪法”。[②] 作为部门法的宪法主要调整的对象是国家与公民之间的关系，它划分了国家的权力、义务与公民的权利、义务之间的界限，因此，它是由有关国家机关的组织与结构、公民在国家中的地位等方面的法律规范所构成的。

宪法属于公法的一个组成部分，在特定国家的法律体系中处于非常重要的地位。因为任何国家机关包括立法机关都根据它而组织，个人之间的相互关系以及个人与社会之间的关系都是根据宪法规范而被规定的。因此，由一个个规范构成的宪法使特定国家的社会结构规范化，人与人之间的关系不再是一种纯粹的事实状态。宪法是特定政治共同体的最基本的构成规范，也就是说，构成特定政治共同体的最基本的规范是宪法规范。在这个意义上，宪法是特定国家的根本大法。

作为规范体系的宪法都是由两类基本规范组成的：构成和组织不同国家机关的规范与赋予宪法权利的规范。前者的核心命题是授权，即各种国家机构是怎么组织的、应该赋予什么权力以及这些权力如何行使。后者的核心命题是约束（constrain）和指示（direct）公共权利。赋予宪法权利的规范是最重要的规范，因为它不仅涉及个人的权利，而且涉及公共权力。[③]

（二）行政法

行政法是调整国家行政机关与行政管理相对人之间因行政管理活动而产生的社会关系的法律规范的总称。它规定了行政机构的组织、职能、权限和职责。行政法律规范可以分为三类：授予行政权力的法律规范、约束行政行为的法律规范、监督行政行为的法律规范。行政法是公法的主要组成部分，是宪法的实施，是宪法的动态部分。没有行政法，宪法就完全可能是一些空洞的、僵死的纲领。宪法是行政法的基础，没有宪法，行政法就无从产

---

① JOHN W SALMOND. Jurisprudence or the theory of the law. London：Stevens & Haynes，1902：576 - 577.

② 美国宪法学者迈克尔·佩里认为，“美国宪法”这个术语有时是指美国宪法的那个文件即文本，有时是指构成这个国家的最高法的规范，第一个意义上的宪法由句子组成，第二个意义上的宪法由规范组成。人们对关于特定国家的宪法文本由哪些句子组成意见一致，并不意味着人们对关于该国家的宪法由哪些规范组成意见一致。

③ ROBERT ALEXY. Constitutional rights，balancing，and rationality. *Ratio Juris*，Vol. 16 No. 2 (June 2003)：131.

生，缺乏指导思想，至多不过是一大堆零乱的细则。①

行政法部门分为一般行政法和专门行政法（或称部门行政法）两个方面的内容，一般行政法主要是有关行政法律关系的普遍原则和共同规则的法律规范的总称，适用于全部或者大多数行政关系领域的行政管理事项。如行政处罚法、行政许可法、行政复议法、行政强制法等方面的法律。专门行政法是指有关国家行政机关在专门领域从事行政管理的特别规定的法律规范的总和，只适用于特定行政关系领域的行政管理活动，如环境保护行政管理、教育行政管理、医药卫生行政管理、公共安全、科学技术行政管理、文化体育行政管理等方面的法律。

行政法与行政法规属于不同的范畴。行政法属于法律体系的构成部分，行政法规属于我国法的渊源之一，是指国家最高行政机关依照法定权限和程序制定的规范性文件的总称。行政法的内容即行政法律规范有可能是由行政法规规定的，而行政法规所规定的内容即法律规范既有可能是行政法，也有可能是其他部门法的内容。

（三）民商法

民商法部门由民法和商法两部分构成。民法是调整平等主体之间的人身关系和财产关系的法律规范的总称。它是以人与人之间的权利平等和自我决定为基础来规定个人与个人之间的关系。② 它包括人身权、物权、债权、继承权和婚姻家庭、知识产权等内容。

民法属于私法，而且是私法的一般法。它所规定的原则与一般规则贯穿于整个私法领域。民法所调整的事务或社会关系是人作为私人的领域的事务或关系，而不涉及人作为特定政治共同体的成员的领域的公共事务或关系。人作为人，首先是个理性的存在者，理性使得每个人有能力处理自己的事务并承担后果，每个人是有理性的人就意味着每个人是独立的人，既然每个人是独立的人，那么人与人之间就是平等的。因此，民法调整的关系是平等主体之间的关系，其基本原则是私人自治。

商法是调整商事主体之间的商事关系的法律规范的总称。它主要包括商事主体方面的法律和商事行为方面的法律，前者主要有公司法、合伙企业法、个人独资企业法、商业银行法、证券投资基金法、农民专业合作社法等，后者主要有证券法、海商法、票据法、保险法等。

商法是私法的特别法。商事行为和商事关系是私人事务和私人关系中的特殊部分，其所遵循的原则、规则与一般的私人事务有所不同，强调效率和效益。民法与商法的关系是一般法与特别法的关系，如果商法有规定就优先适用商法的规定，如果商法没有规定，民法可以作为它的补充法而适用。

（四）经济法

经济法是调整国家从社会整体利益出发对经济活动实行干预、管理或调控所产生的社会经济关系的法律规范的总称。它是因国家为了防止市场经济的自发性和盲目性所导致的弊端而对其进行适度干预和宏观调控所产生的法律。经济法部门主要包括两个部分：一是创造平等竞争环境、维护市场秩序方面的法律，主要是反垄断、反不正当竞争、反倾销等方面的法律；二是国家宏观调控和经济管理方面的法律，主要是有关财政、税务、金融、审计、物价、行业和产业发展、对外贸易等方面的法律。如同行政法一样，经济法调整对

---

① 龚祥瑞．比较宪法与行政法．北京：法律出版社，1985：5.

② 拉伦茨．德国民法通论．王晓晔，等译．北京：法律出版社，2003：65.

象的广泛性、复杂性，使得人们不可能制定出一部经济法典。目前，我国的经济法部门的法律规范是由大量的单行经济法律和更多的经济法规、规章等规范性文件所构成。

经济法是随着国家对经济事务的日益增长的干预与控制而产生的。它既涉及国家权力（主要是行政权），也涉及私人的经济活动，是公法和私法相互渗透的主要表现。既然这样，那么经济法与民法、行政法之间的界限何在？它能否成为一门独立的部门法？中国法学界曾经激烈地争论过这些问题。不过，随着我国经济体制改革的进一步深入，随着社会生活的复杂化，经济法已经成为我国社会主义法律体系的基本部门之一。

（五）社会法

社会法是指调整有关劳动关系、社会保障和社会福利关系的法律规范的总称。该法律部门的主要目的是保障劳动者、失业者、丧失劳动能力的人和其他需要扶助的人的权益。它包括劳动用工、劳动保护、劳动安全、工资福利、社会公益事业发展和管理、社会保险、社会救济、特殊保障等方面的法律规范。

社会法的核心内容之一是劳动法。它调整的对象是劳动关系即劳资关系，是基于劳动合同而产生，因此属于私法。但是劳动法中又包含了大量的由公共当局强加给雇主的规范，这些规范不仅仅是具有私法意义的强制性规范，而且是严格意义上的公法性质的规范。因此，劳动法是既具有私法性质又具有公法性质的法律。

（六）刑法

刑法是规定犯罪和刑罚的法律规范的总称。它是我国社会主义法律体系的基本法律部门之一，也是国家对严重破坏社会关系和社会秩序的犯罪分子定罪量刑的根据。

刑法所调整的社会关系各种各样，但有一个共同特点，即这种社会关系的主体（自然人或者法人）实施了具有较严重的社会危害性、已经触犯刑事法律规范的行为，而且这种行为应当受到刑罚。刑法所采用的调整方法是最严厉的一种法律制裁方法，即刑罚的方法。刑法主要执行法的保护职能，承担着打击各种严重刑事犯罪，保护国家、集体、公民个人的财产权利、人身权利和政治权利的重要任务。

刑法法律部门的法律规范主要规定在下列规范性法律文件中：1997 年 3 月 14 日修订后的《中华人民共和国刑法》及全国人大常委会通过的刑法修正案。

（七）诉讼与非诉讼程序法

诉讼与非诉讼程序法是指调整因诉讼活动和以非诉讼方式解决纠纷的活动而产生的社会关系的法律规范的总称。它包括民事诉讼、刑事诉讼、行政诉讼、调解和仲裁等方面的法律规范。这方面的法律是公民权利实现的最重要的保障，其目的在于保证实体法的公正实施。

诉讼与非诉讼程序法的法律规范主要规定在下列规范性法律文件中：《中华人民共和国刑事诉讼法》《中华人民共和国民事诉讼法》《中华人民共和国行政诉讼法》《中华人民共和国海事诉讼特别程序法》《中华人民共和国仲裁法》《中华人民共和国人民调解法》等。

【本章小结】

法律规范包括法律规则和法律原则。法律规则和法律原则分别以不同的方式发挥对人的行为的指引和规范作用。

法律规则是指以一定的逻辑结构形式具体规定人们的法律权利、法律义务及相应的法律后果的一种法律规范。它由假定条件、行为模式和法律后果三个要素构成。假定条件是指法律规则中有关适用该规则的条件和情况的部分；行为模式是指法律规则中规定人们如何具体行为之方式的部分；法律后果是指法律规则中规定人们在作出符合或者不符合行为模式要求的行为时应承担相应的结果的部分。法律规则常见的分类有：授权性规则、义务性规则和权义复合规则；强行性规则与任意性规则；确定性规则、委托性规则和准用性规则。

法律原则是指可以为法律规则提供某种基础或本源的、综合性的、指导性的原理和准则的一种法律规范。法律原则和法律规则在调整方式、适用范围和适用方式上存在着明显区别。法律原则具有三大功能：指导功能、评价功能和裁判功能。

法律体系是指由一国现行的全部法律规范按照不同的法律部门分类组合而形成的一个有机联系的统一整体。法律部门是根据一定标准和原则对一国现行全部法律规范所作的分类。划分法律部门的标准有两项：法律规范所调整的社会关系和法律规范的调整方法。大陆法系国家不仅将法律划分为公法和私法，而且将法律划分为实体法和程序法。当代中国的法律体系分为如下七个法律部门：宪法，行政法，民商法，经济法，社会法，刑法，诉讼与非诉讼程序法。

【本章研习活动】

1. 分析

2011 年黄某（男）与张某（女）相识，2013 年底两人公开以夫妻名义租房同居。2018 年 2 月，黄某被确诊为肝癌晚期，在他住院治疗期间，张某不顾他人的嘲笑和挖苦，俨然以妻子身份陪侍在黄某的病床前。2018 年 4 月，黄某立下公证遗嘱，将其去世后的住房补贴、公积金和原住房售价的一半赠给张某。黄某去世后，由于其妻蒋某拒绝执行该遗嘱，张某诉至法院。最后，法院以原告与被告丈夫间的婚外情为由，认定被告丈夫将财产赠给原告的遗赠协议违背我国《民法通则》第 7 条关于“民事活动应当尊重社会公德”的法律原则（该原则在民法上被称为“善良风俗”原则），宣告该遗赠协议无效。

问题：

（1）在该案中，法院对法律原则的适用出于何种考虑？是为了防止个案的不公正，还是为了弥补法律漏洞？

（2）如果判决黄某的遗嘱有效，你认为会产生极端不公正的结果吗？

（3）法官在适用法律原则时应慎重考虑哪些因素？

要点提示：

在分析时不要受法院判决结论的影响，法院的判决并不一定正确，你可以依据自己对法律的理解作出评价。

2. 思考

法律规则有哪些分类？这些分类有什么意义？

【推荐阅读材料】

1. ［美］罗纳德·德沃金著，信春鹰、吴玉章译：《认真对待权利》，北京，中国大百科全书出版社，1998。

2. [英] 哈特著，张文显、郑成良等译：《法律的概念》，北京，中国大百科全书出版社，1996。

3. [德] 卡尔·拉伦茨著，陈爱娥译：《法学方法论》，北京，商务印书馆，2003。

4. [俄] B. B. 拉扎列夫主编，王哲等译：《法与国家的一般理论》，北京，法律出版社，1999。

5. 朱景文：《比较法社会学的框架和方法——法制化、本土化和全球化》，北京，中国人民大学出版社，2001。

6. 徐国栋：《民法基本原则解释——成文法局限性之克服》，北京，中国政法大学出版社，1992。

7. 舒国滢：《法律原则适用的困境——方法论视角的四个追问》，载《苏州大学学报》，2005 (1)。

第五章　法律关系

【本章引言】

人是生而自由的，但却无往不在枷锁之中。

——卢梭

法律关系不能因为参与者忽略、没有考虑到或甚至不知道它而消灭了。债务人不能因为忘记或不知道自己的负债（例如，因作为继承人而成为债务人）而不再是债务人。

——M. M. 阿加尔科夫

【本章学习目标】

通过本章的学习，你应该能够：

1. 掌握法律关系的性质、特征；
2. 了解法律关系的构成因素；
3. 熟悉法律关系产生、变更和消灭的条件。

第一节　法律关系概述

一、法律关系的概念与特征

（一）法律关系的概念

法律关系是一个基本的法律概念。其他的法律概念（如法、法律规范、法律行为、法律责任和法律制裁等）大多都直接或间接地同法律关系的概念相关联；每一法律规范（规则和原则）的目的就是要为法律关系的存在创造形式条件；没有对法律关系的操作就不可能对法律问题作任何技术性分析；没有法律事实与法律关系的相互作用就不可能科学地理解任何法律决定。故此，认识和研究法律关系问题，具有重要的理论意义。

在历史上，法律关系的观念最早来源于罗马法之“法锁”（法律的锁链，juris vinculum）观念。按照罗马法的解释，“债”的意义表现在两个方面：一是债权人为得到一定的给付而请求他人；二是债务人应请求而为一定的给付。债本质上是根据法律，要求人们为一定给付的“法锁”。“法锁”的观念形象地描述了债作为私法关系存在的约束性和客观强制性，为近代法律关系理论的创立奠定了基础。然而，在罗马法上，法和权利、法律关系之间并没有明确的概念分界。因而，当时还没有“法律关系”这样一个专门的法律术语。直到 19 世纪，法律关系才作为一个专门的概念而存在。在法学上，德国法学家萨维尼（Friedrich Karl von Savigny）在 1840 年出版的《当代罗马法体系》中第一次对法律关系作了系统的理论阐述。[①] 由此，法律关系就成为法学的专门理论问题之一。

所谓法律关系，是指在法律规范调整社会关系的过程中所形成的权利和义务关系。

（二）法律关系的特征

根据上述法律关系的定义可以看出，法律关系具有如下特征。

1. 法律关系是根据法律规范建立的一种社会关系，具有合法性

法律关系是根据法律规范建立的一种社会关系，这一命题至少说明三个问题：

（1）法律规范是法律关系产生的前提。如果没有相应的法律规范的存在，就不可能形成法律关系。

（2）法律关系不同于法律规范调整或保护的社会关系本身。例如，刑法调整各种违法行为关系，而其保护的却是被违法行为所破坏的社会关系。

（3）法律关系是法律规范的实现形式，是法律规范的内容在现实社会生活中的具体贯彻。换言之，人们按照法律规范的要求行使权利、履行义务并由此而发生特定的法律上的联系，这既是一种法律关系，又是法律规范在实际社会生活中的实现状态。在此意义上，法律关系是人与人之间的合法（符合法律规范的）关系，这是它与其他社会关系的主要区别。

确立“法律关系是合法的社会关系”这一观点，在法律实践中具有重要意义。在社会生活中，往往存在着大量的事实关系，它们没有严格的合法形式，甚至完全违背法律，因此，不能将其看作法律关系，但它们又可能与法律的适用相关联，是法律适用过程中必须认真处理的一类法律事实。

参考案例 5-1

孙某与李某在签订的购房合同中规定：孙某将其租借张某的房子于 2018 年 10 月 1 日前出卖给李某，李某支付人民币 120 万元。李某明知该房屋属于张某，仍于 2018 年 9 月将房款交给孙某。张某得知消息后，将孙某、李某二人告至法院。法院审理后确认孙某、李某两被告侵权成立，宣布其购房合同无效，并向张某支付赔偿金 3 万元。

在参考案例 5-1 中，我们看到：孙某与李某签订的购房合同是“无效合同”，他们之间也就不存在合同法律关系。但孙某与李某签订的“无效合同”恰好证明了两人侵权行为成立，这就构成了张某与孙某、李某之间侵权法律关系形成的一个事实。也就是说，在这个案例中，正是因为孙某与李某签订了“无效合同”，孙某、李某与张某之间的损害赔偿关系才属于法律关系的范畴。

---

① 萨维尼在《当代罗马法体系》第 2 册（1840 年版）中分 4 章分别讨论了“法律关系的本质和种类”“人作为法律关系的承担者”“法律关系的产生和消灭”“法律关系的违反”等问题。

2. 法律关系是体现意志性的特种社会关系

从实质上看，法律关系作为一定社会关系的特殊形式，体现了国家的意志。这是因为，法律关系是根据法律规范有目的、有意识地建立的。所以，法律关系像法律规范一样必然体现国家的意志。在这个意义上，破坏了法律关系，其实也违背了国家意志。

但法律关系毕竟又不同于法律规范，它是现实的、特定的法律主体所参与的具体社会关系。因此，特定法律主体的意志对于法律关系的建立与实现也有一定的作用。有些法律关系的产生，不仅要通过法律规范所体现的国家意志，而且要通过法律关系参加者的个人意志表示一致（如多数民事法律关系）。也有很多法律关系的产生并不需要这种意志表示，如刑事法律关系（国家与犯罪人之间的刑罚处罚关系）往往由于违法行为而产生。我们不能简单地说，这种关系的形成体现了犯罪人的意志，相反，这恰恰是违背其意志的。但刑事法律关系的建立必然反映刑法的要求，当然也就体现了国家意志。

3. 法律关系是特定法律关系主体之间的权利和义务关系

法律关系是以法律上的权利、义务为纽带而形成的社会关系，它是法律规范（规则和原则）之内容在现实社会关系中的体现。没有特定法律关系主体的实际法律权利和法律义务，就不可能有法律关系的存在。我们再回过头看参考案例 5－1，孙某和李某之间不存在法律关系，原因在于他们所签订的购房合同中所规定的不是法律所承认的“权利”和“义务”。在此，法律权利和法律义务不仅是法律关系与违法关系区别的标志，也是法律关系区别于其他社会关系（如经济关系、政治关系）的标志之一（除非其他社会关系经过法律调整转化为法律关系，如经济法律关系、政治法律关系等）。

二、法律关系的种类

在法学上，由于依据的标准和认识的角度不同，可以对法律关系作不同的分类。例如，按照相对应的法律规范所属的法律部门不同，可以将法律关系分为宪法关系、民事法律关系、经济法律关系、行政法律关系、刑事法律关系、诉讼法律关系等。本书采用下列分类。

（一）纵向（隶属）的法律关系和横向（平权）的法律关系

按照法律主体在法律关系中的地位不同，可以将法律关系分为纵向（隶属）的法律关系和横向（平权）的法律关系。

纵向（隶属）的法律关系，是指在不平等或不对等的法律主体之间所建立的权力服从关系（旧法学称“特别权力关系”）。其特点表现为：

（1）法律主体处于不平等或不对等的地位。如亲权关系中的家长与子女，行政管理关系中的上级机关与下级机关等，在法律地位上有管理与被管理、命令与服从、监督与被监督诸方面的差别。

（2）法律主体之间的权利与义务具有强制性，既不能随意转让，也不能任意放弃。

横向（平权）的法律关系，是指平权法律主体之间的权利义务关系。其特点在于，法律主体的地位是平等的，权利和义务的内容具有一定程度的任意性，如民事财产关系、民事诉讼当事人的权利义务关系等。

（二）单向（单务）法律关系、双向（双边）法律关系和多向（多边）法律关系

按照法律主体的多少及权利义务是否一致，可以将法律关系分为单向（单务）法律关系、双向（双边）法律关系和多向（多边）法律关系。

所谓单向（单务）法律关系，是指权利人仅享有权利，义务人仅履行义务，两者之间不存在相反的联系。

参考案例5－2

季某与杨某是多年交往的好友。季某生前立遗嘱，表示死后将其收藏的一幅徐悲鸿画作赠与杨某。杨某得知后表示接受赠与，并且愿意将自己祖传的一对清代乾隆年间青瓷花瓶作为回赠。季某不接受回赠，并将自己的赠与遗嘱到公证处进行了公证。

从参考案例5－2可以看出，这是一个典型的不附义务的“赠与合同”，其中，季某与杨某之间所存在的赠与法律关系是单向的，而不是双向的。其实，一切法律关系无论多么复杂，均可分解为单向法律关系来加以考察。在这个意义上，单向法律关系更多地具有逻辑分析的意义，在现实生活中很少有这种法律关系存在。

所谓双向（双边）法律关系，是指在特定的双方法律主体之间，存在着两个密不可分的单向权利义务关系，其中一方的权利对应另一方的义务，反之亦然。例如，买卖法律关系就包含两个相互联系的单向法律关系。

所谓多向（多边）法律关系，又称复合法律关系或复杂的法律关系，是三个或三个以上相关法律关系的复合体。

参考案例5－3

阳光公司欲出售“荷花”牌洗衣机40台给一家国有企业（简称A单位），合同约定A单位支付货款4万元。在交货之前，40台洗衣机暂时寄放在阳光公司附近的一家福利工厂（简称B单位）的废旧仓库，阳光公司委托个体运营者赵某将货物按时运抵A单位。

参考案例5－3涉及多重复杂的法律关系，其中包含阳光公司与A单位之间的货物买卖法律关系，阳光公司与B单位之间的货物仓储法律关系，阳光公司与赵某之间的货物运输法律关系等。

（三）第一性法律关系（主法律关系）和第二性法律关系（从法律关系）

按照相关的法律关系作用和地位的不同，可以将法律关系分为第一性法律关系（主法律关系）和第二性法律关系（从法律关系）。第一性法律关系（主法律关系）是依法建立的不依赖其他法律关系而独立存在的法律关系或在多向法律关系中居于支配地位的法律关系。由此而产生的、居于从属地位的法律关系，就是第二性法律关系或从法律关系。以参考案例5－3来看，阳光公司与A单位之间的货物买卖法律关系是第一性法律关系；而阳光公司与B单位之间的货物仓储法律关系、阳光公司与赵某之间的货物运输法律关系则是第二性法律关系。

第二节　法律关系主体

一、法律关系主体的概念和种类

法律关系主体是法律关系的参加者，即在法律关系中一定权利的享有者和一定义务的承担者。在现实社会生活中，法律关系主体是多种多样的。从理论上讲，凡是能够参与一定的法律关系的个人和组织，都可以是法律关系主体。在每一具体的法律关系中，主体的多少各不相同，但大体上都归属于相互对应的双方：一方是权利的享有者，称为权利人；另一方是义务的承担者，称为义务人。在特定的法律关系中，到底谁是权利人、谁是义务人，则要看具体的情况。比如，参考案例 5－3 中的阳光公司、A 单位、B 单位及赵某，既可能是义务人，也可能是权利人。

在中国，根据各种法律的规定，能够参与法律关系的主体包括以下几类。

(一) 公民 (自然人)

这里的公民既指中国公民，也指居住在中国境内或在中国境内活动的外国公民和无国籍人。具有中华人民共和国国籍的中国公民，是多种法律关系的参加者。公民与公民之间，公民与社会团体、企事业组织、国家机关以及国家之间发生多种形式的法律关系。在中国，还有一类由公民集合的特定主体（如个体户、农户、个人合伙等），可以参与一定范围的法律关系。外国侨民和无国籍人，参与法律关系的范围是有限制的，以中国有关法律及中国与有关国家签订的条约为依据。

(二) 机构和组织 (法人)

这主要包括三类：一是各种国家机关（立法机关、行政机关和司法机关等）；二是各种企事业组织和在中国境内设立的中外合资经营企业、中外合作经营企业和外资企业；三是各政党和社会团体。这些机构和组织主体，在法学上可以笼统地称为“法人”。它们既包括公法人（参与宪法关系、行政法律关系、刑事法律关系的各机关、组织），也包括私法人（参与民事或商事法律关系的机关、组织）。中国的国家机关和组织，可以是公法人，也可以是私法人，依其所参与的法律关系的性质而定。

(三) 国家

在特殊情况下，国家可以作为一个整体成为法律关系主体。例如，国家作为主权者是国际公法关系的主体，可以成为外贸关系中的债权人或债务人。在国内法上，国家作为法律关系主体的地位比较特殊，既不同于一般公民，也不同于作为经济组织的私法人，也不完全等同于普通的公法人。国家可以直接以自己的名义参与国内的法律关系（如发行国库券），但在多数情况下都是由国家机关或授权的组织作为代表参加法律关系。

二、法律关系主体构成的资格：权利能力和行为能力

公民和法人要成为法律关系的主体，享有权利和承担义务，就必须具有权利能力和行为能力，即具有法律关系主体构成的资格。

(一) 权利能力

权利能力，又称权义能力（权利义务能力），是指能够参与一定的法律关系，依法享有一定权利和承担一定义务的法律资格。它是法律关系主体实际取得权利、承担义务的前提条件。

对于公民的权利能力，可以从不同的角度进行分类。首先，根据享有权利能力的主体范围不同，可以分为一般的权利能力和特殊的权利能力。前者又称基本的权利能力，是一国所有公民均具有的权利能力，它是任何人取得公民法律资格的基本条件，不能被任意剥夺或解除。后者是公民在特定条件下具有的法律资格。这种资格并不是每个公民都可以享

有的，而只授予某些特定的法律主体。如国家机关及其工作人员行使职权的资格，就是特殊的权利能力。其次，按照法律部门的不同，可以分为民事权利能力、政治权利能力、行政权利能力、劳动权利能力、诉讼权利能力等。这其中既有一般的权利能力（如民事权利能力），也有特殊的权利能力（如政治权利能力、劳动权利能力）。

法人的权利能力与公民的权利能力不同，没有上述的类别。一般而言，法人的权利能力自法人成立时产生，至法人解体时消灭。其范围是由法人成立的宗旨和业务范围决定的。

（二）行为能力

行为能力是指法律关系主体能够通过自己的行为实际取得权利和履行义务的能力。

公民的行为能力是公民的意识能力在法律上的反映。确定公民有无行为能力，其标准有两个：一是能否认识自己行为的性质、意义和后果；二是能否控制自己的行为并对自己的行为负责。因此，公民是否达到一定年龄、神智是否正常，就成为判断公民是否享有行为能力的标志。如婴幼儿、精神病患者，因为他们不可能预见自己行为的后果，所以在法律上不能赋予其行为能力。在这里，公民的行为能力不同于其权利能力。具有行为能力必须首先具有权利能力，但具有权利能力并不必然具有行为能力。这表明，在每个公民的法律关系主体资格构成中，这两种能力可能是统一的，也可能是分离的。

对公民的行为能力也可以进行不同的分类。其中较为重要的一种分类，是根据其内容的不同分为权利行为能力、义务行为能力和责任行为能力。权利行为能力是指通过自己的行为实际行使权利的能力。义务行为能力是指能够实际履行法定义务的能力。责任行为能力（简称责任能力）是指行为人对自己行为的后果承担法律责任的能力，它是行为能力的一种特殊形式。

公民的行为能力问题，是由法律予以规定的。世界各国的法律一般都把本国公民划分为完全行为能力人、限制行为能力人和无行为能力人。

（1）完全行为能力人。这是指达到一定法定年龄、智力健全、能够对自己的行为负完全责任的自然人。例如，在民法上，18 周岁以上的自然人是成年人，具有完全的民事行为能力，可以独立进行民事活动，是完全民事行为能力人。

（2）限制行为能力人。这是指行为能力受到一定限制，只具有部分行为能力的公民。例如，我国《民法典》规定，8 周岁以上的未成年人，不能完全辨认自己行为的成年人，是限制民事行为能力人。我国《刑法》将已满 14 周岁不满 16 周岁的公民视为限制行为能力人（不完全的刑事责任能力人）。

（3）无行为能力人。这是指完全不能以自己的行为行使权利、履行义务的公民。在民法上，不满 8 周岁的未成年人和不能辨认自己行为的成年人是无民事行为能力人。在刑法上，不满 12 周岁的未成年人和不能辨认或者不能控制自己行为的精神病人，被视为无刑事责任能力人。

法人组织也具有行为能力，但与公民的行为能力不同。表现在：第一，公民的行为能力有完全与不完全之分，而法人的行为能力总是有限的，由其成立宗旨和业务范围所决定。第二，公民的行为能力和权利能力并不是同时存在的。也就是说，公民具有权利能力却不一定同时具有行为能力，公民丧失行为能力也并不意味着丧失权利能力。与此不同，法人的行为能力和权利能力是同时产生和同时消灭的。法人一经依法成立，就同时具有权利能力和行为能力，法人一经依法撤销，其权利能力和行为能力就同时消灭。

第三节 法律关系的内容

一、法律关系主体的法律权利和法律义务

法律关系的内容就是法律关系主体之间的法律权利和法律义务。它是法律规范所规定的法律权利与法律义务在实际的社会生活中的具体落实。

参考案例 5-4

《中华人民共和国民法典》(以下简称《民法典》) 第 703 条规定:“租赁合同是出租人将租赁物交付承租人使用、收益,承租人交付租金的合同。”黄某根据此条款将自己的房屋租借给郑某,两人约定:郑某每年向黄某支付租金 7 000 元。

在参考案例 5-4 中,“出租人将租赁物交付承租人使用、收益,承租人交付租金”是《民法典》有关租赁“义务”内容的规定,它所针对的主体是不特定的,凡签订房屋租赁合同的个人或组织都必须遵守该项规定,因而其效力是普遍的。黄某将房屋出租给郑某,郑某支付租金,这属于两人在这个特定的房屋租赁法律关系中之具体义务,这种义务只对他们两个人有效,不具有普遍的法律效力。也就是说,如果没有其他的约定,别人不承担他们约定的义务。假如黄某与郑某一直遵守了他们之间的上述约定,那么,事实上他们用实际行为实现了《民法典》第 703 条所规定的内容。正是在这个意义上,我们说:法律关系主体之间的法律权利和法律义务是法律规范所规定的法律权利与法律义务在实际的社会生活中的具体落实。

二、权利行使和义务履行之界限

必须看到,就法律关系主体之权利行使本身来讲,它在现实法律生活中总是表现为权利人的外在的行为,因而有一个适度的范围和限度。超出了这个限度,就不为法律所保护,甚至可能构成“越权”或“滥用权利”,属于违法行为,必然招致法律的禁止甚或制裁。故此,法律对权利行使作适当的限制是完全必要的,严格地讲,限制是法律为人们行使权利确定技术上、程序上的活动方式及界限。但这种限制是以保障作为前提的,限制是为了更好地保障。诚然,权利行使不是绝对无限制的,同样,法律也不能绝对无限制地剥夺或取消人们的权利。因此,这里的限制应当有一个适度的平衡。

像权利行使是有限度的一样,法律关系主体之义务的履行也是有限度的。要求义务人作出超出“义务”范围的行为,同样是法律所禁止的。义务的限度具体表现在以下几个方面:

(1) 实际履行义务的主体资格的限制。例如,某人虽然按照法律应承担义务,但由于其不具备履行义务的行为能力,则权利人不得强迫该义务人履行义务。

(2) 时间的界限。义务在大多数情况下都是有一定的时效或时间界限的,超过了时效或时间界限,义务就不复存在。例如,父母对子女的抚养义务通常应以子女达到成年为限。

（3）利益的界限。在权利和义务的资源分配上，既然权利人不可能永远无限制地享有社会的利益，那么义务人也就不可能永远承担社会的不利和损害。要求义务人对国家、社会和他人无限制尽义务，而漠视义务人所应有的正当权益，是违背事物的性质和正义原则的，也是非常错误的。正如权利人在享受权利时必须履行相应的义务一样，义务人在尽义务时也同样享有自己的权利。

第四节　法律关系客体

一、法律关系客体的概念

笼统地讲，法律关系客体是指法律关系主体之间权利和义务所指向的对象。它是构成法律关系的要素之一。参考案例 5－2 中的“徐悲鸿画作”，参考案例 5－3 中的“‘荷花’牌洗衣机”和 4 万元“货款”，参考案例 5－4 中出租的“房屋”以及 7 000 元“租金”等都属于法律关系客体。

法律关系客体是一定利益的法律形式。任何外在的客体，一旦它承载某种利益价值，就可能会成为法律关系客体。法律关系建立的目的，总是为了保护某种利益，获取某种利益，或分配、转移某种利益。所以，实质上，客体所承载的利益本身才是法律权利和法律义务联系的中介。这些利益，从表现形态上可以分为物质利益和精神利益，有形利益和无形利益，直接利益和间接利益（潜在利益）；从享有主体的角度，可以分为国家利益、社会利益和个人利益等。

二、法律关系客体的种类

法律关系客体是一个历史的概念，随着社会历史的不断发展，其范围、形式、类型也在不断地变化着。总体来看，由于权利和义务类型的不断丰富，法律关系客体的范围与种类有不断扩大和增多的趋势。归纳起来，有下述几类。

（一）物

法律意义上的物是指法律关系主体支配的、在生产和生活中所需要的客观实体。它可以是天然物，也可以是生产物；可以是活动物，也可以是非活动物。作为法律关系客体的物与物理意义上的物既有联系又有区别，它不仅具有物理属性，而且具有法律属性。

物理意义上的物要成为法律关系客体，须具备以下条件：第一，应得到法律之认可。第二，应为人类所认识和控制。不可认识和控制之物（如地球以外的天体）不能成为法律关系客体。第三，能够给人们带来某种物质利益，具有经济价值。第四，须具有独立性。不可分离之物（如道路上的沥青、桥梁之构造物、房屋之门窗）一般不能脱离主物，故不能单独作为法律关系客体存在。

至于哪些物可以作为法律关系的客体或可以作为哪些法律关系的客体，应由法律予以具体规定。在我国，大部分天然物和生产物可以成为法律关系的客体。但以下几种物不得进入国内商品流通领域，成为私人法律关系的客体：

（1）人类公共之物或国家专有之物，如海洋、山川、水流、空气等；

（2）军事设施、武器（枪支、弹药等）；

（3）危害人类之物（如毒品、假药、淫秽书籍等）。

（二）人身

人身是由各个生理器官组成的生理整体（有机体）。它是人的物质形态，也是人的精神利益的体现。在现代社会，随着现代科技和医学的发展，输血、植皮、器官移植、精子提取等现象大量出现；同时也产生了此类交易买卖活动及其契约，带来了一系列法律问题。这样，人身不仅是人作为法律关系主体的承载者，而且在一定范围内成为法律关系的客体。但要注意的是：第一，活人的（整个）身体，不得视为法律上的“物”，不能作为物权、债权和继承权的客体，禁止任何人（包括本人）将整个身体作为“物”参与有偿的经济法律活动，不得转让或买卖。贩卖或拐卖人口、买卖婚姻是法律所禁止的违法或犯罪行为，应受到法律的制裁。第二，权利人对自己的人身不得进行违法或有伤风化的活动，不得滥用人身，或者自践人身和人格。例如，卖淫、自杀、自残行为属于违法行为或至少是法律所不提倡的行为。第三，对人身行使权利时必须依法进行，不得超出法律授权的界限，严禁对他人人身非法强行行使权利。例如，有监护权的父母不得虐待未成年子女的人身。

人身（体）部分（如血液、器官、皮肤等）的法律性质，是一个较复杂的问题。它属于人身，还是属于法律上的“物”，不能一概而论。应从以下三个方面分析：当人身之部分尚未脱离人的整体时，即为所属主体之人身本身；当人身之部分自然地从身体中分离，已成为与身体相脱离的外界之物时，亦可视为法律上之“物”；当人身之部分已植入他人身体时，即为他人人身之组成部分。

（三）精神产品

精神产品是人通过某种物体（如书本、砖石、纸张、胶片、磁盘）或大脑记载下来并加以流传的思维成果。精神产品不同于有形物，其价值和利益在于物中所承载的信息、知识、技术、标识（符号）和其他精神文化。同时，它又不同于人的主观精神活动本身，它是精神活动的物化或固定化。精神产品属于非物质财富，西方学者称之为“无体（形）物”，我国法学界常称为“智力成果”或“无体财产”。

（四）行为结果

在很多法律关系中，主体的权利和义务所指向的对象是行为结果。作为法律关系客体的行为结果是特定的，即义务人完成其行为所产生的能够满足权利人利益要求的结果。这种结果一般分为两种：一种是物化结果，即义务人的行为（劳动）凝结于一定的物体，产生一定的物化产品或营建物（如房屋、道路、桥梁等）；另一种是非物化结果，即义务人的行为没有转化为物化实体，而仅表现为一定的行为（通常为服务行为）过程所产生的结果（或效果）。

参考案例5－5

肖女士为了改变自己的面部形象，到“芬芳”美容院要求为其整容，为此支付人民币5 000元。美容院答应其提出的要求，派美容师郝某为其整容。郝某技术精湛，为肖女士完成了整容手术，效果很好，得到肖女士的称赞。

在参考案例5－5中，肖女士和“芬芳”美容院之间所形成的是劳务合同法律关系。

其中，郝某为肖女士整容，所履行的是美容院的一种义务。肖女士面容得到改善，则是郝某的行为结果，而这才是上述劳务合同法律关系的客体。应当看到，郝某履行义务与其行为结果之间既有联系又有区别。当然，在这个法律关系中，肖女士支付的 5 000 元美容费也是其客体之一。

第五节　法律事实

一、法律事实的概念

法律关系处在不断地生成、变更和消灭的运动过程中。它的形成、变更和消灭，需要具备一定的条件。其中最主要的条件有两个：一是法律规范（规则和原则）；二是法律事实。法律规范是法律关系形成、变更和消灭的法律依据，而法律事实是法律规范与法律关系联系的中介。

所谓法律事实，就是具有法律关联性的、能够引起法律关系产生、变更和消灭的客观情况或现象。也就是说，法律事实首先是一种客观存在的外在现象，而不是人们的一种心理现象或心理活动。纯粹的心理现象不能被看作法律事实。其次，法律事实是具有法律关联性的，即由法律规定的、具有法律意义的事实，它能够引起法律关系的产生、变更或消灭。在此意义上，与人类生活无直接关系的纯粹的客观现象（如宇宙天体的运行），或者虽然与人类生活有关系但不具有法律关联性的事实（如参考案例 0－1 中的张某与李某“断交”的事件）就不是法律事实。

二、法律事实的种类

根据法律事实是否以人们的意志为转移，可以将法律事实大体上分为两类，即法律事件和法律行为。

（一）法律事件

法律事件是具有法律关联性的、不以当事人的意志为转移而引起法律关系产生、变更或消灭的客观事实。法律事件又分成社会事件和自然事件两种。前者如社会革命、战争等，后者如人的生老病死、自然灾害等，这两种事件对于特定的法律关系主体（当事人）而言，都是不可避免、不以其意志为转移的。但由于这类事件的出现，法律关系主体之间的权利与义务关系就有可能产生，也有可能发生变更，甚至完全消灭。例如，由于人的出生便产生了父母与子女间的抚养关系和监护关系；人的死亡又导致抚养关系、夫妻关系或赡养关系的消灭以及继承关系的产生；等等。

（二）法律行为

法律行为是指以权利主体的意志为转移，能够引起法律关系产生、变更或消灭的法律事实。因为人们的意志有善意与恶意、合法与违法之分，故其行为也可以分为善意行为、合法行为与恶意行为、违法行为。善意行为、合法行为能够引起法律关系的产生、变更和消灭。例如，依法登记结婚行为，导致婚姻关系成立。同样，恶意行为、违法行为也能够引起法律关系的产生、变更和消灭。如犯罪行为产生刑事法律关系，也可能引起某些民事法律关系（损害赔偿、继承等）的产生或变更。

在研究法律事实问题时，我们还应当看到这样两种复杂的现象：

其一，同一个法律事实（事件或者行为）可以引起多种法律关系的产生、变更和消灭。如工伤致死，不仅导致劳动关系、婚姻关系的消灭，而且导致劳动保险合同关系、继承关系的产生。

其二，两个或两个以上的法律事实引起同一个法律关系的产生、变更或消灭。如男女结婚，除了双方自愿结合的意思表示外，还须向婚姻登记机关办理登记手续，由登记机关颁发结婚证书之后，双方的婚姻关系才能够成立。其中，“自愿结合的意思表示”“向婚姻登记机关办理登记手续”“登记机关颁发结婚证书”，都是婚姻法律关系形成的事实。在法学上，人们常常把两个或两个以上的法律事实所构成的一个相关的整体称为“事实构成”。

【本章小结】

法律关系是指在法律规范调整社会关系的过程中所形成的权利和义务关系。法律关系有如下分类：纵向（隶属）的法律关系和横向（平权）的法律关系；单向（单务）法律关系、双向（双边）法律关系和多向（多边）法律关系；第一性法律关系（主法律关系）和第二性法律关系（从法律关系）。

法律关系由法律关系主体、法律关系内容（法律关系主体的法律权利和法律义务）以及法律关系客体构成。法律关系主体必须具有权利能力和行为能力。权利能力是指能够参与一定的法律关系，依法享有一定权利和承担一定义务的法律资格。行为能力是指法律关系主体能够通过自己的行为实际取得权利和履行义务的能力。世界各国的法律一般都把本国公民划分为完全行为能力人、限制行为能力人和无行为能力人。法律关系客体是指法律关系主体之间权利和义务所指向的对象，它包括物、人身、精神产品以及行为结果。

具有法律关联性的、能够引起法律关系产生、变更和消灭的客观情况或现象，在法学上被称为法律事实，它包括法律事件和法律行为。

【本章研习活动】

分析

韩先生某日持所购京剧票去北京某剧院观看新新京剧团排演的现代京剧《智取威虎山》，不料该剧团在外地演出，因路途遥远未能及时返京，致使在北京的演出不能如期举行。该剧院被迫安排了一场交响乐演出。韩先生以剧院违约为由向法院提起诉讼。法院认定剧院违约事实成立，判令剧院赔偿韩先生票款及路费等人民币 350 元。之后，剧院又向法院提起诉讼，告新新京剧团违约，要求赔偿损失。

根据上述案情，分析以下问题：

（1）上述哪些人、单位或机构之间的关系构成法律关系？

（2）这些法律关系的客体是什么？

（3）这个案例中，引起法律关系产生、变更的法律事实有哪些？

（4）在上述法律关系中，哪些是第一性法律关系（主法律关系）？哪些是第二性法律关系（从法律关系）？

要点提示：

学生在讨论这个案例时，首先应确定法律关系主体，把各个主体之间的关系一一分解为单向法律关系，然后再分析它们之间关系的性质，这样才能找到各个法律关系的客体。

【推荐阅读材料】

1. 王勇飞、王启富：《中国法理纵论》，北京，中国政法大学出版社，1996。

2. 王勇飞、张贵成：《中国法理学研究综述与评价》，北京，中国政法大学出版社，1992。

3. ［苏联］尼·格·亚历山大洛夫著，宗生、孙国华译：《苏维埃社会中的法制和法律关系》，北京，中国人民大学出版社，1958。

4. 舒国滢：《“人”的法律意义》，载《法律学习与研究》，1990（2）。

第六章 法律行为

【本章引言】

无行为即无犯罪，亦无刑罚。

——西方法谚

行为之所以成为法律行为，是因为它是由法律规范所决定的。行为的法律性质等于行为与法律规范的关系。行为只是因为它是由法律规范决定并且也只在这一范围内才是“法律”行为。

——汉斯·凯尔森

【本章学习目标】

通过本章的学习，你应该能够：

1. 掌握法律行为的概念和结构；
2. 了解法律行为的特征，以及法律行为与非法律行为的区别；
3. 熟悉法律行为的分类。

第一节 法律行为概述

一、法律行为界定

在私法上，“法律行为”（拉丁文 actus juridicus）一词最早是由 18 世纪德国法学家丹尼尔·奈特尔布拉德（Daniel Nettelbladt，也译为“内特布拉德”）在 1748 年出版的《实在法学原理体系》第 1 卷中使用的。后来，著名法学家萨维尼在 1840—1849 年出版的 8 卷本《当代罗马法体系》（尤其是第 3 卷）中对这一概念作了系统论述，被认为是法律行为理论的集大成者。萨维尼提出“法律行为”（rechtsgeschäft）的“意思学说”，将“法律行为”与“意思表示”相提并论。这一学说对后世民法理论及民事立法影响颇大。1896 年的《德国民法典》把“意思表示”作为法律行为之构件予以规定。这一带有“意思自由”和“私人自治”印记的概论，在民法学上推导出一系列上位和下位的概念，如法律上之行为、准法律行为、事实行为、涉法行为等，构成了一个非常精密的法律概念体系。但应当看到，民法的“法律行为”只是在民法知识框架内的一个特定概念，其准确汉译应为“法律示意（表示）行为”，与“事实行为”处于同一位阶，属于一定的法律事实。作为一个最上位的概念，它不可能用来描述和解释一切法律部门（如刑法、行政法）的行为现象。

一般意义上的“法律行为”① 应是各法律部门中的行为现象的高度抽象，是各法律部门的法律行为（宪法行为、民事法律行为、行政法律行为、诉讼法律行为等）与各类别法律行为（如合法行为、违法行为、犯罪行为等）的最上位法学概念（或法学范畴）。这个最上位概念所描述的，包括一切具有法律意义的行为现象。本书即采用这样一个广义的法律行为概念，对其含义作如下界定：所谓法律行为，就是人们所实施的、能够发生法律效力、产生一定法律效果的行为。它包括合法行为与违法行为、（意思）表示行为与非表示行为（事实行为）、积极行为（作为）与消极行为（不作为）等。

法律行为作为一个法学范畴，其所对应的范畴是“非法律行为”。简单地讲，所谓非法律行为，是指那些不具有法律意义的行为，即不受法律调整、不发生法律效力、不产生法律效果的行为。界定法律行为与非法律行为，无论是在立法上还是在司法实践上，都具有非常重要的意义。研究法律行为，就是要在立法和司法实践中为法律行为和非法律行为确定明晰的界限，分清哪些属于法律行为、哪些不属于法律行为。

参考案例6-1

甲答应赠与乙500元，资助乙上学（乙为在读的中学生）。甲在给乙300元后，就决定不再资助。乙认为甲已答应赠与就应全部赠与，于是向甲索要其未给予的200元。

在参考案例6-1中，甲的行为就是一种法律行为，因为甲答应赠与乙500元，资助乙上学，甲和乙之间就形成了民法中的赠与合同关系。甲在给乙300元后，决定不再资助乙，其行为并不违法。因为根据《中华人民共和国民法典》第658条的规定，赠与人在赠与财产的权利转移之前可以撤销赠与。与此相反，乙的行为理由不成立。由于赠与人在赠与财产的权利转移之前可以撤销赠与，因此，赠与人在赠与财产的权利转移之前撤销赠与的，当赠与人不交付赠与物时，受赠人不能要求赠与人交付。由此可知，乙的行为属于非法律行为，因为其行为不具有法律意义，即不受法律调整、不发生法律效力、不产生法律效果。

人的行为范围是非常广泛的。在不同的社会关系和社会生活中，人可能会作出各种各样不同的行为，其按照活动领域可大体分为经济行为、政治行为、道德行为、宗教行为等。法律作用的有限性质，决定了法律不可能也没有必要把人的一切行为都纳入其调整范围之内。因此，从总的方面看，分清法律行为与非法律行为，就是要将法律行为与纯粹的经济行为、政治行为、道德行为和宗教行为等区别开来。原则上，经济行为、政治行为等大多受到或应当受到调整，但由于立法的滞后或出于立法政策的考虑，法律对此没有予以

① 相当于德文的 handlungen im rechtssinne（具有法律意义的行为）或 juristische handlungen（法律上的行为）。

调整，这样在法律行为之外还存在着大量的非法律行为。在有法律明文规定的情况下，法律行为与非法律行为的界定一般不会存在什么问题。但有时候，一个行为发生后，很难根据立法清晰判断它的法律性质，这就要通过法律解释和论证过程来确定它是不是法律行为，是哪一类法律行为。

二、法律行为的特征

根据法律行为的定义及参考案例 6－1 可以看出，法律行为具有下列特征。

（一）法律行为是具有社会意义的行为

所谓社会意义，是指法律行为能够产生社会效果，造成社会影响，具有人际交互性。或者说，法律行为不是一种纯粹自我指向的行为，而是一种社会指向的行为。法律行为的发生，一定是对行为者本人以外的其他人或集体、国家之利益和关系产生直接或间接的影响。例如，对原有的社会关系和秩序的破坏（违法行为），相互利益的交换（买卖行为）和增减（赠与、继承行为），权利、义务和社会资源的重新配置（立法行为），等等。不管行为者主观意图如何，他们行使权利、履行义务或违反义务的行为，必然伴随着他人的相应的行为——或者是为了达到某种共同的目的而互相配合、彼此协助，或者是为了某种有限的同一目标而竞争、冲突、斗争。总之，人在社会中生活，人的社会性本质决定了其行为在主要方面都是有社会指向的，它们与社会利益发生各种各样的联系，或者与社会利益一致，表现为社会有益性；或者与社会利益产生矛盾和冲突，表现为社会危害性。正是由于这一点，它们才可能具有法律意义。纯粹自我指向的行为，一般是不具有法律意义的。

（二）法律行为具有法律关联性

法律关联性是法律行为区别于一般社会行为的根本标志。所谓法律关联性，是指法律行为由法律规定、受法律调整、能够发生法律效力或产生法律效果。

1. 法律行为是由法律所调整和规定的行为

一个行为只有在法律规范所决定的范围内，才得以成为法律行为。由于行为具有社会指向，其既包括国家希望发生的行为（合法行为），也包括国家不希望发生的行为（违法行为）。而法律正是基于这一理由把那些具有重要社会意义的行为纳入调整范围之内，并对不同的行为模式及行为结果作出明确的规定。

2. 法律行为是能够发生法律效力或产生法律效果的行为

“能够发生法律效力”具有两层含义：

（1）法律行为一旦成立，即形成一定的法律关系，赋予具有法律约束力的权利（权力）和义务内容，或对其他行为有支配力（如行使权利的行为），或受其他行为的支配（如履行义务的行为）。

（2）法律行为一旦形成，就受法律的约束或保护。

所谓产生法律效果，是指法律行为能够引起人们之间权利义务关系的产生、变更或消灭，它们可能会受到法律的承认、保护或奖励（如合法行为），也可能会受到法律的否定、撤销或惩罚（如违法行为）。

3. 法律行为是法律现象的组成部分

法律现象不仅是指法律规范，而且包括使法律规范由抽象到具体、由条文上的规定到现实实践的行为。

（三）法律行为是能够为法律和人们的意志所控制的行为

法律行为之所以可以控制，是因为：

（1）法律意义上的行为都是具有一定的必然性的。行为动机的出现、行为的发生、行为的方式、行为的效果等，都具有一定的必然性。法律规范正是依据人们对行为必然性的认识而对行为实施控制的。

（2）法律行为是人所实施的行为，受人的意志的支配和控制，具有意志性。意志性是人的行为区别于动物对外界的机械反射的主要之点。正是通过意志的表现，行为才获得了人的行为（包括法律行为）的性质。在法律行为的结构中，只存在意志和意识能力强弱的差别，即有时候人们完全按照自我意志来实施法律行为，有时候则可能并不完全出于自我意志实施某种行为，但它本身并不是一个意志的有无问题。在法律上，纯粹无意识（无意志）的行为（如完全不能辨认自己行为的精神病人所实施的行为）不能被看作法律行为。

（四）法律行为具有价值性

法律行为反映了人们对一定的社会价值的认同，一定的利益和行为结果的追求，以及一定的活动方式的选择。法律行为是一定社会价值的载体，人们可以用善与恶、好与坏、利与害等范畴进行评价。

第二节　法律行为的结构

法律行为受主体与客体、主观因素与客观因素的影响，其构成需要一定的条件，这些条件称为法律行为的构成要件或构成法律行为的要素。

参考案例 6-2

戴某是家中独子，其父母在市区及郊区有数处房产。戴某及其妻子一心想让父母把所有房产都转至自己名下，但父母始终未答应，为此家庭矛盾逐渐加深。由于父母忍受不了戴某夫妇的无理要求，无奈之下不辞而别，另租房居住。一段时间后，戴某的父母由于想念孙子，在得到戴某的同意后，将孙子带到自己租住的地方住了几天。几天后，戴母在送回孙子时，戴某夫妇再次为房产问题与母亲争吵，见母亲不同意，就殴打母亲。当天，戴父要求居委会干部出面调解。戴某称："这是家务事，不用你们管。"第二天，戴母趁戴某夫妇二人熟睡之际欲逃走时被抓回。狠心的儿子与儿媳竟用塑料绳将母亲捆绑在椅子上，对其打骂并用冷水浇其身体，时间长达 30 多个小时。后戴某夫妇以涉嫌非法拘禁罪被检察院批捕。

从参考案例 6-2 我们不难看出，戴某夫妇的行为是一种触犯刑法的违法行为，分析他们行为的结构，从外在方面看，戴某夫妇为强制其父母把房产转至他们名下实施了违法的行动（行为），采取了为达到其占有房产的目的的行为方式，即非法限制其母人身自由的殴打、捆绑等手段，造成了其母被非法限制人身自由 30 多个小时，身心受到伤害的结果。从内在方面看，即从主观方面看，戴某夫妇故意实施打骂、非法拘禁其母的行为，是出于把父母房产转至自己名下的需要，基于达到占有房产目的的动机，而且他们对自己行为的结果是能够认识和作出判断的。由此可以看出，一个法律行为在构成上包括行为的外在和内在两个方面的要素，这些要素在结构上包括构成法律行为的客观要件（即法律行为的外在方面）和主观要件（即法律行为的内在方面）。法律行为的客观要件包括外在的行动（行为）、行为方式（手段）和具有法律意义的结果等要素。法律行为的主观要件包括需要、动机、目的和行为认知等要素。下面分别对构成法律行为的客观要件和主观要件进行分析。

一、法律行为构成的客观要件（外在方面）

法律行为构成的客观要件，又可称为“法律行为构成之体素”，就是指法律行为外在表现的一切方面。它包括外在的行动（行为）、行为方式（手段）和具有法律意义的结果等要素。

（一）外在的行动（行为）

所谓行动，是指人们通过身体、言语或意思而表现于外的举动。外在的行动（行为），是法律行为构成的最基本的要素，它是法律行为主体作用于对象（包括其他主体、动物、物体、权利、关系、利益、秩序、整个社会）的中介及方式。没有任何外在行动的法律行为是不存在的。人的意志或意思只有外化为行动并对身外之世界（对象）产生影响，它才能成为法律调整（指引、评价、约束或保护）的对象。故此，西方法谚谓：“无行为即无犯罪，亦无刑罚。”

行动的内涵十分丰富，躯体、四肢、五官的任何一个可以被人感知的举动都是行动。作为法律行为的外在行动（行为），大体上可分为以下两类。

1. 身体行为

身体行为是指通过人的身体（躯体及四肢）的任何部位所作出的为人所感知的外部举动，即通过自身的外力直接作用于外部世界，引起法律关系产生、变更或消灭的行为，如杀人、货物买卖等。这类行动又可称为物质行动或“以动行事”的行动。

2. 语言行为

语言行为是指通过语言表达对他人产生影响的行为。它又包括以下两种行为：

（1）书面语言行为，诸如书面声明、书面通知、书面要约和承诺、签署文件等。

（2）言语行为，即通过口语表达而在“说者—语义—听者”之语言交际中完成的言语过程。如通过演讲来图谋推翻国家政权等。这类行为又称为信息行动或“以言行事”的行动。

上述诸种语言行为作为人的特殊行为，均能产生法律上的效果，因而具有法律意义。通常，人们的意思表示都是通过语言行为来完成的。

（二）行为方式（手段）

所谓行为方式（手段），是指行为人为达到预设的目的而在实施行为过程中所采取的各种方式和方法。其中包括：行动的计划、方案和措施；行动的程式、步骤和阶段；行动的技术和技巧；行动所借助的工具和器械；等等。

行为方式与目的有着密切的关系。行为方式（手段）是考察行为的目的，进而判断行为的法律性质的重要标准，是考察法律行为是否成立以及行为人是否应承担责任、承担责任之大小的根据。一般而言，行为人欲达到合法的目的，自然会选择合法的行动计划、措施、程式和技巧；反之，行为人就会选择违法（或犯罪）的方式和方法。而且，行为的法律性质和归属的法律部门不同，其方式、方法和手段也有所不同。例如，同样是合法行为，民事合法行为的方式就不完全等同于合法的行政行为的方式；同样是违法行为，刑事犯罪的方式就不能与一般的民事违法行为、行政违法行为的方式相提并论。除此之外，在法律上还必须对各种特定行为方式予以规定，从而为判断法律行为的性质和类别提供具体的标准。这些特定的法律行为方式主要有：

（1）与特定情景相关的行为方式，是指某些行为方式只在特定的情形下方能使用，如正当防卫、紧急避险。

（2）与特定主体身份相关的行为方式，是指某些法律行为的成立只与具有特定法律资格的主体（个人或组织）相关联，其他主体无权采用此种法律行为的方式和方法，即使采用，也不能被认定为该法律行为构成的要件，如父母对未成年子女的监护、职务上的犯罪等，其行为构成主体是特殊的。

（3）与一定的时间和空间相关的行为方式，是指某些行为的实施以法律所规定的时间或空间作为条件，故此，选择时间和空间就成为法律行为方式的特定内容，如入室盗窃、宣告死亡等。

（4）与特定对象相关的行为方式，是指有些法律行为所实施的对象是特定的人或物，其行为方式由该特定对象的性质所决定，如奸淫幼女、挪用公款等。

（三）具有法律意义的结果

结果是行为完成（结束）的状态。法律行为必须要有结果，因此结果是法律行为这种法律事实的重要内容之一。没有结果的行为，一般不能视为法律行为。法律通常根据行为的结果来区分行为的法律性质和行为人对行为负责的界限及范围。行为结果是行为过程和全部要素的综合体现。

判断法律行为结果，主要有以下两个标准：

（1）行为造成一定的社会影响。这种影响或者是表现为对他人、社会有益，或者是表现为对他人、社会有害，即造成一定的损害。此外，行为结果可能是物质性的（有形的），也可能是精神性的（无形的）；可能是直接的，也可能是间接的。而且行为与结果之间要有一定的因果关系，没有因果关系的法律行为是不存在的。

（2）应当从法律角度对结果进行评价，即由法律根据结果确定行为的法律性质和类别：行为是合法还是违法？是行政行为还是民事行为？如此等等。不过，这里应当明确的问题是：行为结果并不等于法律后果，行为结果只是行为人承担法律后果的依据之一，但并不是法律后果本身。

二、法律行为构成的主观要件（内在方面）

客观要件只是法律行为的外在方面的表现，仅有外部举动而无内部意思（意志），则为无意思之动作，与自然现象（事件）没有什么区别。故此，基于内部意思（意志）的作用，而有身体外部的举止，乃构成有意思的行为，或称为意思（意志）活动。这里要考察的“主观要件”，又称“法律行为构成之心素”，是法律行为内在表现的一切方面。它们是行为主体在实施行为时的一切心理活动、精神状态及认知能力的总和，主要包括行为意思（意志）和行为认知两个方面。

（一）行为意思（意志）

它是指人们基于需要、受动机支配、为达到目的而实施行为的心理状态。包括三个层次，即需要、动机、目的。现代社会学和心理学研究认为，人的行为是由需要引起的，行为的实施是人为了实现某种需要的满足。需要引起动机，动机产生行为，行为趋向目的，目的实现满足，满足导致新的需要。这就是行为的内在方面诸环节的系统循环。研究法律行为主观要件，首先就要考察这些行为意思（意志）诸要素的法律意义。就合法行为而言，其成立的条件不仅在于有没有行为人的动机和目的，而且在于有什么样的动机、什么样的目的，动机和目的是否正当、合法。就违法（犯罪）行为而言，行为的所谓“主观恶性”的考察，就是对违法（犯罪）人的动机和目的的认识。在刑法中，行为目的是罪与非罪、此罪与彼罪的根据之一，动机也是定罪量刑参考的情节。在民法中，所谓意思表示，就是行为人对其动机和目的直接或间接的、真实或虚假的表达。

（二）行为认知

它是指行为人对自己行为的法律意义和后果的认识。行为目的形成并不完全是一个盲目的过程，它基于人的认知能力、水平，基于人对行为意义、后果的认识与判断。如果一个人根本无能力认识和判断行为的意义与后果，那么他的行为就不可能构成法律行为。在法律上，正是根据人的认知能力的有无和强弱，而将自然人分为完全行为能力人、限制行为能力人和无行为能力人。

在法律活动中，行为人受主客观多方面因素的影响，常常会发生主观认识与客观存在之间不相一致的情况，这就是所谓的认识错误。从法律角度看，它包括事实错误和法律错误两个方面。事实错误是指行为人所认识的内容与所发生的客观事实相背离。

参考案例6-3

甲仇恨乙，某日，甲误将碱面当作毒药投入乙的水杯中，乙喝后安然无恙。

在参考案例6-3中，甲的行为就属于事实错误中的行为（手段）错误。法律错误是指行为人对事实认识无误，但由于误解或不知法律而对该事实的法律意义和法律后果认识有误。在参考案例6-2中，戴某夫妇殴打其母，其行为已属非法。但在居委会干部进行调解时，戴某却称：“这是家务事，不用你们管。”戴某对其行为的认识就是法律上的认识错误。

认识错误，在一定程度上影响行为人动机和目的的形成，进而影响其对行为及行为方式的选择。在民法中，“重大误解”是可撤销的民事行为的构成要件之一。在刑法中，认识错误是定罪量刑的参考因素，但依据“不知法者不免其罪”的原则，无论是事实错误还是法律错误，均不构成免责的前提。

第三节　法律行为的分类

随着社会经济、政治、文化的发展，法律调整范围的不断扩大，法律行为也日趋纷繁。为了进一步具体地认识法律行为，对法律行为从不同的角度可以作不同的分类。

一、根据行为主体性质和特点所作的分类

（一）个人行为、集体行为与国家行为

根据行为主体的特征不同，可以把法律行为分为个人行为、集体行为与国家行为。个人行为是公民（自然人）基于个人意志和认识，由自己直接作出的具有法律意义的行为。集体行为是机关、组织或团体基于某种共同意志或追求，所从事的具有法律效果、产生法律效力的行为。国家行为是国家作为一个整体或者由国家的代表机关（国家机关）及其工作人员，根据国家意志，即根据国家的政策、法律的授权或国家权力机关的直接授权，以自己的名义所从事的具有法律意义的行为。

（二）单方行为与多方行为

根据行为主体意思表示的形式，可以把法律行为分为单方行为与多方行为。单方行为又称一方行为，是指由法律主体一方的意思表示或由一方当事人主动作为而形成的法律行为，如遗嘱、赠与、行政命令、标准合同等。多方行为，是指由两个或两个以上的法律主体意思表示一致而形成的法律行为，如合同行为。

（三）自主行为与代理行为

根据行为主体实际参与行为的状态，可以把法律行为分为自主行为与代理行为。自主行为又称自为行为，是指法律主体在没有其他主体参与的情况下，以自己的名义独立从事的法律行为。代理行为，是指法律主体根据法律授权或其他主体的委托而以被代理人的名义所从事的法律行为。

二、根据行为的法律性质所作的分类

（一）合法行为与违法行为

根据行为是否符合法律的内容要求，可以把法律行为分为合法行为与违法行为。[①] 合法行为，是指行为人所实施的具有一定的法律意义、与法律规范的内容要求相符合的行为。违法行为，是指行为人所实施的违反法律规范的内容要求、应受处罚的行为。

（二）公法行为与私法行为

根据行为的公法性质或私法性质，可以把法律行为分为公法行为与私法行为。所谓公法行为，是指具有公法效力、能够产生公法效果的行为，如立法行为、行政法律行为、司法行为等。所谓私法行为，是指具有私法性质和效力、能够产生私法效果的行为，如民事法律行为、商法行为等。

（三）抽象行为与具体行为

根据行为内容针对的对象不同，可以把法律行为分为抽象行为与具体行为。抽象行为是针对不特定对象而作出的、具有普遍法律效力的行为。如国家立法机关制定法律规范的行为，行政机关制定规章的行为，司法机关对法律作规范性解释的行为等。具体行为是针对特定对象而作出的、仅有一次性法律效力的行为。如行政机关针对具体人、具体事项而作出决定，法院对案件作出判决等。

---

① 有一种“法外空间”理论，即仅以价值对立的“合法”与“非法”，对刑法上所有相关行为都可以涵盖。换言之，并非所有与刑法相关的行为都可以评价为“合法的”或“非法的”，特别是在悲剧性的冲突情况中或者在生存危机的情形中。

三、根据行为的表现形式与相互关系所作的分类

（一）积极行为与消极行为

根据行为的表现形式不同，可以把法律行为分为积极行为与消极行为。积极行为又称“作为”，是指行为人以积极的、主动作用于客体的形式进行的活动，表现为作出一定动作或动作系列的、具有法律意义的行为。消极行为又称“不作为”，是指以消极的、间接对客体发生作用的方式所进行的活动，往往表现为不作出一定的动作或动作系列的、具有法律意义的行为。在法律上，这两种行为不能反向选择，即当法律要求行为人作出积极行为时，他就不能作出消极行为；当法律要求行为人作出消极行为（禁止作出一定行为）时，他就不能作出积极行为。否则，就构成了违法行为。

（二）主行为与从行为

根据行为之主从关系，可以把法律行为分为主行为与从行为。主行为，是指无须以其他法律行为的存在为前提而具有独立存在意义、产生法律效果的行为。例如，对于抵押合同来说，主债务合同就是主行为。从行为，是指其成立以另一种行为的存在作为前提而具有法律意义的行为。例如，抵押合同相对于主债务合同来说就是从行为。

四、根据行为构成要件所作的分类

（一）（意思）表示行为与非表示行为

根据行为是否通过意思表示，可以把法律行为分为（意思）表示行为与非表示行为。（意思）表示行为，是指行为人基于意思表示而作出的、客观效果与其意思取向一致的、具有法律意义的行为。非表示行为，是指非经行为者意思表示而是基于某种事实状态即具有法律效果的行为，如民法上的先占、遗失物的拾得、埋藏物的发现等。这种基于事实而发生效力的行为，在法学上又被称为事实行为。

（二）要式行为与非要式行为

根据行为是否需要特定形式或实质要件，可以把法律行为分为要式行为与非要式行为。要式行为，是指必须具备某种特定形式或必须遵守特定程序才能成立的法律行为。例如，票据行为就是法定要式行为。非要式行为，是指无须具备特定形式或程序即能成立的法律行为。除法律特别规定或当事人特别约定外，均为非要式行为。

（三）完全行为与不完全行为

根据行为之有效程度，可以把法律行为分为完全行为与不完全行为。完全行为，是指发生完全的法律效力的行为。不完全行为，是指不发生效力或仅有部分发生效力的法律行为，这其中包括无效的法律行为、效力未定的法律行为和失效的法律行为等。

【本章小结】

法律行为是人们所实施的、能够发生法律效力、产生一定法律效果的行为。它包括：合法行为与违法行为；（意思）表示行为与非表示行为（事实行为）；积极行为（作为）与消极行为（不作为）；等等。

法律行为构成的客观要件包括外在的行动（行为）、行为方式（手段）和具有法律意义的结果等要素。法律行为构成的主观要件包括行为意思（意志）和行为认知两个方面。

【本章研习活动】

1. 思考

判断以下说法是否正确，并说明理由：

（1）法律行为的可控性是指法律行为可以受到法律的控制，而不受个人意志的影响。

（2）法律行为是以需要为机制的，由行为人的需要所推动或引发的，是一种对象性的实践活动，体现了一定的社会价值。

（3）不管行为者主观意图如何，其行使权利、履行义务或违反义务的行为，必然伴随着他人的相应行为。

2. 分析

2016年1月7日，原告张某（女）与被告辛某（男）在河北省廊坊市安次区新开路街道办事处协议离婚。协议约定：婚生男孩小辛（2013年6月生）归女方抚养，男方每月付抚育费800元，每月男方可看望孩子，并能接回北京（即男方家）住几天；双方如有一方再婚，孩子便归没有再婚的一方抚养；若双方都再婚，则按原协议处理。2017年1月，张某再婚后，辛某几次去接孩子未成。2018年1月9日，辛某从张某的母亲家强行将孩子接回北京。张某以辛某侵害抚养权、监护权为由，向其住所地法院起诉。

问题：

法院是否应当判决被告的行为侵害了原告的抚养权、监护权，构成侵权行为？为什么？

要点提示：

本案的关键争议点是对被告辛某行为性质的认定。

3. 讨论

当事人于某、王某、孟某是上下楼层的邻居，于某住在2楼，王某住在4楼，孟某住在6楼。2018年4月30日早晨，王某发现自己家的厕所和下水道堵塞，大便池返水，当即告知5、6、7层的几户邻居，并要求其停用厕所和下水道，同时到楼房管理单位找维修工修理，但由于当时正值“五一”节休假，维修工均未上班，无法进行修理。5月3日晚，王某回家，发现从厕所返出的水已将自己家的地板淹没，并导致住在2楼的于某和住在3楼的居民的房间也被水淹。王某再次上楼制止各邻居用水，发现孟某正在用水，当即予以制止。于某家因被水淹，电视机、墙壁、地板均遭受不同程度的损坏，检修电视机花费200元，粉刷墙壁花费500元，维修地板花费600元，共计1 300元。于某以孟某、王某为被告，提出损害赔偿之诉。

案件争议点：

对本案中王某、孟某的行为是否具有违法性，即是否构成违法行为，有三种不同意见：（1）王某、孟某的行为具有违法性，构成违法行为的要件；（2）王某、孟某的行为不具有违法性，不构成违法行为的要件；（3）王某的行为不具有违法性，孟某的行为具有违法性。

问题：

本案中王某、孟某的行为是否构成违法行为？谈谈你的看法和理由。

【推荐阅读材料】

1. 张文显：《法理学》（第五版），北京，高等教育出版社，2018。
2. 魏振瀛：《民法学》（第四版），北京，北京大学出版社、高等教育出版社，2010。
3. 董安生：《民事法律行为》，北京，中国人民大学出版社，2016。
4. 王利明：《法律行为制度的若干问题探讨》，载《中国法学》，2003（5）。

第二编

法律的运行

第七章　立法、执法与司法

【本章引言】

立善法于天下，则天下治，立善法于一国，则一国治。

——王安石

无法律即无行政。

——西方法谚

凡法事者，操持不可以不正。操持不正，则听治不公；听治不公，则治不尽理，事不尽应。

——管仲

【本章学习目标】

通过本章的学习，你应该能够：

1. 掌握立法、执法和司法的原则；
2. 了解立法、执法和司法的特征；
3. 熟悉我国立法的体制、司法的基本要求。

第一节　立　法

一、立法的概念和特征

（一）立法的概念

立法有广义和狭义之分。广义的立法是指国家机关依照法定的职权和程序，制定、认可、修改和废止法律以及规范性法律文件的活动。狭义的立法仅指最高国家立法机关制定、认可、修改和废止法律的活动。本文所讲的立法指的是广义的立法。

立法是法治的一个重要环节，制定完备而良善的法律是进行法治建设的前提和基础。

（二）立法的特征

立法活动具有如下特征：

第一，立法是由特定主体进行的活动。立法的主体是法定的国家机关，不是任何国家机关都可以进行立法活动。

第二，立法是依据一定的职权进行的活动。立法是国家机关的法定职权活动，是宪法和法律规定的专门国家机关的职权活动；并不是任何的立法机关都可以立任何种类的法，立法机关只能在法律规定的权限内立法，而被合法授权的机关也只能在授权范围内立法，绝不能认为有权立法就意味着可以制定任何法。

第三，立法是依照法定程序所进行的活动。立法必须按照宪法和法律规定的程序进行，依据一定的程序进行立法，能够保证立法活动的严肃性、权威性和稳定性。

第四，立法是具有专业性和技术性的活动。立法是一项专业性强、技术要求高的活动，它需要特殊手段、方法和技巧，立法者立法技术的高低直接决定着立法的质量。重视立法技术，有助于提高立法者所立之法的科学性，也有助于更好地实现立法目的。

第五，立法是制定、认可、修改和废止法的活动。立法是直接产生法和变动法的活动，它是一项系统工程，包括制定法、认可法、修改法和废止法等一系列活动。

二、立法体制

（一）立法体制的概念

立法体制是指关于国家机关之间的立法权限划分的制度，即对一个国家中各国家机关及其工作人员制定、认可、修改、废止法律和其他规范性法律文件的权限进行划分的制度。一国采用何种立法体制，在很大程度上取决于该国的国情，受该国经济、政治、文化和历史传统等因素的影响。由于国情的不同，世界各国的立法体制呈现出多样化，主要有单一的、复合的和制衡的立法体制等。

单一的立法体制是指立法权由一个政权机关行使的立法体制。例如，有的国家的立法权只能由一个专门的立法议会行使。复合的立法体制是指立法权由两个或者两个以上的政权机关共同行使的立法体制。比如，有的国家的立法权由君主和议会共同行使。制衡的立法体制是建立在立法、行政、司法三权既相互独立又相互制约的基础上的立法体制。实行这种立法体制的国家，立法职能原则上属于国会（议会），但是，行政机关和司法机关能够对国会的立法活动施加重要影响。美国就属于典型的制衡立法体制。

（二）中国现行的立法体制

根据《中华人民共和国宪法》和《中华人民共和国立法法》的有关规定，我国国家机关的立法权限划分如下：

（1）最高国家权力机关及其常设机关的权限是：全国人民代表大会修改宪法，制定和修改刑事、民事和其他基本法律。全国人大常委会制定和修改除应当由全国人大制定的法律以外的其他法律；在全国人大闭会期间，对全国人大制定的法律进行部分修改，但不得同该法律的基本原则相抵触。

（2）最高国家行政机关（国务院）及其所属机关的权限是：国务院根据宪法和法律，制定行政法规，规定行政措施，发布决定和命令。国务院各部委根据法律和国务院的行政法规、决定、命令，在本部门权限内发布命令、指示和规章。

（3）地方各级国家权力机关及其常设机关的权限是：地方各级人民代表大会在本行政区域内，有权依照法律规定的权限通过和发布决议；省、自治区、直辖市的人大及其常委会，在不与宪法、法律、行政法规相抵触的前提下，可以制定地方性法规，并报全国人大常委会和国务院备案；设区的市和自治州的人民代表大会及其常务委员会根据本市的具体情况和实际需要，在不与宪法、法律、行政法规和本省、自治区的地方性法规相抵触的前提下，可以制定地方性法规，报省、自治区的人大常委会批准后施行，并由省、自治区的人大常委会报全国人大常委会和国务院备案。

民族自治地方的人民代表大会有权依照当地民族的政治、经济和文化的特点，制定自治条例和单行条例。自治区的自治条例和单行条例，报全国人大常委会和国务院备案。

（4）地方各级国家行政机关及其所属机关的权限是：地方各级人民政府在本行政区域内，有权依照法律规定的权限发布决定和命令；省、自治区、直辖市人民政府及设区的市和自治州的人民政府，可以根据法律和国务院的行政法规，制定规章；县以上人民政府的下属部门可以发布命令和指示。

以上所讲的决议、决定、命令、指示等，凡是具有规范性内容的，即为规范性法律文件。对通过和发布规范性法律文件的权限的划分，也属于立法体制的问题。

从我国国家机关立法权限的划分可以看出，我国现行的立法体制是中央统一领导和一定程度分权的，多级并存、多类结合的立法体制。①

中央统一领导和一定程度分权，首先是指最重要的国家立法权即立宪权和立法律权属于中央，只能由全国人大及其常委会行使，并在整个立法体制中处于领导地位。其次是指国家的整个立法权，由中央和地方多方面的主体行使。这种相当程度上的分权，通过多级并存和多类结合两个特征进一步表现出来。

多级并存，即全国人大及其常委会制定国家法律，国务院及其所属部委分别制定行政法规和部门规章，一般地方制定地方性法规和地方政府规章。这些不同主体制定的规范性法律文件之间存在效力上的高低之分，低层次的规范性法律文件不得同高层次的规范性法律文件相抵触。

多类结合是指我国的多个国家机关都享有相应的立法权，这些享有立法权的不同的主体所制定出来的规范性法律文件的种类不同，有法律、行政法规、地方性法规、自治条例等多个种类，这些多种类的规范性法律文件结合起来共同构成我国的规范性法律文件体系。

三、立法指导思想

我国现行《立法法》规定：立法应当坚持中国共产党的领导，坚持以马克思列宁主义、毛泽东思想、邓小平理论、“三个代表”重要思想、科学发展观、习近平新时代中国特色社会主义思想为指导，推进中国特色社会主义法治体系建设，保障在法治轨道上全面建设社会主义现代化国家。

我国的立法应当坚持以经济建设为中心，坚持改革开放，贯彻新发展理念，保障以中国式现代化全面推进中华民族伟大复兴；应当倡导和弘扬社会主义核心价值观，坚持依法治国和以德治国相结合，铸牢中华民族共同体意识，推动社会主义精神文明建设；应当适应改革需要，坚持在法治下推进改革和在改革中完善法治相统一，引导、推动、规范、保

① 周旺生．立法学．北京：法律出版社，1998：153.

障相关改革，发挥法治在国家治理体系和治理能力现代化中的重要作用。

四、立法的基本原则

立法的基本原则是指享有立法权的主体据以进行立法活动的基本准则，是立法指导思想在立法实践中的重要体现。党的二十大报告指出："推进科学立法、民主立法、依法立法，统筹立改废释纂，增强立法系统性、整体性、协同性、时效性。"因此，我国立法的基本原则包括合宪性和合法性原则、民主原则和科学原则。

（一）合宪性和合法性原则

立法的合宪性与合法性原则是"加强宪法实施和监督，健全保证宪法全面实施的制度体系，更好发挥宪法在治国理政中的重要作用，维护宪法权威"的必然要求。该原则是指一切立法活动都必须以宪法为依据，遵循宪法的基本原则；立法活动都要有法律根据，立法主体、立法权限、立法内容、立法程序都应当符合法律的规定，立法机关必须严格按照法律规范的要求行使职权，履行职责，维护社会主义法制的统一和尊严。

（二）民主原则

"人民民主是社会主义的生命，是全面建设社会主义现代化国家的应有之义。全过程人民民主是社会主义民主政治的本质属性，是最广泛、最真实、最管用的民主。必须坚定不移走中国特色社会主义政治发展道路，坚持党的领导、人民当家作主、依法治国有机统一，坚持人民主体地位，充分体现人民意志、保障人民权益、激发人民创造活力。"因此，立法活动必须坚持民主原则。立法的民主原则包括三个方面的内容：第一，立法主体具有广泛性。立法主体应多元化，建立中央与地方、权力机关与行政机关合理的立法权限划分体制和监督体制。第二，立法内容具有人民性。立法应当以维护人民的利益为宗旨，注重确认和保障人民的权利。第三，立法活动过程和立法程序具有民主性。在立法过程中贯彻群众路线，促进公民对立法过程的参与。

首先，坚持立法的民主原则是实现人民民主所必需。社会主义中国的一切权力属于人民，人民是国家的主人，因此，立法应当坚持民主原则。其次，坚持立法的民主原则是反映人民意志所必需。保障最广泛的人民群众能够积极参与立法，才能够更好地把握民情，使立法充分体现民意。最后，坚持立法的民主原则，是对立法实行有效的监督和制约，防止滥用立法权所必需。

（三）科学原则

立法活动必须坚持科学原则，使得所立之法能够更好地反映客观规律。坚持立法的科学原则，有助于克服立法的主观随意性和盲目性，避免或减少失误，提高立法的质量。

坚持立法的科学原则，首先，需要实现立法观念的科学化、现代化。要把立法当作科学来对待，自觉运用科学理论来指导立法实践。对立法实践中出现的问题和经验教训，应当给予科学解答和理论总结。其次，需要从制度上解决问题。要建立科学的、符合立法发展规律、合乎国情的立法权限划分体制、立法主体设置体制、立法运行体制。最后，要解决立法的方法和技术问题。从方法来说，在立法中要坚持从实际出发与注重理论指导相结合，客观条件与主观条件相结合，稳定性、连续性与适时变动性相结合，总结借鉴与科学预见相结合，中国特色与国际趋势相结合。从技术方面来说，要正确处理立法的超前、滞后与同步的关系；要按照客观规律的要求来确定立法指标；要尽可能选择最佳的立法形式、内容和最佳的法案起草者；要顾及全局并做到全面、系统；要注意各种法之间的纵向、横向关系的协调一致，法的内部结构的协调一致等。

第二节 执 法

一、执法的概念

执法，又称法的执行，是指国家机关及其公职人员依照法定职权和程序，贯彻、执行法律的活动。执法有广义和狭义之分。广义的执法，是指一切执行法律的活动，包括国家行政机关、司法机关及其公职人员依照法定职权和程序实施法律的活动。如人们在讲到社会主义法制基本要求之一的“执法必严”时，所指的就是广义的执法。狭义的执法，则专指国家行政机关及其公职人员依法行使管理职权、履行职责、实施法律的活动。① 人们通常称行政机关为执法机关，就是在狭义上使用“执法”一词的。本节所讲的执法，仅指狭义的执法。

法律的生命力在于它在社会生活中的具体实施，而执法则是法律实施的最主要的途径。根据我国宪法的规定，国家行政机关是国家权力机关的执行机关，国家权力机关制定的法律和其他规范性法律文件，主要通过国家行政机关的日常职务活动来贯彻执行。

二、执法的特征

（一）执法是以国家的名义对社会进行全面管理，具有国家权威性

执法之所以具有国家权威性，原因在于：首先，在现代社会，为了避免混乱，各方面的社会生活都需要借助法律来进行组织和管理，从经济到政治，从卫生到教育，从公民的出生到公民的死亡，无不需要有法可依。其次，根据法治原则，为了防止行政专横，专司社会管理的行政机关的活动必须严格依照立法机关事先根据民意和理性制定的法律来进行。因此，行政机关执行法律的过程就是代表国家进行社会管理的过程，社会大众应当服从。

（二）执法的主体是国家行政机关及其公职人员，以及依法被授权的组织

目前，我国的执法主体可以分为三类：第一类是中央和地方各级政府及其公职人员，包括国务院和地方各级人民政府及其公职人员；第二类是各级政府中的行政职能部门（如公安行政部门、交通行政部门、教育行政部门等）及其公职人员；第三类是依法被授权的组织，包括法律法规授权的组织和行政机关委托的组织及其工作人员。这些执法主体在进行行政管理的同时，就是在执行法律。

（三）执法具有国家强制性

行政机关执行法律的过程同时是行使执法权的过程，行政机关依据法律对社会进行有效管理，前提是必须享有一定的行政权。行政执法作为行使国家权力的活动，具有强制性，公民必须服从，否则就会被依法强制执行。执法能够对社会生活的方方面面产生重要的影响，例如，它能够改变社会资源的分配，控制城市的人口规模，也能够在很大程度上

---

① 根据有关法律的规定，法律、法规授权的组织和行政机关委托的组织也可以依法从事部分执法活动。

影响公民的个人生活。

（四）执法具有主动性和单方面性

执法权既是国家行政机关进行社会管理的权力，也是对社会、民众承担的义务，既是职权，也是职责。因此，行政机关在进行社会管理时，应当以积极的行为主动执行法律、履行职责，而不一定需要行政相对人的请求和同意。如卫生行政机关负责食品安全风险监测和风险评估，如果行政机关不主动执法并因此给国家或社会造成损失，就构成失职，要承担法律责任。当然，有一些执法行为，如行政许可行为，行政机关不得主动去执法，需要当事人申请之后才能去执法。

三、执法的原则

（一）合法性原则

执法的合法性原则也称为依法行政原则，是指行政机关必须依据法定权限、法定程序和法治精神进行管理，越权无效。这既是现代法治国家行政执法活动所必须遵循的一条基本原则，也是党的二十大报告所提出的“推进机构、职能、权限、程序、责任法定化”的必然要求。之所以将依法行政作为基本的执法原则，是出于以下考虑：首先，行政机关是国家的公共管理机关，其活动范围具有广泛性，涉及国家和社会的方方面面，关系到人民群众的切身利益。行政机关只有依法行政，才能够避免、克服行政活动本身可能产生的任意性和偶然性，保证国家和社会的稳定发展。其次，权力具有强制他人服从的特性，权力对掌权者具有腐蚀性，有被滥用的可能性。为了防止行政机关滥用权力，法律一方面规定了行政执法主体进行管理的权限，为行政机关的管理活动提供了法律依据；另一方面又规定了行政权行使的方式、方法和程序，通过这两方面的规定，在实体上和程序上防止行政机关滥用行政权，保证行政权的行使始终服务于公共利益。行政机关只有依法行政，公开、公平、公正执法，才能正确行使法律所赋予的职权，实现立法目的。

参考案例7－1

王某是某市个体经营者。从2021年5月开始，王某在本市大唐轻纺市场中租用了一间房屋，为丝袜生产者进行丝袜包装并兼作生活用房。2021年7月3日下午，该市市场监督管理局下属市场工商所工作人员来王某处检查后认为，其无营业执照，属违法经营，责令其到工商所申办营业执照。王某认为袜子生产者已经领取了营业执照，而自己只是负责包装袜子，无须申办营业执照，双方发生争吵。工商所工作人员要将王某房内的6箱袜子搬到工商所，但不出具扣留凭证，双方为争夺袜子发生争执。工商所工作人员随即将王某扭送到市场管理办公室，并用手铐将其铐在办公室窗户的铁栅栏上长达4小时之久。事后，王某向市场监督管理局提出行政赔偿申请，被市场监督管理局拒绝。王某遂向法院提起行政诉讼。法院审理后认为，工商所工作人员用手铐将王某铐在窗户上属于限制公民人身自由的行政处罚措施。根据《中华人民共和国行政处罚法》和《中华人民共和国治安管理处罚法》等法律的规定，只有公安机关和国家安全机关才拥有限制公民人身自由的行政处罚权，工商所的工作人员没有限制公民人身自由的权力，其行为是一种严重的越权行为，侵犯了公民的人身自由，应当承担相应的赔偿责任。

在参考案例 7－1 中，工商所的工作人员没有依法行政，而是越权执法，其执法行为不符合合法性原则的要求。

（二）合理性原则

新时期“扎实推进依法行政”，不仅要推进执法的各个方面的法定化，而且要“完善行政执法”和“健全行政裁量基准”。这就要求执法必须坚持合理性原则。执法的合理性原则是指执法主体在执法活动中，特别是在行使自由裁量权进行行政管理时，必须做到适当、合理、公正，即符合法律的基本精神和目的，具有客观、充分的事实根据和法律依据，与社会生活常理相一致。

行政管理是一项涉及范围广泛、内容复杂的活动，法律不可能对任何事项都事先作出具体的规定，在许多领域只能规定基本原则，给执法主体留有较大的自由裁量权。行政机关在法律规定的范围和幅度内，要根据具体情况使执法活动适宜、恰当、合理。为此，执法主体要平等对待行政相对人，对于实施了同样或类似行为的行政相对人应予以公平对待和处理；行使自由裁量权时要以法律精神为指导，考虑相关因素，尽可能照顾到各方利益，在多方利益之间衡量时要合情合理，禁止偏袒，禁止谋私，禁止滥用自由裁量权；对于法律只有原则规定或没有规定的，应以客观、充分的事实根据为基础，依据法律的基本精神和目的，遵循与社会生活常理相一致原则，公平合理地处理，执法要符合当地的善良风俗；执法要做到程序公正，不单方面接触行政相对人，不在事先未通知行政相对人和未听取行政相对人申辩意见的情况下作出对行政相对人不利的处理；对于不适当、不合理等显失公平的执法行为应及时予以纠正。

参考案例 7－2

某市技术监督局在春耕期间，对该市农资公司经销的“大地”牌畜力播种机进行质量检查。技术监督局抽取了两台播种机进行了机械性能检查和现场模拟试验，发现该播种机存在严重缺陷，不符合国家规定的技术指标，并且查明该产品无质量合格证书。技术监督局遂将该产品认定为不合格产品，并依据《中华人民共和国产品质量法》的有关规定，作出如下行政处罚：（1）没收违法所得 10 000 元；（2）处以违法所得 3 倍的罚款，即 30 000 元；（3）停止销售库存的产品，待技术处理之后方可销售。该农资公司不服行政处罚，向人民法院提起行政诉讼。法院经过审理后认为，依据《中华人民共和国产品质量法》第 50 条的规定，技术监督局对农资公司作出的“没收违法所得，并处以违法所得 3 倍罚款的处罚”决定是合法的，但考虑到农资公司是经济欠发达山区的小企业，效益不好，而且农资公司是初次销售该不合格产品，销售数量很少，技术监督局处以违法所得 3 倍的罚款就显得过多，构成了显失公正。因此，人民法院依法变更了相应的处罚决定，减少了罚款数额。

在参考案例 7－2 中，行政执法部门的处罚虽然合法，但考虑到具体情况，其处罚并不合理，所以法院依法予以变更。在行政机关执法的过程中，不但要遵守合法性原则，还要遵守合理性原则。

此外，合理性原则还要求执法主体恰当处理“合理”与“合法”的关系，在某一项法律规范已不适合社会实际情况，但国家又未明令废止时，行政执法机关可根据法律精神，依照法定程序进行一定变通以适应社会需要。

（三）应急性原则

应急性原则是指在某些特殊紧急情况下，出于国家安全、社会稳定和公共利益的特别需要，行政机关可以在限制条件下，采取没有法律依据的或者同法律抵触的措施。具体来说，是指在正常的宪制和法制体制难以运转的情况下，行政机关可以采取必要的应急措施，即使该项措施没有法律依据或者同法律相抵触，也应该视为有效。应急性原则赋予了行政机关在紧急情况下，采取其认为必要的措施和手段来处理相关事务的权力，是合法性原则的一种例外。为了防止行政机关滥用该项原则，法律规定应急性措施一般要符合以下特定的条件：

（1）确实存在明确无误的紧急危险；

（2）非法定机关行使了应急措施权力，事后应由有权机关予以确认；

（3）行政机关作出应急措施的行为应受有权机关的监督；

（4）应急措施权力的行使应该适当，应将其负面损害控制在最低限度和范围之内。

将应急性原则作为行政执法的原则，是考虑到立法机关在制定法律时，不可能照顾到社会生活中可能发生的所有情况。当特殊情况发生时，如果行政机关拘泥于法律规定而不采取果断措施，将会造成无法挽救的严重后果，损害社会的公共利益，这并不符合法律的真正目的。相反，采取那些表面上看起来“不合法”的应急性措施以避免发生严重后果，才真正合乎法律的精神。

参考资料 7-1

2003年，在非典型肺炎疫情期间，为有效控制疫情，保护广大公民的生命财产安全，行政机关出台了一系列的应急措施，这些措施包括：(1) 非法定的行政即时强制措施，如对患者的强制隔离治疗、对疑似病例或接触者的隔离、对相关场所进行封锁和控制；(2) 对不特定的公众科以非法定的义务，如要求公共场所的经营者对公共场所进行消毒、要求用工单位不得遣散员工并承担员工治疗费用、要求流动人员进行健康检查和登记；(3) 颁布公共警告，控制人员流动；(4) 简化防治“非典”药物的行政许可程序，如新药许可和进口药物许可；(5) 对相关商品进行限价；(6) 对特定公众科以非法定的义务，如要求国家工作人员不得离职，否则将重罚。

在参考资料7-1中，这些应急措施并没有明确的法律依据，不符合依法行政的原则，但考虑到当时全国所面临的紧急情况，这些措施都符合行政应急性原则，因此被视为有效的行政行为。事后的一项民意调查显示，78%的人认为政府的措施得当，74%的人认为政府的措施令人满意。

第三节 司　法

一、司法的概念和特点

（一）司法的概念

司法，又称为法的适用，通常是指国家司法机关依据法定职权和法定程序，具体应用法律处理案件的专门活动。司法是法的实施的方式之一，对于实现立法目的，发挥法律的功能具有重要的意义。

（二）司法的特点

1. 司法具有专门性

司法是由特定的国家机关及其公职人员，依据法定职权实施法律的专门活动，具有专门性。

在欧美国家，一般由法院来行使司法权。在我国，人民法院和人民检察院是代表国家行使司法权的专门机关，司法权包括审判权和检察权。审判权即人民法院适用法律处理案件、作出判决和裁定的权力；检察权即人民检察院依法从事批准逮捕、提起公诉和抗诉等活动的权力。司法机关依照法律独立行使职权，不受行政机关、社会团体和个人的干涉。

2. 司法具有国家强制性和权威性

司法是司法机关以国家强制力为后盾实施法律的活动，具有国家强制性和权威性。法的适用总是与法律纠纷的出现相联系，并伴随着对争端的解决和对违法者的法律制裁。没有国家强制力作后盾，就很难保证司法的权威性，司法机关的决定也难以被有效执行。

3. 司法具有严格的程序性

司法是司法机关依照法定程序、运用法律处理案件的活动，具有严格的程序性。司法机关处理案件必须遵循法定的程序，离开了法定程序，便无法保证司法的公正性，也很难保障当事人的合法权益。

4. 司法必须有表明法的适用结果的法律文书

这些法律文书，如判决书、裁定书和决定书等，具有法律约束力，它们也可以作为一种法律事实，引起具体法律关系的产生、变更和消灭。如果对它们的内容不服，可以依据法定程序上诉或申诉，但是任何人都不得抗拒执行已经发生法律效力的判决、裁定或决定。

从上述司法的特点可以看出，司法与执法有明显的区别：首先，二者的主体不同，司法的主体是司法机关及其公职人员，而执法的主体是国家行政机关及其公职人员；其次，司法活动（这里主要指法院的审判活动）具有被动性，司法机关（法院）一般奉行不告不理的原则，只有当事人将纠纷提交到司法机关后，司法机关才处理相应的纠纷，而执法活动具有较强的主动性，行政机关的管理职责要求其应该积极主动地去实施法律；最后，执法涉及社会生活的方方面面，其活动内容和范围要比司法广泛。

二、司法的基本原则

司法的基本原则是指在司法过程中必须遵循的基本准则。这些基本原则主要有合法原则、平等原则、司法机关独立行使职权原则和司法责任原则。

（一）合法原则

司法必须奉行合法原则。合法原则要求在司法过程中，要严格依法司法，既要依实体法司法，也要依程序法司法。在我国，这条原则具体体现为“以事实为根据，以法律为准绳”。

以事实为根据，是指司法机关处理案件时，只能以被合法证据证明了的事实和依法推定的事实作为适用法律的依据。需要注意的是，司法机关通过证据证明的事实或者推定的事实，在很多情形下，与客观事实相符合，但也并不尽然。

参考案例 7-3

张某向王某借了3万元钱，承诺一年之后偿还，并给王某写了一张借款欠条。后来，王某不慎将借款欠条丢失。一年之后，王某要求张某偿还欠款，张某要求王某出示欠条，王某拿不出欠条，张某拒绝还钱。王某遂诉至法院。在法院审理案件期间，张某拒不承认曾经向王某借钱，而王某也拿不出张某借钱的证据。法院最后判决王某败诉，对其主张不予支持。

在参考案例7-3中，就客观事实来讲，张某的确向王某借过钱。但法官在审理过程中，只能依据证据来认定事实，由于王某将欠条丢失，他无法证明张某向其借钱这件事。法官只能依据举证规则，认定张某没有向王某借过钱，并依据所认定的这个事实判决案件。因此，所谓的“以事实为根据”中的“事实”，只能理解为法官通过特定法律程序所认定的“裁判事实”，而裁判事实有可能符合客观事实，也可能不符合客观事实。

以法律为准绳，是指司法机关在司法时，要严格按照法律规定办事，把法律作为处理案件的唯一标准和尺度。在查办案件的全过程中，都要按照法定权限和法定程序，依据法律的有关规定，确定案件性质，区分合法与违法、一般违法与犯罪等，并根据案件的性质，作出恰当、正确的裁决。以法律为准绳，意味着在整个司法活动中，在审理案件时，法律是最高的标准。这是法治对司法提出的必然要求。

（二）平等原则

司法必须奉行平等原则。在我国，司法平等原则是宪法中规定的“公民在法律面前一律平等原则”在司法过程中的具体体现。法律面前一律平等原则的内容包括：

（1）凡是我国公民都必须平等地遵守我国的法律，平等地享有法定权利和承担法定义务，不允许任何人有超越法律之上的特权；

（2）任何公民的合法权益都平等地受到法律的保护，他人不得侵犯；

（3）任何公民的违法犯罪行为都应平等地依法受到法律的制裁和追究。

司法平等原则要求各级国家司法机关及司法人员在处理案件、行使司法权时，对于任何公民，不论其民族、种族、性别、职业、宗教信仰、受教育程度、财产状况、居住期限等有何差别，也不论其出身、社会地位和政治地位有何不同，在适用法律上一律平等。这一原则不仅适用于公民个人，也适用于法人和非法人组织。

（三）司法机关独立行使职权原则

司法机关独立行使职权原则，是指司法机关在办案过程中，依照法律规定独立行使司法权。我国的宪法、有关组织法和诉讼法中都明确规定了该项原则。

司法机关独立行使职权原则要求国家的司法权只能由国家的司法机关独立行使，其他任何组织和个人都无权行使此项权力；要求司法机关行使司法权时服从法律，不受其他行政机关、社会团体和个人的干涉。

在我国，坚持司法机关独立行使职权原则，并不意味着司法机关行使司法权时可以不受任何监督和约束。司法权如同其他任何权力一样，都要受到监督和制约。对司法权的监督主要来自以下方面：其一，司法机关要接受执政党的领导和监督，这是司法权正确行使的政治保证。其二，司法机关要接受国家权力机关的监督。按照现行体制，司法机关对国家权力机关负责，权力机关有权监督司法权的行使。其三，司法机关的上、下级之间以及同级之间也存在监督和约束，这种监督和约束是通过司法制度中的一系列制度（如审判监督制度等）来体现和实现的。其四，司法权要接受企事业单位、社会团体、民主党派和人民群众的监督，还要接受舆论的监督。只有通过多种监督形式和多重的监督机制，才能防止司法腐败。

需要注意的是，在实践中必须把握好“监督”与“非法干预”之间的界限。有时候，监督者的“监督”可能会演变为“干预”。

参考案例7-4

1996年，四川省夹江县某个体印刷厂仿冒印制另一企业的产品，被技术监督机构查封。印刷厂认为技术监督机构无权对其实施行政处罚，属于越权行政，遂向法院提起行政诉讼。对此，中央电视台“焦点访谈”栏目以“打假者上了被告席”为题进行了报道，并以“恶人先告状”为道德批判模式，对制假者的起诉行为予以谴责。面对媒体形成的舆论压力，法院不得不违心地作出不利于制假者的裁决。实际上，依照相关法律，制假者是有起诉权的，法院应当受理。媒体的报道把一个法律问题变成了一个是非分明的道德问题，给司法审判带来了不利影响，也损害了当事人的权利。

在参考案例7-4中，新闻媒体的本意是为了进行舆论监督，但这种监督干预了法院的独立审判。法官审理案件，必须以法律而不是以道德为标准，尽管制假者在道德上应受到谴责，但依据法律，其享有向法院起诉的权利。媒体借助舆论的力量对法院施加了压力，形成了事实上的“媒体审判”。类似的情形在权力机关对法院的个案监督中也时常出现。

（四）司法责任原则

司法责任原则，是指司法机关和司法人员在行使司法权的过程中，由于侵犯公民、法人和非法人组织的合法权益，造成严重后果而承担相应责任的一种制度。

新时期推进法治中国建设在司法领域中的要求之一就是：“深化司法体制综合配套改革，全面准确落实司法责任制，加快建设公正高效权威的社会主义司法制度。”因此，我们必须坚持司法责任原则，它是权力与责任相统一的法治原则在司法领域的体现。司法机关和司法人员享有事关公民切身利益的司法权力，为了防止司法权被滥用，必须强化司法机关和司法人员的责任。一方面，必须对司法机关和司法人员行使国家司法权给予法律保障；另一方面，要对司法机关及司法人员的违法和犯罪行为给予严惩。只有将司法权力和司法责任结合起来，才能更好地增强司法机关和司法人员的责任感，防止司法过程中的违法行为，并通过对违法行为实施法律制裁，来更好地维护司法的威信及法治的权威和尊严。在我国，已颁布实施的《国家赔偿法》《法官法》《检察官法》等法律都明确规定了相应的司法责任制度。

【本章小结】

立法是指国家机关依照法定的职权和程序，制定、认可、修改和废止法律以及规范性法律文件的活动。对一个国家中各国家机关及其人员制定、认可、修改、废止法律和其他规范性法律文件的权限进行划分的制度，被称为立法体制。中国现行的立法体制是中央统一领导和一定程度分权的，多级并存、多类结合的立法体制。

执法是指国家机关及其公职人员依照法定职权和程序，贯彻、执行法律的活动。执法的原则有合法性原则、合理性原则和应急性原则。

司法是指国家司法机关依据法定职权和法定程序，具体应用法律处理案件的专门活动。司法的原则有合法原则、平等原则、司法机关独立行使职权原则和司法责任原则。

【本章研习活动】

1. 讨论

结合参考案例 7-4，讨论应该如何处理好司法机关与媒体之间的关系。

要点提示：

司法机关与媒体之间既有合作也有冲突，认真思考并尝试设计出一种合理的制度，既可以保证媒体对司法的有效监督，又不干预司法机关独立行使职权。

2. 分析

某市为加强道路交通管理，规范日益混乱的交通秩序，决定出台一项新举措，由交通管理部门向市民发布通告，凡自行摄录下机动车辆违章行驶或停放的照片、录像资料，送交交通管理部门确认后被采用，并在当地电视台播出的，一律奖励人民币 200～300 元。此举使许多市民踊跃参与，积极举报违章车辆，当地的交通秩序一时间明显好转。新闻报道后，省内甚至外省不少城市都来取经、学习。但与此同时，也发生了一些意想不到的事：有违章驾车者去往不愿被别人知道的地方，电视台将车辆及背景播出后，引起家庭关系、同事关系紧张，甚至影响了当事人此后的正常生活的；有乘车人以肖像权、名誉权受到侵害，把电视台、交管部门告上法庭的；有违章司机被单位开除，认为是交管部门超范围行使权力引起的；有抢拍者被违章车辆故意撞伤后，向交通管理部门索赔的；甚至有利用偷拍照片向驾车人索要高额“保密费”的；等等。某报社将上述新闻披露后，某市治理交通秩序的举措引起了社会不同看法和较大争议。

问题：

请你结合执法的原则，谈谈对某市治理交通秩序新举措合法性、合理性的认识。

3. 思考

目前，我国立法的一个明显趋势就是向着专业化和正规化的方向发展。立法越来越重视法律专家的作用，在很多法律制定的过程中，都聘请了法学家加入起草小组，从而使我国立法越来越带有“法学家法”的色彩。在我国立法向着专业化和正规化发展的同时，普通百姓如何参与立法，立法如何反映广大人民群众的利益，已经成为一个重要的问题。

问题：

请你结合立法的民主原则，思考如何促进立法的公众参与，使得立法能够更好地反映公共利益。

【推荐阅读材料】

1. 周旺生：《立法论》，北京，北京大学出版社，1994。
2. 李步云：《立法学研究》，长沙，湖南人民出版社，1998。
3. 孙笑侠：《法律对行政的控制——现代行政法的法理解释》，济南，山东人民出版社，1999。

4. 贺卫方：《司法的理念和制度》，北京，中国政法大学出版社，1998。

5. 陈瑞华：《司法权的性质——以刑事司法为范例的分析》，载《法学研究》，2000（5）。

6. 最高人民法院：法发〔1999〕28 号《人民法院五年改革纲要》。

7. 国务院：《全面推进依法行政实施纲要》（2004 年 3 月 22 日印发）。

第八章 法律推理

【本章引言】

逻辑定理就像交通规则或象棋规则一样，我们的思维必须遵守它们，不能违反它们。

——波普尔

推理的艺术在民主法治国家是首要的，因为公民是通过正当化的理由被说服的，而不是通过武力征服的。

——杰斐逊

【本章学习目标】

通过本章的学习，你应该能够：

1. 掌握法律推理的概念和基本特征；
2. 熟练运用司法三段论；
3. 掌握类比法律推理在判例法中的应用；
4. 了解法律推理的价值和局限性。

第一节 法律推理概述

从法学方法论的角度看，司法过程的重要环节是法律推理。故此，研究和掌握法律推理的知识与技术无论是在法学理论还是在司法实践上均具有重要的意义。

一、推理

推理（reasoning）是人类必须依赖的工具。推理是以一个或几个命题作为出发点得到另一个命题的程序、过程或方法。在推理中，用作推理根据的命题或命题集叫作前提（premise），经过推理得到的命题叫作结论（conclusion）。要强调的是，结论一定是由前提根据推理规则“推”出来的，并不是任意两个单独的命题之间都有推论关系。当我们基于所依赖的前提进行判断时，这种工具就变得非常有力。当然，习惯在很多情况下也是我们行动的有效向导，但它的作用是很有限的，也是不可靠的，特别是在复杂情况下更是如此。

从“前提的真”对“结论的真”提供支持的角度看，我们可以把推理分为必然性推理和或然性推理。如果前提真，结论不可能假，该推理就是必然性推理。如果前提真，结论可能真也可能假，该推理就是或然性推理。演绎推理就是必然性推理；类比推理、归纳推理、统计推理和回溯推理等是或然性推理。

参考资料 8-1

必然性推理：如果张三的行为构成侵权，那么张三应当承担侵权责任；张三的行为构成了侵权，所以，张三应当承担侵权责任。

或然性推理：地球是太阳系行星，地球上有大气层，有水，有适宜的温度，有生物；火星是太阳系行星，火星上有大气层，有水，有适宜的温度。因此，火星上有生物。

逻辑学是研究区分好的（或正确的）推理和坏的（或错误的）推理的原理和方法的一门学科。逻辑学要做的工作就是将所有好的（或正确的）推理规则全部找出来，以便于人们用这些方法进行好的（或正确的）推理。

逻辑学关心的是结论与前提之间的真假关系，前提本身的真假是由具体学科和常识等确定的，不属于逻辑学的研究范围。如果前提与结论之间存在这样的关系：前提真、结论假是不可能的，那么该推理就是有效的，否则该推理是无效的。通过推理得到的结论是否为真，取决于前提的真假和推理规则的有效与否。它们之间的关系如表 8-1 所示。

表 8-1

前提	推理规则	结论
真	有效	真
真	无效	真假不确定
假	有效	真假不确定
假	无效	真假不确定

也就是说，只有在前提真（如果前提有几个，要求每一个都真）和推理规则有效时，结论才是真的，在其他情况下，结论都是真假不确定的。

有效推理并不增加真正新的知识，而只是将前提中的知识展示出来。对于或然性推理，我们的判断标准是好与坏，而不是有效与无效，因为从严格意义上说，或然性推理都是无效推理。即使前提都是真的，利用或然性推理得到的结论也不一定是真的。如果是好的或然性推理，那么得到真结论的可能性就大一些。

对逻辑的理解有两种：狭义的和广义的。狭义的逻辑是指演绎逻辑，研究的是有效的推理形式，即演绎推理。广义的逻辑研究的内容比较多，例如：类比推理、归纳推理、回溯推理等或然性推理和一些逻辑方法；明确概念的方法、正确论证的方法、合理假说的方法；等等。逻辑的核心是演绎逻辑，但是其应用范围比较小，主要适用于数学。一般社会科学中的逻辑是广义的，其价值非常大。我们这里遵循亚里士多德的传统，采用的是广义的逻辑观。亚里士多德逻辑研究的对象是论证（argument），论证分为证明的论证和论辩的论证（也叫辩证推理）。证明的论证接近于我们的演绎推理。在亚里士多德看来，证明的论证与论辩的论证的区别主要在于前提的真假与否。如果我们接受认识论意义上的真理观，那么，我们的前提都只不过是人们接受的意见或者约定，区别只是在于哪一些前提得到更多人的接受，被认为更有确定性。在我们看来，论辩的论证与证明的论证的真正区别在于前提与结论之间的关系。论辩的论证的前提与结论之间没有必然的联系，也就是说并不是有效的，所以，论辩的论证追求的是论证的可接受性，而不是有效性。

因为每一门科学，不管是自然科学、社会科学还是人文科学，都要进行推理，所以，逻辑学家哥德尔说："逻辑是一门优先于所有其他科学的科学。它包含所有科学的基本观念和原理。"事实上，联合国教科文组织编制的学科分类中，将逻辑学列为七大基础学科之一。

二、法律推理的含义

当推理应用于法律领域时，就有法律推理问题。逻辑是对推理的研究，推理包括形式和内容两方面。纯粹逻辑学家可能仅仅研究推理形式，应用逻辑的人不仅仅关心推理形式，而且关注推理的前提。同样，法律推理不只是关注推理规则或者推理形式，而且要关注推理的前提：法律规范或先例与案件事实。

司法工作的核心是司法判决的正当性证明。法官根据法律规则或者先例和案件事实作出判决，在这里，法律规则或者先例和案件事实是法律推理的前提，根据这些前提作出的判决是结论。如果对于案件能够直接找到适用的法律规则或者先例，那么司法判决的结论就可以通过逻辑演绎的方法得出。然而，法律规则或者先例经常是有待发现或确定的大前提，此时得到法律规则或者先例的过程就是一个法律推理或者法律解释的过程。同时，对案件事实的法律认定也有一个发现或者推理的过程。所以严格来说，法律推理包括三个方面：法律规范（规则和原则）推理、事实推理和司法判决推理。法律规范推理和事实推理在司法中所占比重很大。我们一般所指的法律推理是狭义的法律推理，实际上是指司法判决推理，也就是法律适用的推理，是法律论证活动。它是以确认的具体案件事实和援用的法律规范（或者先例）这两个已知判断为前提而运用推理为司法判决提供正当理由。

法律推理中的推理规则仅仅是形式，一种形式就像一只空瓶子，它的用处在于其空无一物的空间。如同一只空瓶子可以装载酒和水，一种形式则可以负载有意义或无意义的东西。法律判决的正确性取决于法律形式是如何加以充实的，具体而言，法律规则与事实的内容是如何充实到法律推理的过程之中的，这一点非常重要。另一点必须说明的是，我们比较多地强调司法中的推理，而实际上立法和法典化过程中的法律推理也是经常性的。

法律推理主要采取两种形式：一种是演绎法律推理，另一种是类比法律推理。两种法律推理都是将抽象的法律规范与复杂而具体的案件事实相互联系起来的方式。一般认为，类比法律推理是判例法体系（英美法系）中常使用的方法，其特征是从案件到案件，坚持同样的案件同样判决。而演绎法律推理为成文法（制定法）体系（大陆法系）所推崇，它强调从法律规范到案件的三段论式推演，其特征是从大前提和小前提出发来推导出案件结论。美国法学家伯顿对法律推理的研究表明，两种推理方式尽管有区别，但关于案件基点的判断是二者都无法回避的，任何案件都存在一个判断的基点或争论点。因此，这两种推理表达了同样的思想方式：类比法律推理中的同样案件同等对待，与演绎法律推理中要求连贯地适用规则非常相像。

类比法律推理与演绎法律推理的区别主要表现在寻找基点（案件可以援引的规则）的方法不同。类比法律推理遵循三个必要步骤：寻找判例；发现事实上的相同点和不同点；

判断相同点与不同点的重要程度。演绎法律推理的基点是指成文法（制定法）适用于案件时要确立的法律规范，相当于判例法中寻找到的可以援引的先例。实际上，演绎法律推理分为三个必要步骤：识别一个权威性的大前提，即基点；明确表述一个案件事实的小前提；推出一个可靠的结论。在演绎法律推理的过程中，要确定作为基点的规范与案件事实之间关联性的重要程度，以便作出判决结论。①

三、法律推理的特征

法律推理有以下几个方面的特征：

（1）法律推理是一种寻求正当性证明的活动。法律推理为司法实践中的法律问题提出必要而充分的理由，遵循着“理由优先于结论”的规则。司法逻辑的根本目的是说服。律师要尽力说服法官，法官则要说服自己，然后向律师和当事人解释他的决定，最后还可能要向受理上诉的更高级别的法官说明为何要如此作出决定。这种结论的形成需要由众多的个人和集团参与交谈、论辩，寻求讨论和理解的前提和方法。在司法判决中，只有坚持论证和说理，才能确保个人和集团在法律问题上做到自我理解以及其他个人和集团对此问题的相互理解，直至达成共识，达到“定分止争”的目的。英国法学家麦考密克（Neil MacComick）说：司法文书中的推理，实际上是用来为所发布的法庭指令提供理由的，这类指令只有在确认事实和相关法律规则以及参酌其他考量因素之后才能得以成立。②

（2）法律推理必须遵循推理规则。推理之所以是推理，是因为从前提到结论是遵循推理规则得出的。如果法律推理是演绎推理，应该严格遵守有效的推理规则。如果是论辩的论证，即法律论证，即使前提与结论之间没有必然的联系，也要遵循或然性推理的推理规则，尽可能提高结论的可靠度。德国学者阿列克西（R. Alexy）认为，法律论证必须遵循一系列论证规则并且必须采取这些形式，以使其所提出的要求得到满足。当某个论证符合这些规则和形式时，通过它所达到的结果才可以被称为“正确的”。因此，法律论证的规则和形式就构成了司法判决之正确性的一个标准。③ 因为非演绎推理没有有效性，任意性比较大，所以麦考密克坚持认为，某种形式的演绎推理是法律推理的核心所在。④

第二节　演绎法律推理

一、演绎法律推理的逻辑结构

演绎形式的法律推理与从成文法（制定法）出发的推理最为密切。成文法（制定法）通常由一般规范组成，这种规范存在于各种官方法律文件之中，如宪法、法律、行政法规、地方性法规等，这些法律文件是由有权的国家机构制定和公布的。司法判决就是根据案件适用的一般规范进行判决的过程。

---

① 伯顿．法律和法律推理导论．张志铭，解兴权，译．北京：中国政法大学出版社，2000：30－69.

② 麦考密克．法律推理与法律理论．姜峰，译．北京：法律出版社，2005：13.

③ 阿列克西．法律论证理论．舒国滢，译．北京：中国法制出版社，2002：361.

④ 同②1.

法律适用是指将特定的案件事实（S）置于法律规范的要件（T）之下，以获致一定的结论（R）的一种思维过程；亦即，认定某特定事实是否符合法律规范的要件，从而确定其中的权利义务关系，明确其中的法律责任。从逻辑上看，法律适用是三段论推理：将两个命题作前提，而且这两个前提借助于一个共同词项联结起来，从而推出另一个命题。其中，法律规范（T）是大前提，特定的案件事实（S）是小前提，结论是一定的法律效果（R）的发生。法律适用的逻辑结构，可以表示如下：

T→R（具备 T 的要件时，即适用 R 的法律效果）
S=T（特定的案件事实符合 T 的要件）
S→R（特定案件事实 S 适用 T 得到法律效果 R）

可以用现代逻辑严格表达如下：

$$\forall x[F(x)\rightarrow G(x)]\land F(a)\rightarrow G(a)$$

其中，$F(x)$ 是普遍法律事实（或法律规范的要件 T），$G(x)$ 是普遍法律责任（即一定的法律效果 R），x 是变量，指“任一行为主体”，也就是说，x 可以指任何一个自然人、法人或非法人组织。依照法治原则，即“在法律面前人人平等”，在 $F(x)$、$G(x)$ 前加全称量词。在上述逻辑表达式中，“→”表示“蕴含”关系，所以“$\forall x[F(x)\rightarrow G(x)]$”或者“T→R”用日常用语表达为：任一主体（$\forall x$）实施了某种行为［$F(x)$，即 T］，就有一定的法律效果［法律责任，$G(x)$，即 R］。

推理过程为：a 发生了事实，经查找法律规范发现其符合法律事实 F，记为具体法律事实 $F(a)$ 或者 S=T，由全称指定规则，从 $\forall x[F(x)\rightarrow G(x)]$ 可得 $F(a)\rightarrow G(a)$（即 S→R），后一个逻辑表达式的意思是：a 实施了某种符合法律规范的要件（普遍法律事实）的行为，则有法律规范所规定（要求）的法律效果（法律责任）。由 $F(a)$ 和 $F(a)\rightarrow G(a)$，根据分离规则 MP 得出具体法律责任 $G(a)$，该推理是形式推理，其有效性不依赖于 $F(a)$，$F(x)$，$G(x)$，而仅依赖于逻辑常项“$\forall$”和“→”的性质，只要 $F(a)$、$\forall x[F(x)\rightarrow G(x)]$ 是真的，则 $G(a)$ 就是一个合法的判决。司法三段论包括一个大前提｛$\forall x[F(x)\rightarrow G(x)]$ 或 T→R｝、一个小前提［$F(a)$，或 S=T］和一个结论［$G(a)$，或 S→R］。从前提到结论的推理是有效的，如果前提真，结论就必定真。

实践中的法律推理可能比较复杂一些，但是，只要是严格的三段论推理，都是以这个公式为基础的。由于上述公式在司法推理中特别突出，因此很多法学家将形式推理基本就限定在三段论推理，称为“司法三段论”。事实上，现代逻辑已经将我们在推理中应该遵循的有效的推理规则进行了研究，比如，命题逻辑、谓词逻辑和规范逻辑中的定理都是有效的推理规则，进行法律推理时都必须遵守，逻辑定理就像公路规章或象棋规则一样，我们的思维必须遵守它们，不能违反它们。

司法三段论表现了法官对法律规范的服从。一般认为，司法三段论是所有法律适用的最普遍的基石。在此，法官的职能似乎仅限于将立法者制定的规范适用于他所受理的具体个案。在司法三段论推理中，尽管法律事实的确定是从“证据”推理得到的，并非简单的事情，但当假定法律事实已经确定时，法官要做的是寻找正好适用于此法律事实的法律规范，这时有两种情况：一是找到了适用的法律规范，由此得出合法的判决；二是找不到正好适用的法律规范。这里又有四种情况：(1) 可以找到相近的法律规范勉强适用；(2) 出现了法律空隙；(3) 法律规范含糊不清；(4) 有两个以上的法律规范可用，但它们之间相互抵触，甚至矛盾。

上述情况的产生，“是人类，也是立法所不能摆脱的困境。其一是我们对事实的相对无知；其二是我们对目的的相对模糊……人类立法者根本不可能有关于未来可能产生的各种情况的所有结合方式的知识。这种预测未来的能力的缺乏又引起关于目的的相对模糊性”①。

所以，司法三段论表面上的严谨只是一种假象。对案件事实的确认和定性，对相关法律规范的选择，案件事实与法律规范适用过程中的往返运动，总之，对大前提和小前提的选择在很大程度上取决于法官的自由裁量。②

二、演绎推理在法律中的运用

司法三段论并非表面上那么简单，而是一项严谨、精确、艰难的法律思维过程。一方面须从法律规范去认定事实，另一方面亦须从案件事实去探求法律规范，剖析规范所规定的构成要件，来回穿梭于二者之间，必须达到完全确信，即当案件事实完全符合法律规范的要件时，法律适用的工作才告完成，从而确定当事人之间的权利义务关系。③

参考案例 8-1

1994 年 6 月 30 日晚，被告人宋某酒后回到自己家中，因琐事与其妻李某发生争吵厮打。李某说：“三天两头吵，活着还不如死了。”被告人宋某说：“那你就去死。”其后，李某在寻找准备自缢用的凳子时，宋某喊来邻居叶某对李某进行规劝。叶某走后，二人又发生争吵厮打。在李某寻找自缢用的绳索时，宋某采取放任态度，不管不问，也不加劝阻，致使李某于当晚在其家门框上自缢身亡。经技术鉴定，李某系机械性窒息死亡（自缢）。

一审法院经审理认为：被告人宋某目睹其妻李某寻找工具准备自缢，应当预见李某会发生自缢的后果但放任这种后果的发生，在家中只有夫妻二人这样的特定环境中，被告人宋某负有特定的义务，其放任李某自缢身亡的行为，已构成故意杀人罪（不作为）。被告人宋某不服一审判决，提起上诉，二审法院审理后维持原判决。

事实上，在此案中没有明确的法律规范之条文可以援引，解决本案被告人宋某刑事责任的问题，需要“解释”法律规范，寻求该案裁决的根据。法官在刑法规范中找到了本案的基点，即以“不作为方式故意杀人者构成犯罪”，如果认为宋某的行为与“不作为方式故意杀人”含义相同，那么，就可以认定宋某的行为构成故意杀人罪；如果确认宋某的行为与“不作为方式故意杀人”的通常含义不相同，宋某的行为就不构成故意杀人罪。用法律推理的理论来表述，关键是要区分：是宋某的行为与推理的基点相同更为重要，还是宋某的行为与推理的基点不相同更为重要。

这种关于重要性的论证还需要深入一步，不作为犯罪必须以行为人负有特定的“作为义务”（积极义务）为前提。在司法实践中，通常意义上的特定作为义务主要产生于以下

---

① 哈特．法律的概念．张文显，等译．北京：中国大百科全书出版社，1996：128.

② 雅克·盖斯旦，等．法国民法总论．陈鹏，等译．北京：法律出版社，2004：35-42.

③ 王泽鉴．法律思维与民法实例．北京：中国政法大学出版社，2001：207.

几个方面：

(1) 法律直接规定的作为义务；

(2) 职务和业务上要求的特定作为义务；

(3) 在特定场合下，公共秩序和社会公德要求履行的特定义务；

(4) 先行行为引起的作为义务。

在作为义务不明确的情况下，如何推导出宋某是否具有作为义务？关于本案法律推理中重要性的判断就转化为下列问题：是宋某的作为义务与通常意义上的作为义务相同更为重要，还是宋某的作为义务与通常意义上的作为义务不相同更为重要？这种关于重要性的判断贯穿于法官裁判的全过程。

判断这种重要性可以选取多个角度，有人从《民法典》规定的夫妻间有相互扶养义务为出发点加以论证，也有人从先行行为（宋某在争吵中用言语刺激李某）引起作为义务来论述本案。从这些观点出发，论证不够有力。如果采用常人标准来进行判断，在宋某家中没有第三人在场的特定环境中，宋某与其妻子发生口角并引起厮打，在言语相激后李某上吊，宋某发现后未采取有效措施或呼喊邻居，而是"采取放任态度，不管不问，也不加劝阻"。在这种特定情境之中，被告人宋某有能力、有条件实施救助行为，但竟然对于被害人的行为视而不见，没有采取任何救助行动，致被害人死亡，这就构成了"不作为方式故意杀人"。

法律并非只解决眼前的纠纷，它重在塑造一种秩序，通过对已经发生的纠纷的处理为今后的纠纷与冲突确立规范。从法律经济学角度看，事故已成定局，是"沉淀成本"。法律经济学家感兴趣的是预防未来事故、降低事故总量和事故预防成本。法律的首要目标是通过提供一种激励机制，诱导当事人事前采取"最优的行动"。本案是以通过法律解释进行法律推理为前提条件的。其中，最根本的一点是探求刑事法律规范的目的。在本案中，解释的关键是要确定：究竟宋某的作为义务与通常意义上的作为义务相同更为重要，还是二者不同更为重要？如果承认后者，那么，这就意味着宋某不应该承担刑事责任，也就是承认类似情况下对生命的漠视在刑法上是允许的，这种观点无疑会产生消极的示范效应。基于这种理由，从法律追求塑造社会秩序的目的来考虑，认定宋某的作为义务与通常意义上的作为义务相同更为重要，这样，宋某的行为就具备了实施不作为犯罪的前提。因此，一、二审法院的判决是有道理的。

我们发现，司法三段论并非自足的、自我支持的法律论证模式。实际上，司法三段论经常被塞进一个由外部推理和内部推理织就的复杂网络中。司法三段论只是一种内部正当性的证成，在法律规范与事实之间建立一种具体的、有效的推导关系，而外部证成的任务在于对所使用的前提进行证成。①

第三节　类比法律推理

一、类比法律推理的形式

类比法律推理是一种非演绎推理，亦即，根据两个或两个以上事物在某些属性上相

① 魏德士．法理学．丁晓春，吴越，译．北京：法律出版社，2005：300.

同，从而推出它们在其他属性上也相同。在这里我们只讨论两个事物，其他情况可以类推。若用A和B分别表示两个不同的事物，用 a_1，a_2，a_n 和b分别表示事物的不同属性，类比法律推理的形式可以表示为：

A有属性 $a_1, a_2, \cdots a_n, b$
B有属性 $a_1, a_2, \cdots a_n$
因此,B也有属性b

类比推理的根本特点在于它的前提不蕴含它的结论，从真的前提并不必然推出真的结论。当前提真时，结论仍然存在两种可能：可能真，也可能假。但是这种推理形式在现实生活中应用广泛。英国哲学家休谟（David Hume）认为，在现实生活中，所有来自经验的论证都是基于我们所发现的自然现象的相似性，通过这种相似性，我们期望得到与那些已经发现的来自这些自然现象产生的结果相似的结果。我们要提高按照类比推理得出结论的可靠性，应该遵循以下规则：

（1）前提中事物间相同属性或相似属性越多，结论可靠性越大。因为类比对象间相同属性越多，类比对象的类别就越接近。

（2）前提中事物间相同属性（a_1，$a_2, \cdots a_n$）与类推属性（b）之间关系越密切，结论的可靠性程度就越大。

二、类比法律推理在反驳中的作用

在逻辑论证中，反驳的方法一般有三种：前提假，结论假，论证方式假。类比法律推理是通过说明论证方式假来达到说明结论假的目的。

运用类比法律推理的方式进行反驳比直接指出对方推理形式无效更有说服力，更能让对方放弃其原来的观点。其要求是：第一，要与对方的推理形式一致；第二，要运用这个推理形式构造一个前提为真、结论为假的推理。

参考资料8-2

美国宪法第一修正案（权利法案）规定："国会不得制定关于下列事项的法律：剥夺言论自由或出版自由；或剥夺人民和平集会和向政府请愿申冤的权利。"美国联邦法院大法官克拉克（Tom C. Clark）应用类比法律推理对"超现实主义的反政府影片"之权利保护问题作出裁判："很多人强烈要求电影不应该在美国宪法第一修正案的保护之下，因为它们的生产、放映和展览是一种由私人利润主导的大批量商业行为。我们坚决反对。那些书、报纸、杂志的出版和售卖也是为了利润，但它们发表的自由受第一修正案的保护。我们不明白为什么利润的操作对电影就有不同的作用。所以，超现实主义的反政府影片不应受到任何政府部门的干预或审查。"在这个推理过程中，克拉克大法官认为"超现实主义的反政府影片"在实质方面与美国宪法第一修正案所保护的事项相同。

三、普通法中类比法律推理的运用①

在遵循先例的英美法系中，司法判决的法律推理往往会采用类比法律推理。人们运用

① 伯顿．法律和法律推理导论．张志铭，解兴权，译．北京：中国政法大学出版社，2000.

类比法律推理时，必须要将待决案件与先例进行比较，找出其相同点与不同点，并且判断其重要程度。

现实生活中的相同点和不同点有待于认识。绝对不存在任何两个案件在所有的方面都相同的情形。古希腊哲学家赫拉克利特就曾说过：“一个人不能两次踏进同一条河流。”任何两个人、两个行为或两个事物都不会在所有的方面相同，宣称两个人、两个行为或两个事物相同，并非宣称它们同一。假如同一，它们就不为二，就根本无法进行比较和对比。当然，也永远不会有任何两个人、两个行为或两个事物在所有事实方面都不相同，假如在所有事实方面都不相同，它们两个就不会都是人、行为或事物，对它们进行比较和对比，就毫无意义。因此，利用类比法律推理时，对于两种情况的相同点和不同点都需要细致地考虑，关键在于判断是相同点还是不同点更为重要。英国法哲学家哈特说：“虽然同样案件同样对待，不同案件不同对待是公正理念的一个中心部分，但它本身是不完全的，在加以补充前，它无法为行为提供任何确定的指引……在决定什么相似点和不同点具有相关性前，同样案件同样对待必定还是一种空洞的形式。要充实这一形式，我们必须知道在什么时候为了眼前的目的案件将被看作是相同的，以及什么不同点是相关的。”① 所以，类比法律推理的过程包括三个步骤：寻找判例；发现案件事实上的相同点和不同点；判断重要程度。

类比法律推理的第一步是“识别”，即将相关管辖范围内最高一级法院在以往判决的某个法律案件作为一个特殊的基点。在美国，联邦法院对于涉及国家利益的案件负主要责任，州最高法院对占多数的其他案件承担主要责任，这些法院在过去判决的案件，对于各自管辖范围内以后案件的判决来说，是最具权威的判例。当然也可以运用任何其他法院（包括外国法院）的判例，甚至运用学者著作中假设的案件作为判决的基点，即使不是具有约束力的判例，也是有说服力的。

类比法律推理的第二步是“区别”，即当一个判例的案件事实与一个待决案件的事实相似到要求有同样的结果时，法官的判决必须依照判例（除非这个早先的判决被否决）进行；而当一个判例的案件事实不同到要求有不同的结果时，法官的判决必须区别判例。同样案件应该同样判决这一理念意味着：如果在某种情形下不同点更为重要，那么不同的案件应该有不同判决。遵循先例原则要求法官依照相似的判例，同样要求他们区别不相似的判例。

法官在一个法律案件中并非随意确定任何理由的重要程度。法官的义务是依照正义观念、社会政策等因素解决这个问题，同时必须给出论证。

参考案例8-2

案件1：A为马的所有者；B盗窃；C善意购买；A起诉C以便要回马。

案件2：A为马的所有者；B欺诈；A起诉B以便要回马。

案件3：A为马的所有者；B欺诈；C善意购买；A起诉C以便要回马。

案件4：A为马的所有者；B欺诈；C善意购买；D购买，并且D曾听说其中存在欺诈；A起诉D以便要回马。

判例1：如果出卖人不具有出卖物的所有权，那么购买人并不能取得该物的所有权，而且应当把该物返还给出卖物的合法所有人。所以，A胜诉。

---

① H L A HART. The concept of law. Oxford: Clarendon Press, 1961: 155.

判例 2：如果一个人通过欺诈的购买行为取得某财产，则其不能获得财产的所有权，而且必须把该财产返还给合法所有人。所以，A 胜诉。判例 2 的法律目的强调对合法财产所有人的财产安全保障。

法官在判决案件 3 时，可以援引判例 1 和判例 2。法官在判决案件 4 时，可以援引判例 1、判例 2 和判例 3。

综合参考案例 8－2 中案件 1 和案件 2 的规则来看，在案件 3 中，似乎 A 应该胜诉，因为：如果财产的合法所有人因另一个人的过错行为而失去对该财产的占有，若该过错行为是盗窃，那么其有权从盗窃者或购买盗窃财产的第三方收回该财产。但是，法院的决定是，欺诈与盗窃之间的差异是相当重要的，欺诈只是一种民事过错，欺诈者不负刑事责任；而盗窃是一种刑事违法，盗窃者要负刑事责任。以至于必须有不同的结论，所以法院作出新的裁决，判决 C 胜诉。判例 3 的法律目的强调促进财产的交易和增值。

在案件 4 中，如果 D 是“从善意购买人手中购买”这一事实比 D“曾听到欺诈的传闻”这一事实更重要，所争议案件更像判例 3；如果 D“曾听到欺诈的传闻”这一事实比 D 是“从善意购买人手中购买”这一事实更重要，所争议案件更像判例 2。在所争议案件中，法律应该加强对财产所有人（A）和善意购买人（C）的保护，以寻求增加社会财富。当这两种目标冲突时，法律就应当偏向于善意购买人（C）的安全保障，即使原财产所有人（A）曾经被骗。对善意购买人的侧重保护原则适用于该争议案件，所以，判决 D 胜诉。因为 D 是“从善意购买人手中购买”这一事实比 D“曾听到欺诈的传闻”这一事实更为重要。况且，如果让其他购买者负担查清出卖物的所有权瑕疵义务，这就完全可能损害交易。此外，A 处于比 D 和 C 更便于防止欺诈的地位，因而，通过这种类比和判断，D 和 C 更需要获得法律保护。

第四节 法律推理的价值

一、法律推理与法治

我们在假定法治的积极价值前提下，论述法律推理与法治原则的密切联系，由此肯定法律推理的价值。按照哈耶克的观点，法治的意思就是指：政府在一切行动中都受到事前规定并宣布的规则的约束——这种规则使得一个人有可能十分肯定地预见到当局在某一情况下会怎样使用它的强制权力，以及根据对此的了解计划他自己的个人事务。① 按照亚里士多德的观点，法治包含两方面的含义：一是已经成立的法律获得普遍的服从；二是大家所普遍服从的法律是制定得良好的法律。制定得良好的法律必须在形式上是明确的、普遍的、可预期的、可遵循的、稳定的、无矛盾的，在内容上是符合国家利益的。法律推理对法律规则的逻辑一致性和无矛盾性提出最基本的要求；法律要得到普遍的服从，就要求法律的适用必须同样案件同样处理，这是形式逻辑的要求。

第一，法律推理的逻辑推导功能是法治原则的要求。依据法律的同等对待是法治的核

① 哈耶克．通往奴役之路．王明毅，等译．北京：中国社会科学出版社，1997：73.

心，不管是演绎法律推理还是类比法律推理都具有此功能，演绎法律推理是通过把不同的个案置于普遍法律规则之下来实现，类比法律推理通过严格遵循先例得以实现。形式逻辑的特征在此是作为平等和公正执法的重要工具起作用的。

第二，法律推理的逻辑推导功能使得社会和当事人对法律问题的预测成为可能。可预期性是支撑法治价值的一个较为关键的要素，从某种意义上讲，法治的要义是保证可预期性或为可预期性的实现。

第三，法律推理或者法律论证为司法实践中的法律问题提供必要而充分的理由。司法中的法律推理的根本目的是进行说服。律师要尽力说服法官，法官则首先要说服自己，然后向律师和当事人解释他的决定，最后还可能要向受理上诉的更高级别的法官说明为何要如此作出决定。

第四，法律推理为立法、司法提供正当性证明。这种证明在法的创制活动中已成为民主政治的重要体现；在司法活动中，法律推理（或者法律论证）增强了判决的一致性和正当性，可以为法律问题提供健全的、经过充分论证的答案，因而成为法治区别于人治的根本标志之一。法律推理是程序正义的体现和实现法治的手段，从这个意义上说，法治要依靠法律推理来实现。①

二、法律中的逻辑与经验

严格的法律形式主义要求人工法律概念体系、法律公理体系以及案件与法律规则（规范）的完全对应。如果能够实现这一目标，那么，法治的价值就能得到完全的实现。但是，这三个方面的要求都是达不到的。

人工法律概念体系要求初始概念和明确的新概念形成规则。法律工作者无法自由选择有确定含义的初始概念，因为他们要受到实体法规则的约束，而实体法的法律规则是在各种不同的历史背景下通过一系列零碎的、暂时的决定形成的。大陆法系的大规模法典化实现了法律规则的简化和协调。英美法系的法律重述也强调要对法律概念进行系统的逻辑分析。但是，不管是大陆法系的法典化还是英美法系的法律重述，都只是对法律概念的严格追求，总是不完善的和暂时的，因为由于社会的发展，新的规则必然产生并不断沉积下来，它们可能会与原有规则不一致。所以法律概念部分是实体法规则强加的，它不能构成形式系统要求的人工符号体系。

既然人工法律概念体系不可能，那么利用法律概念作出判断的法律命题组成的法律公理体系就是不可能的。而且即使这一公理体系是可能的，按照哥德尔“不完全性定理”，包含“皮亚诺算术的系统”中存在不可判定的真命题。也就是说，即使涉及比皮亚诺算术更复杂的系统，可证性也总是比真理性弱。法律规则系统肯定比皮亚诺算术复杂，如果一定要创立一个法律公理体系，那么，这一体系里并不包含所有“真”的法律规则。即使法律公理体系建立起来了，也总会有一些案件超出了法律公理体系的法律规则，出现没有办法直接依据法律来作出判决的情形。

美国法学家霍姆斯（O. W. Holmes）对法律形式主义进行了猛烈的抨击。他在《普通

① 张保生．法律推理的理论与方法．北京：中国政法大学出版社，2000：9.

法》一书开篇就说："法律的生命不在于逻辑，而在于经验……法律不能被当作由公理和推论组成的数学书。"[①] 同时他认为：在"决定法律的内容及其发展的力量"问题上，存在着一种谬误的观念，即"在法律发展中唯一发挥作用的力量是逻辑"。这种错误的观念主张法律制度"能够像数学那样从某些行为的一般公理中推导出来"[②]。

但是，我们也不因严格的法律形式主义存在不足而否认法律推理在法律适用中的价值。

首先，我们一直强调的是法律推理只是法律的形式要件。按照伊尔玛·塔麦洛（Ilmar Tammelo）的说法，逻辑学只会有助于法律实质问题的处理，因为逻辑原则和方法有助于把这些问题更好地列成公式并加以表达，有助于为实质问题的解决设计和构造出更加可靠的方法。真正的逻辑学从来就不能成为法律的一个来源，它只能被当作从公认的各种法律来源中获取包含在它们之中的东西的一种工具。依靠法律推理，我们可以审查一个法律体系，以发现其不一致和脱节之处，制定处理现代文明中错综复杂问题的法规。[③] 事实上，霍姆斯也曾说过，为了表达普通法的一般观念，除了逻辑以外，其他工具也是需要的。他反对的只是认为法律中唯一起作用的是逻辑的观念，而并不是反对逻辑的作用。

其次，我们所遵循的法律推理观并非只是演绎推理，而是包括类比推理、归纳推理、回溯推理等在内的广义法律推理观。所以，我们不完全赞同霍姆斯的观点，而应看到，"在法律发展中唯一发挥作用的力量是逻辑"这一观点，在最宽泛的意义上的确是正确的。因为我们思考宇宙的基本前提就是认为每一现象都存在前因后果的关系。在最宽泛的意义上，法律的确像任何其他事物一样，是一个合乎逻辑的发展过程。

最后，法治即规则之治的前提是社会的相对稳定性。在一个急剧变化的社会背景下，传统的法律概念和规则无法适应现实，以往的法律概念和法律理论可能已经无法直接运用到新的案件事实之中。法官严格利用逻辑推理进行判决可能会得出"合法不合理"的判决。此时，法官必须对案件事实进行分析，基于实质正义，作出自己的经验判断。我们赞成法律确实应该是实现社会福利的手段，但是它在一个比较长的阶段内应保持稳定，所以，法律工作者的思维应该像在科学的常规时期那样，在特定的法律逻辑范式内工作，按照法律形式主义的观念行事。法律工作者必须在既定的法律规则下，追求法律的确定性目标，对同样案件同样处理。各种规则与程序是法官行为共同的保障，法官的基本工作就是忠实于法律，将自己的各种认识纳入合法性思维的框架之内。法律工作者应当按照法律形式主义的观念思维，追求美国法哲学家德沃金（Ronald Dworkin）所主张的"唯一正确"答案。尽管在美国，法律现实主义、后现代法学和法律经济学等各种法学流派风起云涌，但是波斯纳（R. A. Posner）教授在《法理学问题》中客观地描述了美国法律人的现状：他们将法律看作一个逻辑概念的自主体，在法律职业中许多最强有力的思想者都是形式主义者，形式主义既是法律人的也是普通人的官方法理学，既是实证主义者的也是自然法主义者的官方法理学。[④]

---

① O W HOLMES. The common law. Boston：Little，Brown and Company，1948：1.

② 伯顿．法律的道路及其影响．张芝梅，陈绪刚，译．北京：北京大学出版社，2012：424－425.

③ 伊尔玛·塔麦洛．形式法律推理的潜力和展望．蔡希杰，等译．逻辑学会资料，1982（1）.

④ 波斯纳．法理学问题．苏力，译．北京：中国政法大学出版社，2002：568.

正如耶林（Rudolph von Jhering）、霍姆斯和卡多佐（B. N. Cardozo）所揭示的，目的才是整个法的创造者，目的是由历史、社会和政治决定的，是不断变化的。从某种意义上说，法律规范制定和适用所重视的形式逻辑在法律实践中是目的论的仆人。① 但是法治预设了相对稳定的社会，这也是社会的常态，此时社会福利函数是相对稳定的。在每一个法律范式的发展与完善中，法律推理是基本的。所以我们可以说：法律的生命在于社会福利，法律的成长在于逻辑。也可以用布宁（Leonard G. Boonin）的话说：法律的生命不是逻辑，而是由逻辑构造的经验。②

【本章小结】

法律推理是狭义的法律推理，实际上是指司法判决推理，也就是法律适用的推理，是法律论证活动。它是以确认的具体案件事实和援用的法律规范（或者先例）这两个已知判断为前提而运用推理为司法判决提供正当理由。法律推理主要采取两种形式：一种是演绎法律推理，另一种是类比法律推理。这两种法律推理都是将抽象的法律规范与复杂而具体的案件事实相互联系起来的方式。法律推理与法治原则之间有密切的联系，法律推理的逻辑推导功能是法治原则的要求，它使得社会和当事人对法律问题的预测成为可能，为司法实践中的法律问题提供必要而充分的理由，为立法、司法提供正当性证明。

【本章研习活动】

1. 分析

根据参考案例 8-1，分析下列问题：

(1) 案件的争议点是什么？

(2) 与本案相关的法律条文有哪些？

(3) 宋某的行为是否与法律规范中“不作为方式”的通常含义相同？

(4) 根据该案的讨论，总结司法三段论的逻辑结构以及实际法律适用中的复杂性。

2. 讨论

将参考案例 8-2 中的 4 个案件在课堂中提出来并组织辩论，让学生先判断案件 1 和案件 2 的判决以及法律的目的，然后教师作出总结。重点讨论基于案件 1 和案件 2 的判决，案件 3 和案件 4 应该怎么判决？如果有争论，可以分成两派进行辩论。最后，总结出类比法律推理的步骤。

【推荐阅读材料】

1. M. Copi & Carl Cohen, *Introduction to Logic*, Tenth Edition, Prentice Hall, 1998.

2. 谷振诣：《论证与分析》，北京，人民出版社，2000。

3. ［美］伯顿著，张志铭、解兴权译：《法律和法律推理导论》，北京，中国政法大学出版社，2000。

---

① 魏德士．法理学．丁晓春，吴越，译．北京：法律出版社，2005：301.

② 博登海默．法理学：法律哲学与法律方法．邓正来，译．北京：中国政法大学出版社，2004：518.

4. ［德］阿列克西著，舒国滢译：《法律论证理论》，北京，中国法制出版社，2002。

5. ［美］伯顿主编，张芝梅、陈绪刚译：《法律的道路及其影响》，北京，北京大学出版社，2012。

6. 王泽鉴：《法律思维与民法实例》，北京，中国政法大学出版社，2001。

第九章 法律解释

【本章引言】

法律可能比立法者更聪明。

——柯勒

没有一个法律规范是独立存在的，必须将它们作为整个法律秩序的要素来理解。

——魏德士

【本章学习目标】

通过本章的学习，你应该能够：

1. 掌握法律解释的概念；
2. 了解法律解释的目标；
3. 熟悉我国法律解释体制。

第一节 法律解释概述

一、法律解释的含义

“解释”（interpretation）是个非常一般的术语，有三种含义：（1）涵盖了对各种各样的文化客体的理解，例如对一个雕塑的理解，被称为最广义的解释。（2）对任何语言材料的各种理解，被称为广义的解释，它是最广义解释的一个子集。（3）在特定语境中和交流行为中被使用的语言具有不同的意义，在这些不同意义中选择一个意义，被称为狭义的解释，它是广义解释的一个子集。法律解释就属于狭义解释的一种。① 特定国家的法律是以由日常语言或借助日常语言而发展出来的术语表达的，这些用语具有歧义性和模糊性，也

① NEIL MACCORMICK，ROBERT S SUMMERS. Interpreting statues：a comparative study. Aldershort：Dartmouth Publishing Company Limited，1991：12－13.

就是说，具有意义的选择空间和多种说明的可能性。这就意味着全部的法律文字原则上都可以并且也需要解释。① 在这个意义上，法律适用的过程就是一个法律解释的过程。据此，我们将法律解释定义为：一定的人、组织以及国家机关在法律运用或实施过程中对表达法律的语言的意义的揭示、说明和选择。

作为解释之一的法律解释必须遵循解释的基本原理的要求。循环原理是解释活动的基本原理之一。它是解释学中的一个中心问题，是指对整体的理解和把握需要建立在理解其组成部分的基础上，而对于部分的理解和把握又只能建立在对整体理解的基础上。因此，解释的过程展现为一个循环往复的过程，每一次的解释都会在整体和部分两个方面推进我们对于解释对象的认识。

例如，我们在读《红楼梦》时，对于这本著作整体的把握，建立在对小说中描述的每个人物或者事件的理解之上；同时，对于贾宝玉和林黛玉命运的认识，又是建立在对于整个著作理解的基础之上。

在法律解释中，循环原理要求解释者在理解法律的每个用语、条文和规定时，必须以理解整个法律体系为条件；同时，建立整体的法律观念，又需要以理解单个的用语、条文和制度为条件。

二、法律解释的特点

正是由于解释属于一个普遍的现象，我们必须回答下面这个问题：与一般解释相比，法律解释具有何种特点呢？

（一）法律解释的对象是确定的

法律解释的对象是那些能够作为法律决定的大前提的来源的文本或资料，在现代国家主要有制定法（包括宪法、法律和法规），判例，私法上、行政法上、国家法上和国际法上的协议，习惯法等。在这些解释对象中，除了习惯法，其他对象都是制度性行为的结果。② 这就是说法律解释的对象具有制度性。

（二）法律解释具有案件的关联性

法律解释具有实践性，也就是说，法律解释主要是在解决个别案件中当事人的权利与义务的时候发生。

首先，法律解释往往由案件所引起。法律的目的在于有效解决人们遇到的纠纷和争端。因此，明确法律的含义就成为解决纠纷的前提。其次，法律解释需要将法律规范与案件事实结合起来进行。由于法律规范具有抽象性，使得它与具体的案件事实之间存在层次上的差别，如何在一般和个别之间搭起一座桥梁，就成为法律解释的基本任务。换言之，只有通过法律解释，法官才能知道某一案件事实是否应当“涵摄”在特定的法律规范之下。

（三）法律解释具有实践性和目的性

法律解释具有实践性，因为法律解释始终直接或间接地涉及在一个法律体系中应为什

① 拉伦茨．法学方法论．陈爱娥，译．北京：商务印书馆，2003：85.
② 罗伯特·阿列克西．法理性商谈：法哲学研究．朱光，雷磊，译．北京：中国法制出版社，2011：65-66.

么、勿为什么、可为什么以及被授权做什么。[1] 这样的过程是一个价值评判过程，具有强烈的目的性。因此，依据法律规范评价个别案件，就成为贯彻法律意图的主要过程。尤其是在出现疑难案件时，更需要法官创造性地依据法律的基本目的，对案件作出恰当的衡量。

（四）法律解释的过程不能以否认或者怀疑解释的前提——法律规范为条件

法律解释的过程是一个依据现行有效的法律规范作出理解的过程，因此法律规范的效力就成为法律解释的出发点。只有在承认法律规范有效性的基础上，相关的法律解释才能获得合法性，进而具有引发国家强制力保护的后果。如果法律解释以否认或者批判现行有效的法律规范为条件，那么法律解释的结果将很难获得人们的实际尊重，因为这个结果无法顺利地获得国家强制力的支持。

三、法律解释的意义

首先，由于法律具有概括性、抽象性的特点，因此需要法律解释化抽象为具体、变概括为特定。法律是抽象的、具有普遍性的行为规范，不可能对所有生动复杂的社会现实都作出规定，无法准确预见事件和行为可能发生的种种场合。因此，在将具有概括性的规则适用于具体情况时，就会产生各种不同的理解。为了统一适用法律，就需要对法律的含义作出统一的、正确的解释。在这个意义上，可以说法律解释是从法律制定到法律实施中间的桥梁。

其次，立法可能存在缺陷，需要通过法律解释来改正、弥补法律规定的不完善。由于种种原因，立法不可能尽善尽美，诸如法律规定模糊不清，法律规定之间互相矛盾，或者法律应规定而未规定，等等。这些情况造成了法律适用的困难，因此需要法律解释来消除、弥补、改正法律规定的不足。

最后，通过法律解释解决法律的稳定性与社会发展之间的矛盾。法律是对过去经验的总结，约束当下和未来的行为，因此法律与其调整的对象——社会现实之间始终存在一定的差距。通过法律解释伸展、扩张或限制法律规定的含义，以适应发展了的社会现实。尤其是在我国社会转型、新旧体制转换的过程中，一方面需要法律全面地规范和调整，另一方面又需要这种规范和调整具有足够的灵活性与适应性。法律解释就随着体制改革的不断深入而及时对某些行为作出新的法律评价，以积极推进改革并有效地维护改革成果。

四、法律解释简史

中国古代就有法律解释。秦律中的《法律答问》就是秦朝官方对秦律的解释，具有法律效力。在汉代，法律解释随着“律学”的兴起又有了进一步的发展。最为典型的就是以儒家学说对成文法进行解释的注释法学，其中的典型就是“春秋决狱”。晋代的法律家张斐在其有关法律解释的《注律表》中就主张：对于法律，应当“慎其变，审其理”。这个“理”主要是指封建社会的纲常伦理。张斐对重要的法律概念、术语进行解释，就是为了“审律之理”，即“找出”法律中的“理”。同时，在法律解释的方法上，讲究“审名分，

---

① 罗伯特·阿列克西．法理性商谈：法哲学研究．朱光，雷磊，译．北京：中国法制出版社，2011：65.

忍小理”。也就是说，在法律解释中应当掌握维护封建等级名分这一核心原则，把握大旨，不拘泥于“小理”。因此，封建社会的法官在进行法律解释时，具有相当大的自由裁量权，他们可以依据儒家伦理改变国家法律的规定。

在西方，随着古罗马社会和法律的发展，出现了职业法学家。罗马的五大法学家（保罗、盖尤斯、莫德斯蒂努斯、乌尔比安、伯比尼安）对法律的解释被君主批准具有法律约束力。这种具有法律效力的法律解释已经超出了对法律进行字面意义解释的范围，它同时是一种创制法律的活动。罗马法伴随着西罗马帝国的覆灭在西欧销声匿迹长达数百年之久，但是由于11世纪末期兴起的注释法学家和后注释法学家对罗马法的解释、注释活动，使得罗马法能够与当时的社会发展保持一致，最终实现了在欧洲的复兴，而且这两个学派的研究积累了丰富的法律解释方法和解释技术，促进了法律解释学的发展。由此可见，法律解释不但具有明确法律含义的意义，还能够在一定程度上推进法律的发展。

第二节　法律解释的目标与方法

一、法律解释的目标

法律解释的目标，是指解释者通过法律解释所要探求和阐明的法律意旨。那么，法律解释的目标具体指什么内容呢？依据立法者制定法律时的主观意思及存在于法律中的客观意思，有关法律解释的学说可以划分为主观说与客观说两个基本立场。①

（一）主观说

主观说认为：法律解释的目标应当是探求历史上的立法者事实上的意思，即立法者的立法意图。主观说的理由是：

（1）存在立法者的意图。法律的制定是立法者意图实现的结果，立法者通过立法表达他们的看法和企图，借助法律实现所追求的社会目的。因此，这些目的应当在法律解释中得以展现。

（2）立法者的意图可以再现。立法者的意图可以借助相关的立法文献得以再现，只要我们仔细研究、分析法律制定时的立法资料以及相关的历史背景，就可以发现立法者的意图。

（3）依据权力分立的原则，法律的产生是立法机关依据立法程序运用立法权的结果；如果法律不是立法者意图的产物，那么就会使得立法机关丧失立法权。同时，司法机关依法审判使命的完成需要以遵循已有的法律为条件，如果司法机关可以决定法律的含义，那么司法机关与立法机关的职能分工就是无意义的。

（二）客观说

客观说认为：法律自从颁布时起，就脱离了原有的立法机关成为一个独立的客观存在物，因此具有自身的含义，法律解释的目标就是探求这个内在于法律的意旨。客观说的理由是：

（1）具有意思能力的立法者并不存在。法律的起草、制定，历经各种机关，这些机关

① 沈宗灵．法理学．北京：北京大学出版社，2000：432－433.

的意见并不一致，并且它们各自的意见也常常是模糊不清的，因此很难确定到底谁是立法者以及立法者的意图。

(2) 立法者的原意无法寻找。一方面，在现代议会立法的实践中，立法的过程是一个力量对比的结果，因此不存在一个公认的立法者的原意；另一方面，即使我们发现了立法资料，它也不等于立法者的意图，对此仍然需要解释，很难说解释的结果是立法者的原意还是解释者自己的看法。

(3) 法律是对于过去经验的总结，但是针对当前或者未来的社会问题。因此，法律一经制定，就确立了它的法律思想，并与立法者脱离了关系，成为一种客观存在。立法者于立法当时赋予法律的意义、观念及期待，并不具有拘束力，具有拘束力的是作为独立存在的法律内部的合理性所要求的各种目的。这些合理目的，也常常由于社会的发展变化而发展变化，法律解释的任务是在法律条文的若干种可能的语义解释中选择现在最符合目的的解释。

(4) 坚持客观说可以使法律解释适应变化的现实，实现法律解释补充或创造法律的功能，有助于提高法的确定性。如果法律解释以立法者的意思为基准，人们就不得不求助于普通人难以接触到的庞杂烦琐的立法资料，人们将会被这些资料所淹没，而不是发现法律。

二、法律解释的方法

法律解释的方法是解释者在进行法律解释时，为了达到解释的目标所使用的方法。它与前面所讲的法律解释的特点、法律解释的意义和法律解释的目标是密切相连的。对于法律解释的方法，民法法系与普通法法系的国家的概括和表述是不同的。本节将法律解释的方法归纳为以下六种。

（一）文义解释

文义解释，也称语法解释、文法解释、文理解释，是指从法律条文所运用的语言的含义来说明法律规定的内容。文义解释的种类很多，分述如下。

1. 以解释尺度为标准进行分类

根据解释尺度的不同，法律解释可以分为限制解释、扩大解释与字面解释。

(1) 限制解释。这是指在法律条文的字面含义显然比立法原意广时，作出比字面含义窄的解释。例如，《中华人民共和国宪法》第 55 条第 2 款规定："依照法律服兵役和参加民兵组织是中华人民共和国公民的光荣义务。"这里的"公民"一词应作限制解释，仅指符合我国兵役法规定的服兵役年龄的公民。

(2) 扩大解释。这是指在法律条文的字面含义显然比立法原意窄时，作出比字面含义广的解释。例如，《中华人民共和国宪法》第 33 条第 2 款规定：中华人民共和国公民在法律面前一律平等。这里的"法律"一词应作广义解释，即不仅包括宪法和法律，还包括行政法规和地方性法规。

(3) 字面解释。这是指严格按照法律条文字面的通常含义解释法律，既不缩小字面含义，也不扩大字面含义。例如，所有法律条文之中的"中华人民共和国公民"就必须依据字面作出解释，严格依据自然人的国籍作出判断。

2. 以法律语言的专业性为标准进行分类

根据法律语言的专业性与否，法律解释可以划分为日常语言的解释与法律专业术语的解释。

(1) 日常语言的解释。即根据日常语言文字的含义来确定法律的含义。法律规范所使用的语言有些是日常语言，对于这些语言的解释必须按照其自身的通常含义进行。日常语言是大众进行思想交流的基本工具。立法者在制定法律的时候，一般要考虑本民族的语言习惯，根据语法规则表述法律要求，尽可能使法律规定得清楚、明确。因此，在解释法律文本的时候，应当根据语法规则，从法律条文的最常用、最自然、最明显的含义来解释法律。

(2) 法律专业术语的解释。很多表述法律规范所使用的语言是具有明确含义的法律专业术语，因此我们必须按照这些语言的特定含义进行解释。法律专业术语是具有专门性的语言，其含义不同于日常语言的字面含义或者不属于日常语言。如果运用日常语言进行解释，将会遗漏或者增添法律术语的内容。对于这类法律专业术语的解释通常属于正式解释。一般应先由立法者进行定义。在实施法律的过程中，对有关的法律专业术语（如“不可抗力”“告诉才处理”等）进行解释的时候，应当遵循立法者的界定。有时会出现一些应当界定的法律专业术语而没有界定的情况，司法者就需要对此作出界定。

（二）立法者目的解释

立法者目的解释是指法律人根据制定法律的人或立法者的目的或意图解释某个法律规定或法律文本。这就意味着法律人如果要运用这个解释方法解释法律，就必须首先证成立法者的目的或意图。如何证成？解释者必须要根据一定的立法资料如提案说明、会议记录、委员会的报告等来确定立法者的目的或意图。但是这些立法资料并不会自动地或直接地显示出立法者的目的或意图，需要解释者对这些立法资料进行解释。这实质上是立法者目的解释方法的局限和困境之所在。

（三）历史解释

历史解释是指法律人依据正在讨论的法律问题的历史事实对某个法律规定进行解释。法律是立法者针对当时的事实关系和习惯制定的，也是以立法者所预期的方式发生作用，但是随着时间的变化，当时的事实关系和习惯发生了变化，法律发生了非立法者所预期或非其所愿意认可的作用，以至于法律不能适应变化后的社会事实。[①] 这就意味着人们在解释法律时需要依据历史事实解释法律。

历史解释方法包括以下具体内容：第一，正在讨论的法律问题的特定解决方案在过去曾被实施过；第二，该方案导致了一个后果 F；第三，F 是不合乎社会道德标准的（undesirable）；第四，过去与现在的情形的不同，不能充分地排除 F 在目前的情形下不会出现；第五，目前该解决方案也许不被称赞。[②] 这种方法要求解释者对历史事实及其与现实情形的差异进行证成，而且要对“F 是不合乎社会道德标准的”这一命题进行证成。

（四）比较解释

比较解释，是指根据外国的立法例和判例学说对某个法律规定进行解释。如果说历史

① 拉伦茨．法学方法论．陈爱娥，译．北京：商务印书馆，2003：225.

② 阿列克西．法律论证理论．舒国滢，译．北京：中国法制出版社，2002：296.

解释是利用历史上已发生的法律状况证成某个解释结果，那么，比较解释是利用另一个社会或国家的法律状况证成某个法律解释结果。无论是英美法系国家还是大陆法系国家的法院，都有利用外国的立法情况及判例学说解释本国法律的例子。

与历史解释一样，比较解释方法也包括五个步骤：第一，正在讨论的法律问题的解决方案在其他国家一直被实行；第二，该方案导致了一个后果 F；第三，F 是不合乎社会道德或伦理标准；第四，本国的情形与其他国家的情形的不同不能足以排除 F 在本国的情形下不会出现；第五，该解决方案在本国也许不被称赞。根据这个逻辑形式，法官或法律适用者按照比较解释对某个法的渊源文本进行解释会产生两种结果：其他国家的立法例和判例学说可能支持对某个法的渊源文本的解释结果，也有可能反对对某个法的渊源文本的解释结果。支持还是反对？这个问题的解决取决于法官或法律适用者对 F 的证成以及对本国和其他国家的情形及两者之间的差异性的证成。

（五）体系解释

体系解释，也称逻辑解释、系统解释，是指将被解释的法律条文放在整部法律中乃至整个法律体系中，联系此法条与其他法条的相互关系来解释法律。在普通法法系的国家，有所谓“整体性原则”，即法律应被作为一个整体来解释，以避免出现内部矛盾。在解释学上，有解释循环的现象。体系解释就是遵循这一原则所进行的解释。

首先，应综合考虑条文之间的相互关系。立法者在制定法律、表述法律的时候，为了使法律条文简洁、清晰，会使用不同的法律规则，如确定性规则、委任性规则和准用性规则。① 在解释法律条文的时候，也应考虑到它们的照应关系。

其次，应当考虑法律条文在情事上的同类性或一致性。比如，我国《民法通则》第 122 条是有关产品责任的规定，其责任性质是过错责任还是严格责任？运用体系解释的方法，我们可以看出，它被立法者归入特殊侵权责任一类，特殊侵权责任是严格责任。

最后，应当运用法条竞合的规则解决可能出现的法条之间的矛盾。有时，法律体系中会出现两个以上的法律条文对同一事项作出规定，而这些条文的内容之间又彼此矛盾。在这种情况下，应当运用有关法条竞合的规则解决矛盾。其中包括：上位法优先于下位法；特别法优先于普通法；后法优先于前法；等等。

参考案例 9-1

某人因为犯杀人罪，被判处死刑。其妻请求法院支持她实现生育权的申请，以便通过试管婴儿的方式为其丈夫留下后代。对于这个法律没有明文规定的问题，需要作出法律解释。最终法院决定不予支持。因为：其一，由于我国《刑法》规定怀孕期间的妇女不得判处死刑，因此如果支持该项请求，那么就会出现这样的结果：若某女犯有可能判处死刑的罪行，其夫同样申请实现生育权，则该女将会逃脱死刑的惩罚。其二，由于该案中的当事人是男性，因此不会产生逃脱死刑惩罚的结果。其三，这个结果明显与“男女平等”的原则相矛盾。所以法院最终否决了这个请求。法院的判决就是一个体系解释的典型。

（六）客观目的解释

客观目的解释是指法律人按照法律的客观目的解释某个法律规定或文本。所谓法律的

① 参见本书第四章有关“法律规则”的内容。

客观目的，是指特定法律的“理性的目的（rational aims）”或“在有效的法秩序的框架中客观上所指示（prescribed）的目的”，而不是指过去和目前事实上存在着的任何个人（立法者或制定法律的人）的目的。[①]“理性的目的”和“在有效的法秩序的框架中客观上所指示的目的”是什么意思？拉伦茨认为：“其一涉及被规整之事物领域的结构，质言之，连立法者也不能改变的实际的既存状态，假使他要合理地立法的话，在作任何规整时，他都必须考虑及此；另一类是一些法伦理性的原则，其隐含于规整之中，只有借助这些原则才能掌握并且表达出规整与法理念间的意义关联。”[②]

上述这些方法，有时是综合使用的。在一些有争议的法律问题上，解释者往往同时使用多种方法。例如，对严格责任是中国产品责任的归责原则的解释就需要多种解释方法。在有些情况下，对某个法律规定或法律文本，解释者按照不同的解释方法会得到完全不同的解释结果，往往需要解释者按照一定的顺序依次使用这些解释方法。在通常情况下，文义解释是最先使用的一个基本方法。如果不能取得满意的解释，解释者还可以依次使用立法者目的解释、历史解释、比较解释、体系解释和客观目的解释的方法。其中，客观目的解释是用来解决解释难题的最后方法，具有特殊的意义。这样的法律解释方法位阶或顺序并不是完全固定的，也就是说，法律解释方法之间的顺序关系不是绝对的，而是相对的，可以被推翻的。

第三节 当代中国的法律解释体制

一、正式解释与非正式解释

根据解释主体和解释效力的不同，法律解释可以分为正式解释与非正式解释两种。

所谓正式解释，通常也叫法定解释，是指由特定的国家机关、官员或其他有解释权的人对法律作出的具有法律约束力的解释。正式解释有时也称有权解释。根据解释的国家机关的不同，正式解释又可以分为立法解释、司法解释和行政解释三种。有权作出法定解释的机关、官员和个人，在不同的国家或不同的历史时期都有所不同，通常是由法律规定或由历史传统决定的。

所谓非正式解释，是指未经法律明确授权的机关、团体、组织或个人对法律作出的不具有法律约束力的解释。通常分为以下两种：

（1）学理解释。是指由学者或其他个人及组织对法律规定所作出的学术性和常识性的解释。这种解释不具有法律的约束力，不被作为执行法律的必然依据。但学理解释在法学研究、法学教育、法治宣传以及法律发展方面还是有着很重要的意义。有时，在没有正式法律渊源的情况下，学理解释也可以视为非正式法律渊源。[③]

（2）任意解释。是指在司法活动中的当事人、代理人和公民个人在日常生活中对法律所作的解释。

---

① 阿列克西．法律论证理论．舒国滢，译．北京：中国法制出版社，2002：298.

② 拉伦茨．法学方法论．陈爱娥，译．北京：商务印书馆，2003：211.

③ 有关正式法律渊源和非正式法律渊源的内容，参见本书第十章。

是否具有法律上的约束力是区别正式解释与非正式解释的关键。对于这里的“法律上的约束力”应当作狭义的理解，即特指一种具有普遍性意义的法律约束力。在中国，普通法官或其他司法、执法官员在日常司法、执法过程中所作的法律解释通常被认为是非正式解释。这是指他们的解释不具有只有正式解释才具有的普遍的法律效力，他们的这种法律解释与其司法或执法行为是合为一体的，如果是依法作出的，则具有法律效力，相对人应当服从。

法律解释体制，是指正式解释的权限划分。目前，中国关于法律解释的体制主要是在1982年的《宪法》的有关规定以及1981年全国人大常委会通过的《关于加强法律解释工作的决议》的基础上建立的。我国现行的《立法法》对“法律解释”（第48条至第53条）和“司法解释”（第119条）又作了专门规定。根据这些规定，我国建立了以全国人大常委会为主体的各机关分工配合的法律解释体制。

二、全国人大常委会所作的解释

我国《宪法》规定，全国人大常委会是法定的具有解释权的机关。全国人大常委会所进行的解释也叫立法解释。它包括对宪法的解释和对法律的解释两部分。这里所说的法律是指狭义的法律，即由全国人民代表大会制定的基本法律和由全国人大常委会制定的基本法律以外的法律。凡关于法律条文本身需要进一步明确界限或作补充规定的，由全国人大常委会进行解释或用法律加以补充规定。仅从文义上讲，“进一步明确界限”属于广义的法律解释，“作补充规定”已超出法律解释的范围而属于制定新的、补充性法律的范围。

在我国，立法解释的主要任务是：

（1）阐明法律实施中产生的疑义。即对法律规定本身不十分清楚、明确的条文进行说明，或者规定本身虽然清楚、明确，但实施法律的人不了解立法者的立法精神，因此需要立法解释的。

（2）适应社会发展，在没有对原法律进行修改、补充、废止之前，通过赋予法律规定新含义的方法补充法律。

（3）解决法条冲突以及司法解释之间的冲突。一方面，当出现法条冲突而不能用法条竞合的一般规则来解释时，需要全国人大常委会进行立法解释；另一方面，根据我国现行的法律解释体制，最高人民法院和最高人民检察院都有权进行司法解释，如果两者的司法解释发生冲突，应当由全国人大常委会作出最终解释。

由全国人大常委会负责解释我国整个法律制度的核心部分，即宪法和法律，表明它在我国法律解释体制中应当占有主体地位。这是由我国的基本政治制度决定的，全国人民代表大会是国家最高权力机关，全国人大常委会是它的常设机关，它们是国家的立法机关。

立法解释的方式主要是通过决定、决议进行有针对性的解释。例如，1983年9月2日，第六届全国人大常委会第二次会议通过的《关于国家安全机关行使公安机关的侦查、拘留、预审和执行逮捕的职权的决定》，可以认为是对《中华人民共和国宪法》第37条、第40条以及《中华人民共和国刑事诉讼法》中有关条文的解释和补充。

此外，全国人大常委会法制工作委员会和常委会办公厅对各地、各部门提出的一系列法律问题所作的答复，虽然不是正式的法律解释，但对正确理解和执行法律具有积极的作用。

三、国家最高司法机关所作的解释

国家最高司法机关所作的解释也叫司法解释，是指由国家最高司法机关在适用法律过程中对具体应用法律问题所作的解释。这类解释又可分为两种：一种是审判解释；另一种是检察解释。审判解释是指最高人民法院对人民法院在审判过程中具体应用法律问题所作的解释。我国的审判解释权由最高人民法院统一行使，地方各级人民法院都没有对法律的审判解释权。检察解释是指最高人民检察院对人民检察机关在检察工作中具体应用法律问题所进行的解释。按照规定，如果审判解释与检察解释有原则性分歧，则应报请全国人民代表大会常委会解释或决定。在司法实践中，审判机关和检察机关为了更好地协调和配合，统一认识，提高工作效率，对如何具体应用法律的问题，有时采取联合解释的形式，共同发布司法解释文件。

当代中国的法律解释体制是以全国人大常委会为主体的，但是这并不意味着全国人大常委会应当成为法律解释具体任务的主要承担者。在其他国家，由最高立法机关或其常设机关主要负责法律解释的情况也是很少的。在我国，从全国人大常委会的工作时间和它作为议事机构的性质上来看，它也无法承担主要的法律解释工作。新中国成立以来，法律解释的历史也说明了这一点。从数量上看，目前司法解释最多。这是由它作为司法机关的工作性质决定的，即适用法律于具体案件。

司法解释的基本作用是为司法机关适用法律、审理案件提供说明。总结我国司法解释的经验，这种作用具体包括以下几个方面：

（1）对法律规定不够具体而使理解和执行有困难的问题进行解释，赋予比较概括、原则的规定以具体的内容。比如，1984 年 4 月最高人民法院、最高人民检察院和公安部对当时的《刑法》第 139 条的解释，具体解释了什么是强奸罪，什么是暴力手段、胁迫手段和其他手段等。再比如，《刑法》中的许多条文都有“情节较轻”“情节严重”“情节恶劣”“造成严重后果”“尚未造成严重后果”等规定，如不通过解释加以具体化，解决在什么情形下构成情节较轻、情节严重等问题，就会影响正确定罪量刑，甚至混淆罪与非罪的界限。

（2）通过司法解释使法律适应变化了的新的社会情况。法律调整应当与社会现实相协调，应当随社会的发展而赋予某类行为以相应的法律意义，作出适合社会发展的法律评价。例如，联营合同纠纷案件是在企业体制改革中出现的新类型案件。1986 年制定的《民法通则》对联营只作了原则的规定，这些原则规定不足以解决司法实践中的新情况、新问题。最高人民法院根据《民法通则》和其他有关法律、法规的规定以及十几年来的实践经验，于 1990 年 11 月作出了《关于审理联营合同纠纷案件若干问题的解答》，对审理这类案件的一系列法律问题作了详细的解释，基本上解决了这类案件如何适用法律的问题。又比如，在 1997 年《刑法》修改前，由于社会情况发展、变化，对某类犯罪的定罪量刑的依据有不同的理解，因而需要新的解释，最高人民法院作出的一系列解释，对充分发挥《刑法》的功能起到了积极的作用。

（3）对适用法律中的疑问进行统一解释。其中包括几种情况：第一，在适用法律过程中对具体法律条文理解不一致，通过解释，统一认识，正确司法。比如，《刑法》（修订前）规定：审判的时候怀孕的妇女，不适用死刑。最高人民法院针对有关“审判的时候怀孕的妇女”的不同理解，根据立法原意进行了解释，从而解决了在起诉前已被作了人工流产的妇女，是否适用死刑这一重要法律问题。第二，为统一审理标准，针对某一类案件、某一种案件、某一种问题或某一具体个案，就如何理解和执行法律规定而作出的统一解释。

(4) 对各级、各类法院之间应如何依据法律规定相互配合审理案件、确定管辖以及有关操作规范问题进行解释。

(5) 通过解释活动，弥补立法的不足。由于种种原因，在法律实践中存在着法律没有规定、立法前后不一致、立法不配套、实体法与程序法不一致以及立法滞后的问题，最高司法机关在这些情况下所作的司法解释，对弥补立法不足、保证司法工作的顺利进行发挥了重要的作用。例如，最高人民法院《关于适用〈中华人民共和国民事诉讼法〉若干问题的意见》、最高人民法院《关于贯彻执行〈中华人民共和国民法通则〉若干问题的意见(试行)》等，都是在总结大量司法实践经验的基础上，对具有普遍性的问题所作的原则解释。这些解释用概括性的方法解释法律的含义，对司法机关具有普遍的指导意义。这种解释方式具有时代性。它在一定程度上弥补了法律规定的不足，解决了司法机关适用法律时在具体理解和把握上的困难，对统一司法实践起到了十分积极的作用。

然而，司法解释在实践上存在很多问题。为了充分发挥司法解释在国家法治建设中的作用，应当进一步改革和完善司法解释工作。例如，规范制定和发布程序，统一形式、名称和格式，明确效力，全面公开司法解释，建立有关司法解释的监督和制约机制，等等。

四、国家最高行政机关的解释

国家最高行政机关的解释也叫行政解释，是指由国务院及其主管部门对有关法律和法规的解释。它包括两种情况：一是对不属于审判和检察工作中的其他法律如何具体应用的问题所作的解释。比如，国家技术监督局在“技监局发〔1990〕485 号”“技监局发〔1992〕491 号”文件中，对《中华人民共和国产品质量法》所规定的“违法所得”的确定和计算方法所作的解释。二是国务院及其主管部门在行使职权时，对自己制定的法规所进行的解释。

有权进行行政解释的机关包括：制定行政法规的国务院以及制定行政规章的各部委。

国家最高行政机关的解释在国家的法治建设中具有重要的意义。依法行政是建设社会主义法治国家的重要内容，依法行政需要完善的行政法律法规体系，国家最高行政机关的法律解释是建立统一、协调的行政法律法规体系的重要条件之一。

国务院是国家最高权力机关的执行机关、国家最高行政机关，它所作出的或由它授权作出的法律解释具有法律约束力。但是，为了保证国家法制的统一，这种解释不能与宪法和法律相抵触。为此，应当加强全国人大常委会对行政解释的监督，全国人大常委会有权撤销国务院及其主管部门发布的违反宪法和法律的解释。

【本章小结】

法律解释是指一定的人、组织以及国家机关在法律运用或实施过程中对表达法律的语言的意义的揭示、说明和选择。法律解释的方法大体上包括文义解释、立法者目的解释、历史解释、比较解释、体系解释、客观目的解释等。

根据解释主体和解释效力的不同，法律解释可以分为正式解释与非正式解释两种。正式解释是指由特定的国家机关、官员或其他有解释权的人对法律作出的具有法律约束力的解释。在我国，根据解释的国家机关的不同，正式解释又可以分为立法解释、司法解释和行政解释三种。非正式解释是指未经法律明确授权的机关、团体、组织或个人对法律作出的不具有法律约束力的解释。通常分为学理解释和任意解释两种。

【本章研习活动】

1. 思考

我国法律解释体制中的立法解释、司法解释与行政解释，分别体现了法律解释的主观说与客观说中的哪种观念？为什么？

2. 分析

假设某国有关国家公园的立法中规定："公园内不得行驶机动车。"如果公园发生火灾，那么机动车能否开进公园内救火？请运用本章所学到的知识加以分析。

要点提示：

请运用主观说与客观说，以及文义解释等理论进行分析。

【推荐阅读材料】

1. ［德］魏德士著，丁晓春、吴越译：《法理学》，北京，法律出版社，2003。
2. ［德］拉伦茨著，陈爱娥译：《法学方法论》，北京，商务印书馆，2003。
3. 梁治平：《法律解释问题》，北京，法律出版社，1998。

第十章　法律渊源

【本章引言】

法律有时入睡，但决不死亡。

——西方法谚

法律既不是铭刻在大理石上，也不是铭刻在铜表上，而是铭刻在公民们的内心里。

——卢梭

【本章学习目标】

通过本章的学习，你应该能够：

1. 掌握法律渊源的概念；
2. 掌握不同类型的法律渊源所具有的实践意义；
3. 熟悉法律渊源的基本类别。

第一节　法律渊源概述

一、法律渊源的含义

“法律渊源”是法学的核心概念之一，几乎所有部门法学都会使用这个术语，例如，我们经常会遇到诸如“刑法渊源”“民法渊源”等用语。同时，由于这个概念的专业性，使得它的含义与人们的通常理解之间可能存在不一致，因此它也成为最易引起歧义的法学概念之一。

从字面上看，水积为渊，水之所出为源，法律渊源指法的源泉、来源、源头。从词义分析的角度入手，法律渊源就应当是指法律的来源、起源、根源。那么，我们从哪个层面、哪个角度理解这里的“法律”？由于人们可以从不同层面和角度理解“法律”，导致了不同的法律渊源的概念，例如历史渊源、本质渊源、思想理论渊源、文件渊源和效力渊源等。这些关于法律渊源的概念不仅与法律人的工作没有根本的关联，也背离了法律渊源在现代法学中的原本意义与作用。

特定国家的法律人的工作核心是运用法律解决具体案件纠纷，获得正当的法律决定。法律人要在具体工作中获得正当法律决定，首先需要寻找能够作为该法律决定的大前提的法律规范。那么，特定国家的法律人在哪些地方、在多大范围内寻找能够作为法律决定的大前提的法律规范？这就是所谓法律渊源的问题。在这样的角度下，所谓法律渊源，是指特定法律共同体所承认的、具有法的约束力或具有法律说服力，并能够作为法律人的法律决定之大前提的规范或准则来源的那些资料。如制定法、判例、习惯、法理等。

由于法律渊源与法律形式（或法律的表现形式）密切相关，所以有的教科书建议将法律渊源更名为法律形式。① 但是，这种做法是欠妥的，主要原因在于，法律形式的概念要比法律渊源的含义更为广泛，而且它所对应的范畴是“法律内容”。当我们在法哲学上研究法律内容和法律形式的关系时，显然与讨论法律渊源的概念并无直接的关联。因此，不能用法律形式的概念取代法律渊源的概念。

二、法律渊源与法律推理

应当看到，只有将法律渊源的概念纳入法律的动态过程或者法律推理的一般过程之中，这个概念所具有的重要意义才会得以显现。否则，法律渊源最终将会表现为对法律表现形式的罗列，而无法表明法律渊源对于法律适用过程所具有的意义。

法律渊源对于法律推理而言是必不可少的条件。如前所述，寻找法律渊源，就是寻找法律推理的大前提。这一点，正是法律渊源这个概念存在的意义。毋庸置疑，法官运用法律解决相关纠纷的过程也是法律推理的过程。显然，法官作出判决的过程并非是一个依据自身好恶任意决定的过程，因此“依法裁判”就成为法官行为的基本要求，即法官只能依据相关法律作出具有约束力或者法律效力的判决。于是，法律既成为法官判决的基础，又成为判决本身法律效力的来源。然而，如前所述，法律是一种抽象的存在，那么我们面对的问题就是，法官应当如何或者到哪里寻找法律依据呢？在此，法律渊源的重要性就会展现出来，因为法律渊源学说有助于法官寻找到判决的基础。② 由于法律渊源学说将法律的具体表现形式一一罗列出来，法官就可以在判决的过程中，依据待决案件的特点以及法律本身的一般原理作出选择，进而得出具有法律约束力的正当判决结果。在中国，能够对法官的行为产生约束的规范性法律文件可以大致分为宪法、法律、法规等类别，这些表现为成文法的类别，构成了当代中国最为主要的法律渊源。

在不同的历史阶段，在不同的国家之中，具体的法律渊源会展现为不同的表现形式。在我国古代，律、令、格、式、典、敕、例是一般的法律渊源。但是，一方面，受到晚清变法的影响，我国的法律渊源在移植大陆法系法律体系的情况之下，逐渐转变为以成文法为主的法律渊源。在英美法系国家中，因为受到“遵循先例”原则的影响，法官判决要受到原有判例的制约，所以判例就成为法律的渊源之一。这一点，与大陆法系国家的法律渊源存在相当大的差别。因此，法律渊源的内容是与某一国家的历史传统分不开的。另一方面，即使是在同一法系的国家之内，法律渊源的具体内容也不相同，这是因为法律渊源的

① 张文显．法理学．北京：高等教育出版社，北京大学出版社，1999：58.

② 魏德士．法理学．丁小春，吴越，译．北京：法律出版社，2003：101－102.

学说还会受到宪法对于司法权分配的影响。① 各国宪法对于司法权范围的设定，将会决定法官寻找法律依据的路径。

三、正式法律渊源与非正式法律渊源

根据效力的不同，法律渊源可以分为正式法律渊源与非正式法律渊源（简称为“正式法源”和“非正式法源”）。正式法律渊源是指那些具有明文规定的法律效力并且能够直接作为法官审理案件之依据的规范来源，如宪法、法律、法规等，主要为制定法，即不同国家机关根据具体职权和程序制定的各种规范性文件。非正式法律渊源是指那些不具有明文规定的法律效力，但具有法律说服力并可能构成法官审理案件之依据的准则来源，如正义标准、理性原则、公共政策、道德信念、社会思潮、习惯等。

故此，表现为成文法形式的法律渊源，并不是决定法官审理待决案件的唯一根据。为了保证法官判决的公正性，基本的正义观念、社会习俗等准则来源都会在一定程度上影响判决过程。因此，我们往往也会将这些准则来源视为法律渊源的组成部分。但是，这些准则来源显然与成文法不同，其中最为典型的就是这些因素并不能产生法律上的直接约束力。虽然法官无法从这种法律渊源中获得合法性与法律约束力，但是它们可以作为证明判决具备实质合理性的基础。对于正式法律渊源而言，法官必须予以考虑；或者说，法官的判决必然建立在正式法律渊源之上。对于非正式法律渊源而言，虽然法官同样需要在判决中予以考虑，但是这种考虑并非必然。用一句话概括，法官必须考虑正式法律渊源；但是对于非正式法律渊源而言，法官可以考虑，也可以不考虑。

同样，由于受到历史传统和宪法体制的影响，各国司法权的范围宽窄各异，这就导致不同国家在正式法律渊源与非正式法律渊源之间的划分上存在差异。其中，最为明显的例子表现在对判例属性的确定上。在英美法系国家中，判例被看作正式法律渊源，法官必须予以遵循；然而，在大陆法系国家中，判例却被视为非正式法律渊源。

第二节　正式法律渊源

一、我国正式法律渊源的类别

我国正式法律渊源表现为以宪法为核心，以制定法为主的形态。之所以强调以宪法为核心，是为了突出宪法在整个法律渊源之中的至高无上的地位。同时，以制定法为主，强调的是我国法官在裁判过程中，必须以寻找制定法基础作为首要的目标。《中华人民共和国法官法》第 7 条中规定法官“审判案件必须以事实为根据，以法律为准绳”，这是法官寻找成文法作为判决正当性基础的法律依据，因此，我国正式法律渊源就表现为以宪法为核心的制定法。依据法律的位阶原则，我国正式法律渊源表现为如下类型。

（一）宪法

宪法是具有最高效力的法律渊源。它一方面规定了国家的根本制度，即主要的国家权力——立法权、司法权与行政权的范围和界限；另一方面又规定了公民的基本权利和义

① 魏德士．法理学．丁晓春，吴越，译．北京：法律出版社，2003：101.

务，为保护公民的行动自由设定了标准。同时，宪法对于法官的司法行为也具有重要意义：它不但规定了司法权的范围与界限，为法官的依法裁判提供了权力上的基础；而且，它又赋予立法机关以立法权，为法官寻找法律渊源提供了制度上的保障。因此，法官在运用法律解决相关纠纷时，可以依据宪法提供的行动范围进行发现法律渊源的活动。总之，宪法是具有最高效力的法律渊源。

对于作为法律渊源的宪法而言，其最为重要的问题在于：它能否成为法官依法裁判的基础；换言之，法官能否直接依据宪法作出判断。这就是所谓的“宪法司法化”的问题，也是宪法能否被作为法律渊源看待的关键。目前，在我国，对于这个问题的答案无外乎肯定与否定两种情况。坚持肯定意见的学者所持的理由是：宪法属于法律渊源的一种，它必然具有成为判决基础的资格；否则，就只能说宪法是产生法律渊源的基础，而不能认为宪法本身具备成为法律渊源的资格。坚持否定意见的学者提出如下两种反对意见：

（1）根据“特别法优先于一般法”的原则，任何的法律相对于宪法而言都是特别法，因此，当存在宪法以外的法律渊源时，就不能运用宪法作为判决的标准。

（2）即使在出现法律漏洞的时候，宪法也无法成为判决的基础，因为宪法规范的特征之一是无具体惩罚性，即宪法本身不提供对于违法行为的处罚措施，所以无法将宪法与具体案件结合起来。

对于宪法司法化的问题，我国法学界尚无确定的答案。

（二）法律

在我国，“法律”这个概念具有广义和狭义两种含义。广义的法律，是指由具有立法权的立法机关依据立法程序制定的所有的规范性法律文件。狭义的法律，是指由全国人民代表大会和全国人民代表大会常务委员会制定的规范性法律文件。此处的法律是指狭义的法律。在我国正式的法律渊源之中，法律的地位仅次于宪法。

依据立法机关的不同，法律可以分成两个子类别：

（1）基本法律：是指由全国人民代表大会制定的、关于我国社会生活某一方面的规范性法律文件。如《刑法》《民法典》等。

（2）基本法律以外的法律：是指由全国人民代表大会常务委员会制定的规范性法律文件。如《保险法》《海商法》《反不正当竞争法》等。

上述两种法律分别属于不同位阶的法律渊源。其中，“基本法律”是上位法，而“基本法律以外的法律”是下位法。二者之间效力等级上的差别主要体现在全国人大和全国人大常委会立法权限的范围之上。对于基本法而言，全国人大闭会期间，全国人大常委会可以进行修改，但是不得与基本法律的基本原则相抵触（参见我国《立法法》第 7 条第 3 款）。对于基本法律以外的法律而言，它不能与宪法和基本法律相矛盾。

此外，全国人大及其常委会所做的决议或者决定，如果其内容是规范性的，那么也应当被视为狭义的法律。尤其是全国人大常委会作为全国人大的常设机关，针对社会新出现的法律问题，必须及时提出解决办法，这就形成了某种具有规范性的决议和决定。例如，1998 年 12 月 29 日公布的《全国人民代表大会常务委员会关于惩治骗购外汇、逃汇和非法买卖外汇犯罪的决定》就是属于这种类型。需要注意的是，这种决议、决定的内容可能属于特别法的范畴，具有优先适用的效力。

对于上述三种狭义的法律，法官在适用时遵循的一般原则是：当三者之间出现矛盾时，依据“基本法律>基本法律以外的法律>决议或者决定”的顺序选择适用；如果上述三者之间属于特别法与一般法的关系，则按照“特别法优先于一般法”的原则来加以适用。

（三）法规

除了狭义法律的立法机关以外，我国的最高行政机关与地方国家权力机关也可以制定规范性的法律文件，这被称为法规。它们属于广义法律的组成部分。根据制定机关的不同，法规可以划分为行政法规与地方性法规两类。

1. 行政法规

行政法规是指由国务院为执行法律的规定或者实现自身的法定职权所制定的规范性法律文件。行政法规分为两类：其一，作为执行机关的国务院，它必须及时有效地将某些法律的规定贯彻下去。例如，某些法律规定“本法实施细则由国务院制定”。其二，国务院还掌管着国家的最高行政权力，因此它对于重要的行政事项具有最终的决定权（见我国《宪法》第 89 条的规定）。对于这些事项，国务院也必须通过制定行政法规的形式进行调整。上述两项就构成了行政法规的内容。

2. 地方性法规

地方性法规是指具有立法权的地方人大及其常委会根据执行法律或者行政法规的需要，以及针对自身权限范围之内的地方性事务，制定的规范性法律文件。依据制定机关等级的不同，地方性法规可以分为两个层次：一是省、自治区、直辖市人大及其常委会制定的地方性法规；二是设区的市和自治州人大及其常委会制定的地方性法规。由于国家权力具有等级制的特征，因此以上两种地方性法规的效力依次减弱。

法官在适用法规时遵循的一般原则是：当法规之间出现矛盾时，依据“行政法规>地方性法规”的顺序选择适用。

（四）规章

中央政府的职能部门以及部分地方人民政府（省、自治区、直辖市以及设区的市和自治州的人民政府）可以根据法律、行政法规以及地方性法规制定规章，以便执行法律、法规的要求或者实现自身部门的职责。规章能否作为我国的正式法律渊源，法学界也有争议。根据《中华人民共和国行政诉讼法》第 63 条的规定，人民法院审理行政案件，可以“参照”行政规章。同时规定，人民法院审理行政案件，以法律和行政法规、地方性法规为依据。这表明：规章作为法律渊源在效力上与法律、法规还存在区别。

（五）自治条例和单行条例

依据我国在少数民族聚居区实行的民族区域自治制度，民族自治地方的人民代表大会有权依据当地民族的政治、经济、文化的特点制定自治条例和单行条例。同时，自治条例和单行条例可以依据当地民族的特点，对法律和行政法规的规定进行变通，但是不得违背法律和行政法规的原则。此外，自治条例和单行条例不得对宪法和民族区域自治法以及其他法律、行政法规专门就民族自治地方所作的规定进行变通规定（详见我国《立法法》第 75 条第 2 款）。

就法律位阶原则而言，自治条例和单行条例相当于未实行民族区域自治制度的地方人大所制定的地方性法规，因此它必须同宪法、法律、行政法规保持一致。但是，由于民族区域自治制度的特殊性，自治条例和单行条例可以在符合上述条件的前提下，进行相应的变通。这就意味着自治条例和单行条例即使存在与法律和行政法规不一致之处，也可能会突破位阶原则的限制，作为特别法而对法官的相应行为产生约束力。

（六）国际条约与国际惯例

法官有时可能会受到国际条约与国际惯例的约束，因此，国际条约与国际惯例也可能在一定条件之下转变成为我国的法律渊源。从理论上讲，国际条约与国际惯例成为我国的法律渊源，需要符合以下两个条件：

（1）这些国际条约必须是我国参加或者缔结的，并且我国对于相关规定并未声明保留；

（2）作为我国法律渊源的国际惯例不得与中华人民共和国的公共利益相矛盾。

此外，从司法的角度出发，在处理涉外案件时，国际条约与国际惯例能够成为约束我国法官之行为的法律渊源。因此，这就使得国际条约与国际惯例和上述其他五类法律渊源存在影响范围上的差异，前者主要适用于涉外案件，而后者主要适用于国内案件。两者之间的分工使得它们之间存在冲突的可能性被大大地缩小。

二、我国正式法律渊源的适用准则

从前述可以看到，我国正式法律渊源有许多种类。这些不同种类的正式法律渊源的效力等级或效力位阶不同。它们各自的效力等级或位阶与其各自的制定机关和制定程序密切相关。一般而言，制定机关在国家机关体系中的地位越高，其制定的规范性法律文件的效力就越高；制定程序越严格，经过该程序制定出的规范性法律文件的效力就越高。因此，在我国，宪法（或根本法）位于第一等级；法律、国际公约位于第二等级；行政法规位于第三等级；地方性法规、自治条例、单行条例和行政规章位于第四等级。这些具有不同效力等级或效力位阶的正式法律渊源在适用的过程中可能会遇到下列两种情况：

一是如果两个以上的具有不同效力等级或效力位阶的正式法律渊源对同一事项进行调整，它们的调整之间不存在冲突和矛盾，那么，法律人应该优先适用下位阶或效力等级低的正式法律渊源。这是因为在法制统一的国家，下位阶的正式法律渊源是为了实施上位阶的正式法律渊源并且依据上位阶的正式法律渊源而制定的，下位阶的正式法律渊源是上位阶的正式法律渊源的内容或精神的具体化，前者比后者更具体、更明确。如果法律人在不同的正式法律渊源对同一事项的调整不矛盾的情况下优先适用上位阶的正式法律渊源，那么，这会使得下位阶的正式法律渊源的制定变得毫无意义。

二是如果两个以上的具有不同效力等级或效力位阶的正式法律渊源对同一事项进行调整，它们的调整之间存在着冲突和矛盾，那么，法律人应该如何适用这些不同的正式法律渊源呢？这又可以区分以下三种情形：

第一，如果两个以上的具有不同位阶的正式法律渊源对同一事项的调整存在着冲突和矛盾，那么，法律人应该按照上位阶的正式法律渊源优先于下位阶的正式法律渊源的准则来适用它们（详见我国《立法法》第 87 条、第 88 条、第 89 条）。

参考案例 10－1

2001 年 5 月，河南省洛阳市汝阳县种子公司与伊川县种子公司签订合同，约定由伊川县种子公司代为培育玉米种子。2003 年年初，汝阳县种子公司以伊川县种子公司没有履约为由诉至洛阳市中级人民法院，请求赔偿。伊川县种子公司同意赔偿，但在赔多少钱的问题上，双方争执不下。该案承办法官发现，原、被告双方争议的一个焦点是：种子价格是适用市场价还是政府指导价——根据河南省人大常委会 1989 年出台的《河南省农作物种子管理条例》，应该适用政府指导价；但根据我国 1998 年的《价格法》和 2001 年的《种子法》，应该适用市场价。2003 年 5 月 27 日，洛阳市中级人民法院作出一审判决，判决书认为：“《河南省农作物种子管理条例》作为法律位阶较低的地方性法规，其与《种子法》相冲突的条款自然无效。”法官判令伊川县种子公司按市场价进行赔偿。伊川县种子公司不服判决，遂向河南省高级人民法院提起上诉。

在参考案例 10-1 中，“洛阳种子案”是有关法律位阶原则的重要案例。仅就这个案件本身所涉及的法律渊源问题来说，法官的判决行为并无不当之处，因为作为下位法的《河南省农作物种子管理条例》，其某些条文与上位法《种子法》矛盾，因此自然应当丧失法律约束力，法官在裁判过程中不应以此作为审理案件的依据。这个案件也说明，不是一切规范性法律文件都必然要求法官无条件地适用，它们需要一个鉴别、发现的过程。只有在“法制统一性原则”指导下经过鉴别和发现，才能找到哪些法律渊源是真正具有法律约束力的，哪些仅仅具有“参照”的法律意义，哪些是根本无效的。

第二，如果两个以上的具有相同位阶的正式法律渊源对同一事项的调整存在着冲突和矛盾，那么，法律人应该按照“特别法优于一般法”的准则或“新法优于旧法”的准则来适用。例如，《中华人民共和国消费者权益保护法》第 55 条第 1 款前段规定：“经营者提供商品或者服务有欺诈行为的，应当按照消费者的要求增加赔偿其受到的损失，增加赔偿的金额为消费者购买商品的价款或者接受服务的费用的三倍。”这就是有名的“买假加倍赔偿”的规定。按照这个规定，凡消费者购买的商品或接受的服务有欺诈性质的，可以要求加倍赔偿。若发生了此种案件，应优先适用该特别规定，而不是《中华人民共和国民法典》规定的一般“合同侵权”条款。在参考案例 10-1 中，《河南省农作物种子管理条例》不是《种子法》的特别法，所以它不能优先适用。

第三，如果两个以上的处于位阶交叉的正式法律渊源对同一事项的调整存在着冲突和矛盾，那么，法律人应该如何适用呢？根据《立法法》的规定，法律人应遵循如下准则适用正式法律渊源：（1）自治条例和单行条例依法对法律、行政法规、地方性法规作变通规定的，在本自治地方适用自治条例和单行条例的规定。（2）经济特区法规根据授权对法律、行政法规、地方性法规作变通规定的，在本经济特区适用经济特区法规的规定。（3）地方性法规、规章之间不一致时，由有关机关依照下列规定的权限作出裁决：1）同一机关制定的新的一般规定与旧的特别规定不一致时，由制定机关裁决。2）地方性法规与部门规章之间对同一事项的规定不一致，不能确定如何适用时，由国务院提出意见，国务院认为应当适用地方性法规的，应当决定在该地方适用地方性法规的规定；认为应当适用部门规章的，应当提请全国人民代表大会常务委员会裁决。3）部门规章之间、部门规章与地方政府规章之间对同一事项的规定不一致时，由国务院裁决。4）根据授权制定的法规与法律规定不一致，不能确定如何适用时，由全国人民代表大会常务委员会裁决。

第三节 非正式法律渊源

一、“禁止拒绝裁判”原则

任何法律都会存在漏洞，这主要是指：当出现某些所谓“疑难案件”时，没有相关的明文法条来作为适用的法律依据。那么，这是否意味着一旦出现法律漏洞，法官只能在拒绝裁判或者任意裁判之间进行自由的选择呢？“禁止拒绝裁判”原则否认了第一种选择的可能性。所谓“禁止拒绝裁判”原则，是指法院或者法官有义务在对于不存在相应明文法律规定的情况下，对属于其管辖范围的待决案件进行裁决。同时，需要强调的是，由于罪刑法定原则的存在，“禁止拒绝裁判”原则并不适用于刑事法律的领域。① 那么为什么会存在这个原则呢？原因在于：其一，司法制度是纠纷解决机制的最有力的制度，如果法官拒绝对于此类案件进行裁判，那么将会使得这些案件被推向社会之中，进而可能引发更为严重的社会矛盾和冲突。其二，法官不但是专门从事裁判的专业人士，而且作为具有权威地位的中立者，其相对于普通人而言，更加具有恰当处理这些纠纷的能力。

那么，“禁止拒绝裁判”原则的确立是否就意味着法官可以任意地、不受约束地进行裁判呢？答案是否定的。因为即使缺乏正式法律渊源，法官尚可寻找非正式法律渊源作为案件适用的依据。例如，《民法典》第 10 条规定：“处理民事纠纷，应当依照法律；法律没有规定的，可以适用习惯，但是不得违背公序良俗。”这个条文指明了在出现法律漏洞的情形之下，法官依据何种顺序和途径去发现非正式法律渊源。法官之所以要受到非正式法律渊源的约束，原因在于：虽然在出现法律漏洞的时候，法官无法寻找正式法律渊源作为判决的直接合法性基础，但是，法官的行为同样需要与整个法律秩序或者法律原则保持一致，因此必须在利用自身所掌握的法律知识的基础上，将判决理由与法律秩序及原则的要求联系起来，进而为判决结果寻找间接的合法性基础。

之所以说这些法律渊源是非正式法律渊源，原因在于其不具有直接的、必然的法律效力，而是有法律意义、法官裁判时应予以考虑的依据；当然，法官也可以对其不予考虑。然而，对于上一节所述的正式法律渊源而言，只要其存在，那么法官就必然受到这些法律渊源的约束。就效力和意义而言，非正式法律渊源与正式法律渊源存在明显的区别。

二、非正式法律渊源的类别

（一）判例

判例，是指那些事先存在的、可能构成法官审理案件依据的判决范例。显然，很多的疑难案件并非偶尔出现的特例，其他法院或者法官已经对于此类案件作出了相应的判决，并且可能为判决结果提出了某些法律上的理由。因此，后来面对这些案件的法官就可以将这些判例视作自身判决的基础。

遵循原有的判例绝非是毫无理由的权宜之计，“同等情况同样对待”的平等原则，要求后来的法官应当依据这些事先存在的判例进行裁判；否则，将会产生同样的案件不同的

---

① 魏德士．法理学．丁晓春，吴越，译．北京：法律出版社，2003：357－358.

判决的恶果。尤其是存在业务指导关系的法院之间，下级法院对于上级法院的判决应当给予更多的关注并加以参照，这是法院层级划分的必然要求。

在当代中国，法律界对判例在司法审判中的作用已达成了共识，实行案例指导制度。2010 年 11 月 26 日，最高人民法院发布了《关于案例指导工作的规定》，其序言指出，实行案例指导工作的目的是“总结审判经验，统一法律适用，提高审判质量，维护司法公正”。其第 7 条规定：“最高人民法院发布的指导性案例，各级人民法院审判类似案例时应当参照。”该规定表明，一方面，判例或指导性案例是当代中国的一种非正式法律渊源；另一方面，作为非正式法律渊源的指导性案例只能由最高人民法院发布。

（二）习惯

习惯与法律一样，都是人们在社会之中所应当遵循的行为规范。只不过习惯具有自发演化的特征，是在特定社会条件下逐渐形成的。人们可以依据习惯所表现的行为一致性，对于他人的行为作出正面或者负面的评价，因此，习惯同样是评价其他人行为属性的标准。例如，中国人都有孝敬父母的习惯，当有人不孝敬父母时，人们就会用这个习惯来评价其行为，甚至对此加以谴责。

当面对存在法律漏洞的待决纠纷时，如果法官无法发现与同类案件相关的判例，那么他/她就可以依据社会现存的习惯作为判决考量的依据。此时，习惯就成为非正式法律渊源。习惯之所以具备这样的资格，理由有两点：

（1）任何人都是身处特定社会之中的个体，因此每个人的行为都要受到社会习惯的制约，这种调整功能甚至无法被法律所取代。因此，当法官运用习惯作为判决基础，有时产生的实际效果甚至比适用正式法律渊源更佳。

（2）作为法律渊源的习惯可以避免法官的任意裁判，由于法官的任意裁断始终存在恣意的可能性，因此利用一个客观存在的行为准则作为判决的标准，将会保障判决实现自身的实质合理性。

但是，习惯只能以非正式法律渊源的形式出现。因为习惯自身存在着某些无法克服的缺陷，即习惯本身的不确定性。具体表现如下：一方面，由于社会始终处在变迁之中，因此某一习惯是否还有效力（还为社会民众所遵守）将是一个问题；另一方面，即使某一习惯得到社会的公认，但是，这个习惯的内容同样存在不确定之处。① 例如，在中国，“过年回家团聚”这个传统习惯的内容就是不确定的，因为它不但没有说明违反习惯所能引发的不利后果，而且没有说明在何种情形之下，民众拥有违反这个习惯的正当理由。因此，将习惯作为非正式法律渊源时，必须运用法律解释和法律推理的技术将此标准具体化、确定化。

（三）法理

所谓法理，并非如同本课程的名称那样是指有关法律的一般理论。这里的法理，是指普遍的正义观念与要求。② 正义是伦理观念的集中体现，它的存在向人们昭示了人类、国家与社会存在的道德标准和道德要求。正是由于正义观念具有如此重要的地位，因此每个人或多或少都将它视为评价自身以及他人行为的标准。依据正义之标准，人们可以对自身或者他人的行为作出“正当”与“不正当”、“好”与“坏”的价值评价，进而使得被评价

① 魏德士．法理学．丁晓春，吴越，译．北京：法律出版社，2003：106.

② 黄茂荣．法学方法与现代民法．北京：中国政法大学出版社，2001：4.

者的行为受到正义观念和要求的约束。

在司法过程中，在缺乏正式法律渊源而又无法寻找判例或者习惯弥补法律漏洞的情况下，法官可以通过援引正义观念对案件进行裁判。虽然作为个体存在的法官同样会受到正义观念的影响，但是，正义观念本身不能因此便具有成为判决基础的资格，所以对于正义观念的援引必须以穷尽正式法律渊源，以及判例与习惯这两类非正式法律渊源为条件。同时，像习惯一样，正义观念同样存在着不确定的缺陷，而且对于正义观念的探索将会引发相当广泛的讨论，这些讨论甚至会陷入“公说公有理、婆说婆有理”的尴尬局面，这反而会影响对于正义内容的明确。如果情况果真如此，那么，我们就很难始终将正义视为判决的基础，因为一个游移不定的对象很难成为判断其他事务的标准。

通过以上分析，我们可以发现，虽然法官个人会始终受制于正义观念，但是这不等于说他/她必然需要以此作为判决的基础，因此正义只能被视为非正式法律渊源。所以，就像习惯一样，我们同样需要认真对待正义；换言之，只有在特定条件成就的时候，才能够依据正义观念作出判决。

【本章小结】

法律渊源是指特定法律共同体所承认的、具有法的约束力或具有法律说服力，并能够作为法律人的法律决定之大前提的规范或准则来源的那些资料。法律渊源对于法律推理而言是必不可少的条件。它可以分为正式法律渊源与非正式法律渊源。正式法律渊源是指那些具有明文规定的法律效力并且能够直接作为法官审理案件之依据的规范来源，如宪法、法律、法规等，主要为制定法，即不同国家机关根据具体职权和程序制定的各种规范性文件。非正式法律渊源是指那些不具有明文规定的法律效力，但具有法律说服力并可能构成法官审理案件之依据的准则来源，如正义标准、理性原则、公共政策、道德信念、社会思潮、习惯等。

我国正式法律渊源表现为如下类型：宪法；法律；法规（行政法规和地方性法规）；规章；自治条例和单行条例；国际条约与国际惯例。

【本章研习活动】

1. 讨论

2002 年，某省人大制定了一个有关本省未婚女性可以通过试管婴儿的方式生育后代的地方性法规；同时，国务院卫生部向全国医院系统下发了有关禁止通过试管婴儿的方式生育后代的规定。假设该省的某女 A 要求本省的 B 医院为其实施通过试管婴儿的方式生育后代的某些医学措施，B 医院拒不接受，后 A 诉至 C 法院。

问题：

C 法院的法官如何对此案作出判决？为什么？

要点提示：

可以根据参考案例 10－1 讨论此案。

2. 分析

假设某家族存在如下习惯——“未按时参加家族祭祀祖先活动者，视为藐视祖先，因而剥夺其继承权”，家族成员A因为未能按时参加当年的祭祀活动而被剥夺了遗产继承权。后A诉至法院。他所持的理由有两点：其一，A本身既缺乏劳动收入，又缺乏生活来源；其二，《中华人民共和国民法典》第1130条第2款规定：“对生活有特殊困难又缺乏劳动能力的继承人，分配遗产时，应当予以照顾。”

问题：

如果你是一个法官，对于这个案件应如何处理？请说明理由。

要点提示：

这里涉及的是，对于正式法律渊源与非正式法律渊源应如何选择适用。

【推荐阅读材料】

1. ［德］魏德士著，丁晓春、吴越译：《法理学》，北京，法律出版社，2003。
2. 黄茂荣：《法学方法与现代民法》，北京，中国政法大学出版社，2001。

第十一章 法律效力

【本章引言】

一个法律规则即使在它缺乏实效的情况下，也是有效力的。

——汉斯·凯尔森

法律的效力是以它所引起的爱戴和尊重为转移，而这种爱戴和尊重是以内心感到法律公正和合理为转移的。

——罗伯斯庇尔

【本章学习目标】

通过本章的学习，你应该能够：

1. 掌握法律效力的概念；
2. 了解法律效力的范围；
3. 熟悉法律溯及力的相关理论。

第一节 法律效力概述

一、法律效力的含义

简单地说，所谓法律效力（validity of law），是指法律对法律主体的约束力或拘束力。通常有广义和狭义之分：广义的法律效力，是指所有法律文件的效力，无论是规范性法律文件还是非规范性法律文件，均具有法律效力；狭义的法律效力，是指规范性法律文件的效力。规范性法律文件与非规范性法律文件的区别在于，其约束力的范围是针对特定主体还是不特定主体。针对特定主体的就是非规范性法律文件，例如，法院判决只针对当事人产生约束力；针对不特定主体的是规范性法律文件，例如，全国人大制定的基本法律就是约束不特定主体的行为的。本章所讨论的法律效力是指狭义的法律效力。就我国法律体系而言，这种狭义的法律效力是指制定法（成文法）所具有的拘束力。

法律效力是法理学研究的主要问题之一。首先，我们需要追问的是法律为什么对人们具有约束力或强制力，即法律有效的理由和根据是什么。这是现代西方法理学中的法概念论研究的核心内容。其次，我们需要追问的是法律在什么时间、什么空间对哪些对象具有约束力和强制力，即法律效力的范围。这是中国法理学中的关于法律效力研究的核心内容。

二、法律效力的根据

法律效力的根据或理由是什么？不同法学家有不同的主张。德国法学家阿列克西将法律效力的根据区分为社会学的、伦理的和法律的等。[①] 另一位德国法学家魏德士将其区分为应然效力、实然效力和道德效力等。[②] 我们将其区分为形式效力、事实效力和道德效力等。

（一）法律的形式效力

法律的形式效力是指如果特定法律是有权国家机关按照正当程序制定的，那么该法律就应该具有约束力和强制力。这个观点强调的是法律效力的根据来自国家，也就是说，法律之所以具有效力，是因为它是国家制定的并由国家的强制力保证实施的，而不管该法律在内容上是否是正当的，也不管该法律在现实生活中是否得到人们的实际遵守。因此，这种法律效力也可以被称为应然效力。

（二）法律的事实效力

与法律的形式效力不同，法律的事实效力是指法律在多大程度上得到人们的实际遵守。虽然制定法具有应然的法律效力，但是，这不等于法律在现实生活中会获得人们的实际遵守。很多时候，人们基于各自的原因，会出现违反法律的情况，此时法律的形式效力受到侵犯；同时，即使在出现违反法律规定的行为的时候，也并不必然会引发国家的强制惩罚。虽然此时法律仍然具有形式效力，但是这种效力受到了限制。因此，我们发现，法律效力的概念还需要包括实际上被遵守的程度，这被称为法律的事实效力。

（三）法律的道德效力

法律的道德效力是指特定法律的内容能够得到道德的支持与证成，因此该法律具有强制力和约束力。具有形式效力和事实效力的法律并不一定具有道德效力，但是大多数社会成员对于法律的遵守是基于共同的法律确信，而这种共同确信所根据的是得到认可的社会道德的基本价值。[③] 也就是说，大多数人之所以遵守法律，是因为他们认为法律的内容与他们所接受的道德是一致的。法律的道德效力强调法律必须获得人们内心的认可和接受，因此它可以加强法律的事实效力。

法律效力的三种根据对于理解法律的功能及其实现至关重要。如果法律在现实中被普遍违反，那么这将会危害到法律的形式效力。如果法律丧失或者缺少道德效力的支持，那么法律的事实效力也会受到削弱，而且该国家的法律不可能长久地、持续地存在。[④] 因

---

① ROBERT ALEXY. The argument from injustice. Oxford：Clarendon Press，2002：85.

② 魏德士．法理学．丁晓春，吴越，译．北京：法律出版社，2003：154.

③ 同②153.

④ 同②155.

此，法律的形式效力必须得到法律的事实效力与道德效力的支持。

三、法律的效力范围

所谓法律的效力范围，是指规范性法律文件或者制定法在什么时间、何种空间以及对于何种对象有效，从而产生行为拘束的后果。依据这个概念，法律的效力范围可以具体分为如下三个部分。

（一）法律的时间效力范围

由于法律不具有延续不断的约束力，它总有一个产生约束力与丧失约束力的时间范围。在法律的生效时间内，法律会通过设定权利与义务的方式影响人们的行为。因此，明确法律效力的时间范围将会告诉人们哪些法律应当遵守。例如，古代的法律由于丧失了时间上的效力，因此现代的人们无须保持对其的遵守，这些法律已经无法影响到人们的权利与义务。

（二）法律的空间效力范围

法律的空间范围明确了法律产生影响的地域因素，生活在特定领域之内的人们，就具有遵守这些法律的义务；否则，即使这些法律在生效的时间之内，但是人们生活在其效力领域之外，也依然可以摆脱遵守这些法律的义务。

（三）法律的对人效力范围

法律的对人效力其实是为了明确法律约束的主体。因此，对人效力其实是对于何种法律主体具有约束力的问题。即使是在某一个法律的生效时间和空间范围之内，很多主体同样不具有遵守这些法律的义务。因此需要通过对人效力的概念，明确哪些主体应当遵守法律、应当遵守哪些法律，以及哪些主体基于什么样的理由可以不受法律的约束。

总之，法律效力范围的概念，是为了明确法律所能约束的对象范围，进而将法律对于人们行为的影响限制在一定的领域之内。因此，在立法和法律实施过程中需要确定法的时间效力、空间效力与对人效力。

第二节　法律的时间效力

法律的时间效力，是指法律何时开始生效、何时终止效力，以及法律对于其生效前的事件或者行为是否具有溯及力的问题。也就是说，时间效力设定了法律对于人们行为约束的时间期限。在这个时间期限之内，人们具有服从法律的义务；在这个时间期限之外，人们就会解除服从法律的义务，恢复行为的自由选择的性质。

一、法律的生效时间

在我国，法律的生效时间，一般会表现为如下五个方面。

（一）自法律公布之日起生效

除了在古代的“神秘法”阶段，法律必须公之于众，因为它是一种明确的行为规范，必须为人们所知道。因此，法律的公布之日就成为人们有义务遵守这个法律的起始时间。

同时，在我国的立法程序之中，法律的制定或者法律的通过与法律公布的时间并不一致，因此不能以法律通过的时间作为法律的生效时间。例如，我国于 1980 年 9 月 10 日五届全国人大三次会议通过的《中华人民共和国国籍法》第 18 条规定："本法自公布之日起施行。"采用这种法律生效形式的还有《中华人民共和国个人所得税法》《中华人民共和国民事诉讼法》等。

（二）具体规定本法的生效时间

对于某些法律而言，法律的公布时间并非其具有法律效力的时间，而是由该法具体加以规定。这是因为，此类法律的生效除了公布这个条件以外，还需要其他的辅助性条件。例如，《中华人民共和国刑法》于 1997 年 3 月 14 日由全国人民代表大会通过，同日由中华人民共和国主席公布，但生效日期是 1997 年 10 月 1 日。由于新旧刑法之间需要一定的衔接，因此需要给予司法机关相应的准备时间。所以，一旦出现新旧法过渡的情况，这样的准备时间就是必需的。具体规定生效时间，是我国现阶段关于法律生效时间形式中使用最多的一种形式。绝大多数法律采用此形式，如《中华人民共和国民法典》《中华人民共和国消费者权益保护法》等。

（三）比照其他法律以确定本法律的生效时间

由于某些法律的目的在于辅助其他法律的应用，因此这些法律就需要比照其辅助的法律确定自身的生效时间。否则，这些法律很难顺利获得实际上的约束力。例如，1982 年 2 月公布的《中华人民共和国外国企业所得税法施行细则》（已废止）第 50 条规定："本细则以《中华人民共和国外国企业所得税法》的公布施行日期为施行日期。"而《中华人民共和国外国企业所得税法》（已废止）第 19 条规定："本法自 1982 年 1 月 1 日起施行。"故《中华人民共和国外国企业所得税法施行细则》应从 1982 年 1 月 1 日起生效。也就是说，该施行细则虽然于 1982 年 2 月公布，但其效力开始于 1982 年 1 月 1 日。

（四）自法律试行之日起生效

在完善市场经济法律体系的过程中，由于我国缺乏足够的立法经验，因此常常采用"试行"的办法来综合评价某一法律的实际效果，以便为正式的立法创造条件。所有试行的法律都是自试行之日起生效，试行日一般由该法律或法规自身规定或另行颁布法律、法规加以规定。例如，《中华人民共和国破产法（试行）》（已废止）和《中华人民共和国食品卫生法（试行）》（已废止）即属于这种情况。

（五）自法律文件到达之日起生效

在通信、交通极为不便的地方，法律往往不能实现自公布之日起同时在全国生效，因而各地区生效时间依法律文件到达该地区主管官署之日起计算。法律文件到达之日并非指法律文件的实际到达日，而是指法律所确定的一定日期。法律确定的到达日期一到，即视为法律文件到达，法律即在该地区开始生效，而不问法律文件是否早于或晚于这一日期实际到达。当然，法律在确定不同地区的到达日期时，要充分考虑到这些地区的邮政、交通等因素。目前，这种生效方式在我国已基本不存在。

二、法律的失效时间

法律可以通过明令废止或默示废止的形式而终止其效力。我国法律的终止生效时间主要有下面五种形式。

（一）新法公布后，原有的法律即丧失效力

如果同类新法公布时，立法机关并没有宣布废除同类旧法，那么基于“新法优于旧法”的原则，旧法自新法具有法律效力开始，丧失对于人们行为的约束力，即旧法失效。例如，1982 年 12 月 10 日五届全国人大五次会议通过了《中华人民共和国国务院组织法》，1954 年一届全国人大一次会议通过的《中华人民共和国国务院组织法》就自然失效。

（二）新法取代原有法律，同时宣布旧法作废

如果同类新法公布时，立法机关宣布废除同类旧法，那么旧法自然丧失法律效力。例如，2000 年 7 月 8 日第九届全国人民代表大会常务委员会第十六次会议通过的《中华人民共和国海关法》（2000 年 7 月、2013 年 6 月、2013 年 12 月、2016 年 11 月、2017 年 11 月、2021 年 4 月修正）第 102 条规定：“本法自 1987 年 7 月 1 日起施行。1951 年 4 月 18 日中央人民政府公布的《中华人民共和国暂行海关法》同时废止。”我国有许多法律的废除都采用这种方式。

（三）法律本身规定的有效期届满

某些法律或法规的存在是为了解决个别问题，它会围绕着这些问题规定自身产生约束力的时间段，所以这类法律或法规会因为本身规定的有效期届满而失效。例如，《中华人民共和国 1986 年国库券条例》，该法律只调整 1986 年的有关国库券问题的事项，自 1987 年 1 月 1 日起该法律就自动终止其效力。

（四）由有关机关颁发专门文件宣布废止某个法律

由于法律以特定社会关系作为调整的对象，如果法律调整的对象已经不存在了，那么就可以通过“明文废止”的方式解除这个法律的约束力。例如，新中国成立后，中华人民共和国中央人民政府委员会用专门的法令废除了国民党统治时期制定的旧法律。这次废除的法律是所有的旧法律，所以废除的是整个法统、整个法律体系。

（五）法律已完成其历史任务而自行失效

某些法律存在的目的是解决特定的历史问题，因此一旦这些问题消失，那么法律也就丧失了存在的意义。例如，我国于 1950 年开始施行的《中华人民共和国土地改革法》因土地改革这一阶段性事项的完结而失去了效力，其失效的时间就是土地改革完成之时。该法的失效并不等于依该法取得的土地权属关系失效。土地权属关系一旦依该法确定，只要没有新的法律来改变，则仍应维持。

三、法律溯及力

（一）法律溯及力的概念与原则

1. 法律溯及力的概念

法律溯及力，又称法律溯及既往的效力，是指新的法律颁布后，对其生效以前所发生的事件和行为是否适用的问题。如果适用，新的法律就具有溯及力；如果不适用，新的法律就没有溯及力。一般来说，法律溯及力有两种情况：法律的时间效力始于生效之日，终止于失效之时，对于法律生效之前的事件和行为不适用该法的，称为不溯既往原则。与此相对应，如果法律追究生效之前的事件和行为，则称为溯及既往原则。

2. 法律溯及力的原则

（1）从新原则：新的法律颁布后，对其生效以前所发生的事件和行为一律适用。或者说，法律一律具有溯及力。

（2）从旧原则：新的法律颁布后，对其生效以前所发生的事件和行为一律不适用。或者说，法律一律不具有溯及力。

（3）从新兼从轻原则：新的法律颁布后，原则上，对其生效以前所发生的事件和行为一律适用，除非旧法处罚轻于新法处罚。或者说，原则上承认法律的溯及力，但是，在旧法处罚轻于新法处罚的时候，反对法律的溯及力。

（4）从旧兼从轻原则：新的法律颁布后，原则上，对其生效以前所发生的事件和行为一律不适用，除非新法处罚轻于旧法处罚。或者说，原则上否认法律的溯及力，但是，在新法处罚轻于旧法处罚的时候，肯定法律的溯及力。

（二）通行标准

关于法律的溯及力问题，不同的国家，在不同的历史时期采用不同的原则。但在近现代，各个国家从保护公民的权利和自由出发，从维护社会关系的角度出发，法不溯既往已成为大多数国家所采用的一个原则。有的国家把法律不溯既往作为一个宪法原则规定下来。例如，《美国宪法》第 1 条第 9 款规定：追溯既往的法律不得通过之。又例如，法国的《人权宣言》第 8 条规定：法律只应规定确实需要和显然不可少的刑罚，而且除非根据在犯法前已经制定和公布的且系依法施行的法律以外，不得处罚任何人。法律不溯既往的原则也体现于民法之中。例如，《法国民法典》第 2 条规定：法律仅仅适用于将来，没有追溯力。在刑事立法方面，英国及美国的许多州都采用法律不溯既往的原则。

当然，任何原则都是相对的，都可能有例外。法律不溯既往原则亦是如此。例如，瑞士某些州的刑法，采用从新原则，新的刑法对于新法生效前未经审判或判决尚未确定的行为完全具有溯及力，都要适用行为实施后变更了的新的刑法。又如《日本刑法》第 6 条规定：由于犯罪后的法律有变更致刑罚发生变更时，使用处刑较轻的法律。这种有条件地否定法律不溯既往原则，其条件往往是更有利于行为人（主要是被告人），因而能被现代社会所接受。当今，绝大多数国家采用有条件地否定法律不溯既往原则，即采用从旧兼从轻原则。

（三）我国的规定

我国关于法律的溯及力问题，主要体现在刑事立法之中。我国在 1979 年通过的《中华人民共和国刑法》中就有关于溯及力问题的明确规定。1997 年修订的《中华人民共和国刑法》也有关于溯及力问题的明确规定。根据其规定，我国刑法原则上没有溯及既往的效力，但是当该刑法的处罚较轻时或该刑法视为不是犯罪时具有溯及既往的效力，这体现了从旧兼从轻原则。在 1979 年至 1997 年间制定的 24 个特别刑事法规中，有 2 个对法律溯及力问题作了特别规定，即全国人大常委会制定的《关于严惩严重破坏经济的犯罪的决定》和《关于严惩严重危害社会治安的犯罪分子的决定》。除此之外，我国宪法和其他法律、法规很少有关于法律的溯及力问题的规定。在实践中，通常是通过司法解释处理这一问题，有的采用法律不溯既往原则，有的则采用法律溯及既往原则。例如，《最高人民法院关于贯彻执行〈中华人民共和国民法通则〉若干问题的意见（试行）》（已废止）第 196 条规定：“1987 年 1 月 1 日以后受理的案件，如果民事行为发生在 1987 年以前，适用民事行为发生时的法律、政策，当时的法律、政策没有具体规定的，可以比照民法通则处理。”该意见第 197 条规定：“处理申诉案件和按审判监督程序再审的案件，适用原审审结时应当适用的法律或政策。”这一司法解释基本上采用了法律不溯既往的原则。又例如《最高人民法院关于贯彻执行〈中华人民共和国继承法〉若干问题的意见》（已废止）第 64 条第 1 款规定：“继承法施行前，人民法院已经审结的继承案件，继承法施行后，按审判监督程序提起再审的，适用审结时的有关政策、法律。”这是法律不溯既往的司法解释。但是该意见第 64 条第 2 款又规定：“人民法院对继承法生效前已经受理、生效时尚未审结的继承案件，适用继承法。但不得再以超过诉讼时效为由驳回起诉。”这一款的规定又体现了继承法具有溯及既往的效力。可以看出，在同一司法解释中，根据不同的情况采用了不同的关于溯及力的规定。

第三节 法律的空间效力

法律的空间效力，是指法律在哪些地域范围内发生效力的问题。一般来说，在一个主权国家，法律适用于主权管辖范围内的全部领域，包括领土、领海、领空以及其他延伸意义上的领域（如驻外使馆、航行或停泊在任何地方的本国船舶及飞机内）。但是，具体而言，由于制定法律的机关不同，法律的空间效力也存在一定的差别。我国从维护国家主权和领土完整以及国家统一的原则出发，可以将法律的空间效力大致分为三种情况。

一、在全国范围内生效

凡中央国家机关制定的法律法规，在全国范围内生效。例如，全国人民代表大会制定的宪法和基本法，全国人民代表大会常务委员会制定的基本法以外的法律，国务院制定的行政法规等，均在全国范围内生效。当然，这并不排除中央国家机关制定的法律也有在特定范围内使用的情况。例如，《中华人民共和国渔港水域交通安全管理条例》，虽然它是由国务院制定的，但条例本身规定了其仅在沿海以渔业为主的渔港及其水域适用。同时，该条例作为国务院制定的行政法规，又具有全国性的效力，任何地方国家机关、企事业单位、法人和自然人都应自觉遵守，比如许多省、自治区人大及其常委会虽不在“渔港及其水域”这个范围之内，但是在其制定相关的地方性法规时不得与此矛盾，因为此条例虽然不在这些省、自治区适用，但在这些区域生效。因此，不能认为不具司法适用效力就没有法律效力。

参考资料 11－1

《中华人民共和国香港特别行政区基本法》是对香港特别行政区的政治、经济、文化、教育等社会制度的规定，而不是对其他地域的社会制度的规定。虽然《中华人民共和国香港特别行政区基本法》关于香港社会制度的规定只能在香港这个区域实施，而不能在其他区域实施，但是，该法作为全国人大制定的法律，是全国性法律。因此，这个法律应在全国范围内有效，一切国家机关、社会团体、企事业单位和公民都必须遵守。

二、在局部地区生效

凡是地方国家机关制定的法规，只能在制定机关所管辖的范围内生效。例如，我国各省、自治区、直辖市人民代表大会及其常委会制定的地方性法规或自治条例，仅在相应地区生效。

三、在域外生效

所谓域外生效，是指法律的效力及于其制定的国家所管辖的领域之外。目前，有的法律不仅在国内生效，而且根据国家主权原则还往往适用于国外发生的特定事件和行为。例如，我国《刑法》第 10 条规定："凡在中华人民共和国领域外犯罪，依照本法应当负刑事责任的，虽然经过外国审判，仍然可以依照本法追究，但是在外国已经受过刑罚处罚的，可以免除或者减轻处罚。"这就充分体现了我国的主权原则。

此外，我国刑法从维护国家统一和国家主权原则出发，规定凡犯罪的行为或者结果有一项发生在中华人民共和国领域内，就认为是在中华人民共和国领域内犯罪。也就是说，我国刑法所列举的犯罪行为无论是在我国开始还是在他国完成，或者在他国开始而在我国完成，我国法院都可以行使管辖权。例如，我国公民和法人在域外所发生的民事关系，依照我国法律和我国所签订的国际条约或者依照国际惯例，应当适用本国法律的，也适用我国民事法律的规定。外国人、无国籍人和外国机构在我国领域内所发生的民事关系，除我国法律和我国所签订的国际条约另有规定的以外，适用我国民事法律的规定。这些规定，既维护了我国的主权，同时又符合国际惯例。

第四节　法律的对人效力

法律的对人效力，是指一个国家的法律对哪些人有效的问题。这里所说的"人"，既包括自然人，也包括法人和非法人组织。

一、对人效力的原则

任何一个国家，法律对自然人的效力问题都可能发生几种情况，即本国公民在本国适用法律的问题；非本国公民在本国适用法律的问题；本国公民在外国侵犯了本国利益而适用法律的问题；等等。关于这些问题，由于各个国家立法的原则不同，大体上有以下四种做法：

（1）属人主义，即法对自然人的效力以国籍为准，适用于本国人，不适用于外国人。具体内容包括：本国人无论是居住在国内还是在国外，本国法律均对其有效；外国人即使生活在本国领域内，也不适用本国法律。

（2）属地主义，即法对自然人的效力以地域为准，不论是本国人还是外国人，凡居住在本国领域一律适用本国法；而本国人在国家领域外，则不适用本国法律。

（3）保护主义，即以维护本国利益为根据，不管是什么国籍的人，在什么地方的行为，只要侵害了本国的利益，就适用本国的法律。

（4）折中主义，即居住在本国领域外，一律适用居住国的法律，但有关公民义务，民法中的婚姻、家庭、继承，刑法中有特殊规定的某些犯罪，一般适用本国法律。

现代各国的法律多采用以属地主义为基础，以属人主义作为补充，兼及保护主义的折中主义原则，我国亦如此。

二、我国法律的对人效力

根据我国国家的主权原则和国际通用的惯例，我国法律对自然人的效力包括对中国公民的效力和对外国公民的效力两个方面。

（一）对中国公民的效力

凡是具有中国国籍的人，都是中国公民。中国公民，在中国领域内一律适用中国法律。中国公民在国外的，原则上仍适用中国法律，但当中国法律与所在国的法律发生冲突时，要区别不同的情况和具体的国际条约、协定及国内法的规定，来确定是适用中国法律还是适用外国法律。

（二）对外国公民的效力

外国公民通常是指具有某一外国的国籍而不具有本国国籍的自然人，其中也包括无国籍人和多重国籍的人。中国法律对外国公民的适用包括两种情况：一是对在中国境内的外国公民的适用问题；二是对中国境外的外国公民的适用问题。外国公民在中国境内，除法律另有规定外，一般适用中国法律。所谓“另有规定”，一般是指法律上明确规定不适用中国法律的情形，比如享有外交特权和豁免权的外国人，需要通过外交途径解决。关于外国公民在中国境外对中国国家或中国公民的犯罪，按中国《刑法》规定的最低刑为 3 年以上有期徒刑的，可以适用中国《刑法》，但是按照犯罪地的刑法不构成犯罪的除外。

【本章小结】

法律效力是指法律对法律主体的约束力或拘束力。通常有广义和狭义之分：广义的法律效力，是指所有法律文件的效力，无论是规范性法律文件还是非规范性法律文件，均具有法律效力；狭义的法律效力，是指规范性法律文件的效力。西方法理学中关于法律效力研究的主题是法律效力的根据，中国法理学中关于法律效力研究的主题是法律效力的范围。法律的效力范围可以具体分为三个部分：法律的时间效力；法律的空间效力；法律的对人效力（法律的对象效力）。

【本章研习活动】

1. 分析

赖昌星犯走私罪，1999 年逃往加拿大，2011 年被遣返回国，2012 年 5 月被判处无期徒刑。请以此案例分析，法律效力与法律实效之间的关系。

2. 讨论

依据法律对人效力的四个原则，讨论在不同原则支持之下，赖昌星是否应当受到我国法律的约束。

【推荐阅读材料】

1. 张文显：《二十世纪西方法哲学思潮研究》，北京，法律出版社，1996。

2. ［德］魏德士著，丁晓春、吴越译：《法理学》，北京，法律出版社，2003。

第三编

社会中的法

第十二章　法的演进

【本章引言】

法与时转则治，治与世宜则有功。

——韩非子

有社会即有法律，有法律即有社会。

——西方法谚

在社会发展某个很早的阶段，产生了这样一种需要：把每天重复着的产品生产、分配和交换用一个共同规则约束起来，借以使个人服从生产和交换的共同条件。这个规则首先表现为习惯，不久便成了法律。

——恩格斯

法律最初是从自然产生的；接着，被断定为有用的标准后就相因成习地确定下来；最后，尊敬的神圣又对这一从自然产生的并为习惯所确定的东西加以认可。

——托马斯·阿奎那

【本章学习目标】

通过本章的学习，你应该能够：

1. 了解原始社会的社会组织和行为规范；
2. 了解法的演进所面临的时代问题及未来演进趋势；
3. 熟悉法律产生的原因、过程和标志，以及法的历史类型；
4. 掌握法的继承与移植，以及法的传统与现代化。

第一节　法的起源

根据马克思主义法学理论的观点，国家和法是人类社会发展到一定历史阶段的产物。在此以前，人类曾经历了长达数百万年没有国家和法的原始社会时期。法的起源理论主要考察原始社会中人类的社会组织和行为规范有什么特征，在什么条件下产生了法，法律产生的过程及标志，以及法与原始社会的习惯有什么区别等问题。

一、原始社会的规范

（一）原始社会的生产方式与社会组织

原始社会是人类发展史上的早期阶段，社会生产力发展水平非常低下，生产工具简陋，采集和渔猎是获得生活资料的最主要方式，到了原始社会晚期，人类才学会经营畜牧业和农业。在原始社会，一个人的劳动所得在用于消费后没有剩余，剥削他人劳动是不可能的，人们只有依靠集体的力量才能维持生存，因而，共同占有生产资料、共同劳动、平均分配是原始社会生产方式的主要特征。

与当时的生产方式相适应，原始社会没有私有制、剥削和阶级，也没有与阶级划分相联系的各种政治、经济组织。在原始社会，社会组织的基本单位是氏族。它是以血缘关系为纽带而形成的、内部禁止通婚的亲属集团，而非地域性的联盟。氏族以及由它发展而成的胞族、部落以及部落联盟，构成了原始社会的组织系统。氏族内部实行原始的民主管理。氏族的公共事务由氏族议事会共同讨论决定，没有专门从事管理的、凌驾于社会之上的特殊公共权力机构。氏族首领由选举产生，随时可以撤换，只负责处理内部日常事务和领导对外战争，没有任何特权，也不脱离生产，他们依赖氏族、部落的习惯和成员对他们的信任及尊敬来执行其职务。

（二）原始社会的行为规范

原始社会没有国家，也没有法律，却是一个无政府而有秩序的社会。维护社会秩序的力量除了氏族组织外，还有为人们共同遵循的、带有一定强制性的行为规范。这种行为规范就是氏族习惯。

氏族习惯是人们在长期生产和生活中自发形成的，经过世代相袭，为全社会公认的、神圣不可侵犯的传统，其内容十分广泛。如禁止氏族内部通婚；参加氏族公共事务的讨论、决定和管理；解决氏族内部的纠纷，相互保护和进行血亲复仇；共同继承氏族已故成员的个人财产；共同举行宗教仪式和祭祀死者；维护氏族共同利益等。对原始社会的调控机制，恩格斯曾有生动的描述：“而这种十分单纯质朴的氏族制度是一种多么美妙的制度呵！没有士兵、宪兵和警察，没有贵族、国王、总督、地方官和法官，没有监狱，没有诉讼，而一切都是有条有理的。一切争端和纠纷，都由当事人的全体即氏族或部落来解决，或者由各个氏族相互解决……一切问题，都由当事人自己解决，在大多数情况下，历来的习俗就把一切调整好了。”①

二、法律产生的原因

原始社会的社会组织和习惯后来又怎样发展？法又是怎样产生的呢？人类学家、社会学家和法学家有各种各样的解答。法是以社会为基础的，法的产生和发展是多种社会因素相互作用的产物。这些因素可归结为两个方面，即经济根源和阶级划分与阶级斗争的结果。

（一）法律产生的经济原因

在原始社会末期，生产力水平的提高引起了三次社会大分工，即畜牧业和农业的分

① 马克思，恩格斯．马克思恩格斯选集：第4卷．3版．北京：人民出版社，2012：108-109.

工、手工业和农业的分工以及商业的出现。每次社会大分工都促进了生产力的发展，提高了劳动生产率，在经济结构和社会结构方面引起了一系列的变动。这主要表现在：首先，社会分工的发展出现了剩余产品和产品交换，产品的交换使个人的财富迅速积聚起来，促进了私有财产的产生和发展。与此同时，氏族公社的土地也逐渐由共同占有和使用转为由家庭使用，继而变为私有财产。随着私有财产的产生，原始社会的公有制经济逐步瓦解。其次，随着私有制的出现，使用奴隶进行农业和手工业生产成为增加私有财产的重要手段。战争的俘虏不再被杀掉，转而成为家庭奴隶，随之氏族成员之间也有了贫富的差别，一些贫穷者往往因无力偿还债务而沦为奴隶。于是社会分裂为利益不同甚至对立的阶级，完全破坏了原始社会那种平等的、相互协作的关系。再次，随着生产力和社会分工的发展，个体家庭开始出现并成为社会生产的基本单位，构成与氏族组织相对抗的力量。最后，随着商品交换的发展，氏族和部落的成员开始杂居，使原始社会以血缘关系为基础的社会结构逐渐解体。

综上所述，随着社会生产力的发展，社会分工和产品交换的出现，产生了私有制经济，社会分裂为阶级，从而从根本上改变了原始社会的经济结构和社会结构。原始社会原有的社会组织和行为规范已经不能适应变化了的情况，一种新的社会组织和行为规范不可避免地产生了。

（二）法律产生的阶级与政治原因及其他因素

在三次社会大分工所造成的深刻变化面前，氏族制度的解体成为必然。私有制的确立摧毁了氏族制度赖以存在的经济条件。由于私有制和阶级的出现，原始社会的管理机关——氏族和部落议事会在性质上发生了变化。

首先，随着社会结构的变化，氏族首领逐渐脱离生产而成为氏族贵族，他们利用手中的职权把氏族首领由公众选举逐渐转变为世袭；把维护氏族成员全体利益的机关变为维护奴隶主利益的特殊机关。

其次，由于阶级矛盾的激化与不可调和，在氏族管理机构中增加了用以镇压奴隶反抗和对外进行战争的暴力机构，如军队、法庭、监狱等。这些机构成为社会公共权力的主要组成部分。

最后，已形成的社会公共权力的管辖范围，由按照血缘关系划分逐渐转变为按照地域划分，从而使这种社会管理机关完全割断了氏族血缘关系的脐带，成为一个全新的管理组织。

基于以上变化，只靠当事人自觉、舆论压力、酋长的威望和没有暴力手段的氏族大会来维持社会秩序的原始调控机制已很难发挥作用。随着私有制和奴隶制日益成为社会结构中的主导因素，原始的氏族制度最终被一种凌驾于社会之上的、由职业官吏所组成的、以有组织的暴力为基础的特殊公共权力所代替。这种特殊的公共权力就是国家机构。

氏族制度的解体和国家的诞生与法的产生，是同一个历史过程。私有制、阶级和国家产生以后，原有的氏族组织和氏族习惯已无力满足维持社会秩序的需要，作为统治阶级的奴隶主为了维护自己的统治地位，使之具有神圣不可侵犯的性质，便对原有的氏族习惯加以取舍，认可那些与现行社会结构相一致的习惯规范，取消那些与现行社会结构不一致的习惯规范，并创制一些新的规范来调整新的社会关系；同时，用有组织的暴力来保障这些社会规范得以实施。这样，一种区别于原始社会规范的特殊规范——法律规范体系便逐渐成长起来，成为建立和维持社会秩序的手段。

另外，法的产生，除了经济、阶级根源外，也受到人文、地理等因素的影响。例如，随着社会经济的发展，社会公共事务也比原始社会日益复杂和增多。为了处理这些事务，原始社会中的极为简单的习惯已不再适合，因而就需要一种新的行为规则，即法律。

（三）法与原始社会氏族习惯的区别

法作为一种新型的社会规范体系，与原始的社会习惯有着根本的不同。其主要区别是：

第一，两者体现的意志不同。阶级对立社会的法代表着在社会中占主导地位的统治阶级的意志；原始社会的习惯则反映和维护着该社会全体成员的共同意志。

第二，两者产生的方式不同。法是由国家有意识地制定和对原有习惯加以选择、确认而形成的；原始社会的习惯是在共同生产和生活中，以传统的方式自发地形成和演变的。

第三，两者实施的方式不同。法是由国家强制力，即以警察、法庭、监狱和各种强制机关作为后盾保证其执行的；原始社会的习惯是依靠当事人的自觉、舆论和氏族首领的威望来保障其实施的，它虽然具有强制力，但在性质和形式上与法律的强制性不同。

第四，两者适用的范围不同。法一般适用于国家权力管辖范围内的所有居民；原始社会的习惯只适用于具有血缘关系的同一氏族或部落的成员，不以地域划分为标准。

第五，两者的根本目的不同。法是以实现统治阶级利益为首要目的，建立和维护有利于统治阶级的统治关系和社会秩序；原始社会的习惯是维护氏族成员共同利益，维系社会成员间平等互助关系的手段。

三、法律产生的过程

国家和法是同一历史过程中出现的两种社会现象，法作为相对独立的社会现象，在不同的民族和社会中有其不同的形成过程。但在各种差别的背后，法的产生遵循着一些共同的规律。

第一，法律对人们行为的调整从个别调整逐步发展成为规范性调整，即不是对特定人、特定事的调整，而是对一般人、一般事的调整。

参考资料 12－1

古代西亚楔形文字法的主要法典——《苏美尔法典》第一条规定：推撞自由民之女，致堕其身内之物者，应赔偿银十舍客勒。该法典第九条规定：倘牛伤害栏中之牛，则应以牛还牛。①

从参考资料 12－1 中《苏美尔法典》的条文可知：法律萌芽之初，对行为的调整是针对个别行为进行的。这种现象在欧洲早期日耳曼法的形成过程中也是如此，实行罪和罚的“连体主义”，如有人偷窃一只小猪，罚款三个金币。在法律调整的实践中，随着偶尔的个别行为演变为比较常见的行为，进而在个别调整基础上形成人们共同遵循的行为规则，调整着大量同类的社会关系，个别调整便发展为规范性调整。规范性调整为某一类社会关系

① 法学教材编辑部《外国法制史》编写组．外国法制史资料选编（上册）．北京：北京大学出版社，1982：1－2.

提供了行为模式，它相对地使人们摆脱了偶然性和任意性的左右，有利于形成稳定的社会秩序。

第二，法的产生经历了由习惯演变为习惯法，再发展为成文法的过程。

参考资料 12-2

据《国语·鲁语下》载："昔禹致群神于会稽之山，防风氏后至，禹杀而戮之。"即传说禹在会稽之山大会部落首领，防风氏迟到，因此禹杀了防风氏。

在参考资料 12-2 中，发生在夏朝的"防风氏案"就反映了夏朝由氏族习惯向习惯法转变的过程。当时，氏族习惯作为协调社会纠纷、约束人们共同劳动以及平均分配的共同准则，随着母系社会向父系社会的转变，母系氏族的习惯也逐渐向父系氏族的习惯转变。父权制习惯变化的表现之一，就是确认部落联盟酋长的权威地位。参考资料 12-2 中记载的这个传说，反映了氏族习惯的某些变化，即不但确认部落联盟酋长的权威地位，而且赋予他们临时处置的大权。这类习惯在奴隶制确立以后，则被改造成为维护君主专制的习惯法。

最初的法律规范大都是由习惯演变而来的，在法律制度形成的过程中，统治阶级所控制的国家按照现行社会秩序的需要对原有习惯规范进行甄别取舍，继承和保留了一些有利于维护社会秩序的习惯规范，于是，原始社会的一般规范——习惯便逐渐转变为习惯法。随着社会的进一步发展，当习惯法不足以调整社会关系时，由国家机关有针对性地制定新的规则就成为必要，成文法便由此而产生。最初的成文法主要是对习惯法的记载，以后则发展为国家有预见性地制定新的法律规范。在法的起源时代，各文明古国法律制度的产生，都遵循一个共同的规律，即经历了一个由习惯法向成文法转化和发展的漫长历史时期。

第三，从法律、道德和宗教规范混为一体，逐渐分化为各个相对独立的、不同的社会规范。原始社会的习惯，集各种社会规范于一体，兼有风俗、道德和宗教规范等多重属性。

在国家与法律萌芽之初，法律与道德、宗教等社会规范并无明显的界限，随着社会管理经验的积累和文明的进化，对相近或不同行为影响社会的性质和程度有了区分的必要与可能，法律与道德规范和宗教规范及其调整的行为类型开始从混沌走向分化。这种分化在不同的社会所经历的过程不完全相同，但是，使法律调整与道德调整和宗教调整相对区分开来，却是一个共同的趋势。"从 16 世纪以来，法律已成为社会控制的首要工具。"① 所有其他社会控制的手段都被认为只能行使从属于法律并在法律确定范围内的纪律性权力。

四、法律产生的标志

法的产生经历了一个很长的历史阶段，它的最终形成以下述现象为标志。

(一) 国家的产生

在原始社会中，人们在长期的共同生活中形成并存在于传统之中，用来调整人们行为的各种习惯规范，既不是由某个专门从事管理的机构制定或认可的，也不是靠有组织的暴

① 张宏生，谷春德．西方法律思想史．北京：北京大学出版社，1990：409.

力来保障实施的。而法律调控则意味着：

（1）有一个专门机构以全社会代表的名义认可或制定权威性的行为规范；

（2）有一批被组织起来的官吏负责执行这些规范；

（3）为了保证这些规范不被蔑视，违反规范者会受到有组织的暴力施加的制裁。

而上述这些内容正是国家机构所具有的特点，没有此种特殊公共权力的存在，法律既不可能被创制出来，也不可能被有效地实施。

（二）诉讼与审判的出现

在原始社会中，没有诉讼与审判。氏族内部的纠纷由当事人自行解决，部落之间的纠纷则往往诉诸武力，以战争来解决。而法律对社会关系和行为的调控，则意味着当事人的“私权利救济”被限制，同时“公权利救济”出现，否则，任由当事人对侵犯权利的行为自行处置，便难以在利益冲突普遍化的状态下保持必要的秩序。这就要求由一个特定的机构来行使审判权，并通过一定的诉讼程序来处理纠纷。

（三）权利与义务的分离

氏族习惯是每一位社会成员都能自觉遵循的行为标准。依习惯而行事，在一般情况下无所谓是行使权利还是履行义务。“在氏族制度内部，还没有权利和义务的分别；参与公共事务，实行血族复仇或为此接受赎罪，究竟是权利还是义务这种问题，对印第安人来说是不存在的；在印第安人看来，这种问题正如吃饭、睡觉、打猎究竟是权利还是义务的问题一样荒谬。”① 而法律对行为的调控，须以权利和义务的分离为条件，这意味着：

（1）法律规范要对各种行为加以明确区分，规定什么行为可以做、什么行为不能做和什么行为必须做；

（2）在各种法律关系中把相应的权利和义务分别明确地分配给不同的法律关系主体。

如果没有这种区分，法律就不能实现对各种行为的调控职能。

当上述三个标志完全具备之时，法律起源的过程就完成了。此时，一种与国家组织体系相匹配的法律规范体系便得以形成。

第二节　法律发展的历史阶段

关于人类社会的法是如何发展变化的，西方不同法学家有不同的归纳和看法。英国法学家梅因认为，法的发展是从身份到契约的运动。德国思想家韦伯认为，法的发展是从不合理走向合理、从实质合理性走向形式合理性的发展过程。美国法学家诺内特和塞尔兹尼克认为，法的发展经过压制性法、自主性法和适应性法三个阶段。马克思主义法学认为，法是从一个历史类型向另一个历史类型依次更替的过程。

一、法的历史类型

（一）法的历史类型的概念

按照不同的标准，如历史、传统、文化、宗教、社会制度、意识形态、实体法以及法

① 马克思，恩格斯．马克思恩格斯选集：第4卷．3版．北京：人民出版社，2012：175.

律技术和法律风格等，可以对法作不同的分类。按照马克思主义法学的理解，所谓法的历史类型，是指按照法所体现的国家意志的性质和赖以建立的经济基础加以划分的类别。凡是建立在相同经济基础、反映相同阶级意志的法就是同一个历史类型。如现代资本主义各国的法律，虽然各有其特点，但由于它们都建立在资本主义经济基础之上，反映和维护资产阶级的利益和意志，因而都属于资本主义法的历史类型。

按照法的历史类型的划分标准，有史以来的法可以划分为四个历史类型，即奴隶制法、封建制法、资本主义法和社会主义法。它们分别与奴隶制、封建制、资本主义和社会主义四种社会形态相适应。前三者由于都建立在生产资料私有制基础上，故可统称为剥削阶级类型的法。社会主义法律制度根本区别于剥削阶级类型的法，它建立在生产资料社会主义公有制基础之上，反映和维护以工人阶级为首的广大人民的利益和意志，是最高历史类型的法。

从奴隶制法发展到封建制法，继而发展到资本主义法和社会主义法，是人类社会的法发展的一般规律、总的趋势。具体到每一个国家、民族的法并不一定都会经历这四个历史类型。人类社会的法之所以能够从一个旧的历史类型必然地发展为另一个新的历史类型，在根本上是因为社会基本矛盾的运动。也就是说，社会基本矛盾的运动规律是法的历史类型更替的根本原因。但是法的历史类型的更替不可能自发地实现，而是必须通过人们有意识地进行革命或变革才能实现。也就是说，社会革命是法的历史类型更替的直接原因。

法的历史类型的更替意味着对旧的历史类型的法的否定，用体现新的阶级意志的法加以取代，但这并不否认新法与旧法之间存在着历史联系性和批判继承关系。

（二）法的四种历史类型

1. 奴隶制法

奴隶社会是人类走出原始社会的“蒙昧时代”和“野蛮时代”，进入“文明时代”的第一个类型的社会形态，因而奴隶制法就成为人类历史上最早出现的剥削阶级类型的法。它是随着原始社会的解体，私有制、奴隶制、阶级和国家的出现而产生的。

奴隶制法的本质是由奴隶社会的经济基础所决定的。在奴隶社会，奴隶主占有全部生产资料，并完全占有生产者——奴隶；奴隶主阶级不仅支配了整个社会生产，而且占有全部劳动产品；奴隶从事着繁重的劳动，没有独立的人格，奴隶不仅不算是公民，而且不算是人，在奴隶主眼里，奴隶是一种物品或“活的工具”。由此决定了奴隶社会最基本的阶级关系是奴隶主和奴隶两大阶级的对立和斗争，在这种经济结构和阶级关系基础之上产生的奴隶制法自然就是奴隶主阶级的意志和利益的体现，其目的在于维护奴隶主阶级的意志和利益，维护有利于奴隶主阶级的社会关系和社会秩序。

奴隶制法具有如下一些特征：

（1）确认奴隶制生产关系和奴隶主阶级的经济、政治、思想统治的合法性，否认奴隶的法律人格，确认对奴隶的人身占有；

（2）刑罚极其野蛮和残酷，并带有极大的任意性；

（3）在自由民内部实行等级划分，公开反映和维护奴隶主阶级的等级特权；

（4）长期保留原始社会的某些习惯残余。

参考资料 12-3

古代印度的《摩奴法典》在人的身份等级上确立了种姓制度，婆罗门（僧侣贵族）为最高等级，刹帝利（武士贵族）次之，吠舍（农民、手工业者和商人）再次，首陀罗（奴隶和杂工）为最低等级。所有特权都归属于前两个种姓，第三个种姓是没有任何特权的平民百姓，首陀罗天生低贱，世代为奴。法律规定不同种姓之间原则上不准通婚，种姓间住所实行隔离。高级种姓对杀死一个首陀罗所作的忏悔，同对杀死一只小动物所作的忏悔一样。婆罗门有权随时没收首陀罗的持有物。在刑罚方面，如规定盗窃罪，初犯扒窃者，可断其两指；再犯时，断一手一足；第三次犯者处死。抢夺珠宝者，处死刑。奸淫罪，男子诱奸他人妻子，处以腐刑。妇女不贞，与奸夫一同处以狗吞食刑或火刑。再如，贱民伤害贵人的肢体，则以眼还眼，以牙还牙，体现了原始社会的“同态复仇”习惯痕迹。

从参考资料 12-3 可以看出，奴隶制法所表现的上述特征在古代中外奴隶制社会的法中都得到了充分的体现。

2. 封建制法

封建社会是继奴隶社会之后出现的又一种私有制社会，即剥削阶级类型的社会，封建制法也成为继奴隶制法之后又一类型剥削阶级社会的法。大多数封建制法是在奴隶制崩溃之后建立起来的。由于受特定历史条件的影响，也有一些封建制法是由处于氏族社会末期的民族在征服了实行奴隶制的地区之后，为适应所统治地域的社会生活条件而建立起来的。西欧封建社会初期，日耳曼人征服西罗马帝国后建立起来的法律制度就是一例。

封建制法的本质是由封建社会的经济基础决定的。封建社会的经济基础是地主或领主占有土地和部分地占有农民或农奴，采用租佃制，以各种地租的形式实行剥削，并且往往伴随有无偿劳役这种超经济的剥削。在封建社会，商品经济不发达，自给自足的自然经济占主导地位。与这种经济结构相适应，封建社会的基本阶级关系是地主阶级和农民阶级的对立与斗争。建立在这种经济基础和阶级之上的封建制法反映封建地主阶级的意志和利益，是维护和巩固地主阶级压迫和剥削农民的基本工具。

由于不同社会中的封建制法在形成之初的历史背景、发展条件和道路有较大差异，因此，它们所具有的重要特点也不完全相同。但从一般意义上，可以概括出封建制法具有以下一些主要特征：

（1）确认封建等级制度，维护封建的人身依附关系；

（2）维护专制王权，君主的意志高于一切，法自君出；

（3）刑罚严酷，野蛮擅断。

3. 资本主义法

资本主义法是在封建时代的后期孕育、萌发，通过资产阶级革命而最终确立的。资本主义法律制度以资本主义私有制关系为基础，是人类历史上最后一种剥削阶级社会类型的法。

资本主义法的本质是由资本主义经济基础所决定的。在资本主义社会，最基本的经济结构是资产阶级占有生产资料，并在此基础上形成了对工人的雇佣关系；工人几乎不占有生产资料，靠出卖劳动力生存。由此决定资本主义社会的基本阶级关系是资产阶级与无产阶级的对立和斗争。资产阶级是经济上、政治上、文化上的统治阶级，无产阶级是被统治阶级。资本主义法主要是资产阶级利益与意志的反映和体现。当然，为了缓和阶级冲突，满足发展资本主义经济和维护社会秩序的需要，资本主义社会还制定了很多有关调整经济、文化关系和社会公共事务的法律。

资本主义法规定并遵循一系列法制原则，其中主要有：

（1）私有财产神圣不可侵犯原则；

（2）契约自由原则；

（3）法律面前人人平等原则；

（4）法治原则。

这些原则的实质虽然是为了维护资产阶级的长久统治，但同时，也对人类法制水平和法律文化的提高起到了极大的促进作用。

4. 社会主义法

社会主义社会是建立在社会主义经济基础之上的社会形态，它是由劳动者作为统治阶级的社会。当代中国法是社会主义类型的法，它是在社会主义国家建立之后正式确立，并在社会主义建设的过程中发展起来的。我国社会主义法的本质是工人阶级及其领导下的广大人民共同意志和根本利益的体现；其根本任务是解放生产力，发展生产力，消灭剥削，消除两极分化，最终达到共同富裕。它是引导和保障我国社会主义建设各项事业顺利发展的权威性行为准则。这是社会主义法同历史上各种剥削阶级社会类型的法的根本区别。

我国社会主义法由其本质所决定，具有以下一些主要特征：

（1）阶级性与人民性的统一；

（2）国家意志性与客观规律性的统一；

（3）公民权利和义务的统一；

（4）国家强制实施与人民自觉遵守的统一；

（5）一国与两制的统一；

（6）国情与公理的统一。

以上这些我国社会主义法的特征，是其他剥削阶级社会类型的法所不具有的，它充分反映和体现了社会主义法的先进性和优越性。

二、法的继承与移植

（一）法的继承

1. 法的继承的概念和形式

所谓法的继承，是指不同类型法之间在法律内容、法律形式上的某些联系。换言之，法的继承就是指新法对旧法的延续、承接及有批判地吸收、采取和发展。

由于法的类型不同，其继承的形式也不同。概括起来，主要有两种形式：

（1）剥削阶级法之间的继承。这是一种“同质”的继承，新法以旧法为基础，可以保留、沿用旧法体系。其中尤以资本主义法对封建制法的继承最为突出。例如，英国资产阶级在建立自己的政权后，仍承认旧政权法律的效力，赋予它新的阶级内容，并根据自己的利益不断地加以改造和补充。

（2）社会主义类型的新法对剥削阶级类型的旧法的继承。这是一种“异质”继承。这种继承的特点是在根本否定旧法的阶级本质、摧毁旧法体系的同时，吸收旧法中合理的、科学的、积极的因素，使之成为社会主义法的有机组成部分，为创制新法服务。

上述两种继承形式，尽管有“同质”和“异质”之分，但不难看出，法是历史发展的一种自然现象，所以任何否认法的继承性的观点都是不能成立的。同时，法的继承又不仅仅是简单延续。它总要经过选择、改造和补充的过程。因此，那种把法的继承看作没有选择地全盘接受的观点是十分错误的。只有不断地注意防止上述两种倾向，才能正确认识法的继承性，深刻理解法的历史类型更替的规律性。

2. 法的继承的依据

法的继承具有客观必然性。一个社会的传统法律文化必然要以一定的形式延续下来，而不是少数立法者可以随意取消或彻底否定的。立法者可以通过引进或创立全新的法律制度来彻底摧毁传统的法律制度，但立法者不可能真正彻底消灭传统法律文化，传统法律文化仍然会深深影响人们的法律观念和实际的行为，并且通过这种影响扭曲、抵制乃至架空本土的法律制度。

在法的发展过程中，法的继承之所以成为可能，并成为法的发展的一个客观规律，是基于以下一些理由：

（1）社会生活条件的历史延续性决定了法的继承成为可能；

（2）法的相对独立性决定了法在发展过程中的延续性和继承性；

（3）法作为人类文明的共同成果决定其继承的必然性；

（4）法的发展的历史事实验证了法的继承性。[①]

3. 法的继承的内容

法的继承的内容是十分广泛的，一般来说可包括以下几个方面的内容：

（1）对法律技术、概念的继承。法律技术是指制定、执行、解释、适用法律规范的各种方法，例如，立法、执法和司法程序，法典编纂，法律汇编，法律规范的构成及分类，法律解释方法等。法律概念是指对各种法律现象和法律事实进行概括，抽象出它的共同特征而形成的权威性术语。法律技术和法律概念作为人类共同的法律文明成果，在法律发展的过程中，后一个社会都不可避免地对前一个社会加以利用，社会主义社会在构建法律体系和法律制度时，也毫无例外地有选择地利用人类社会已创造的现成的法律技术和法律概念。这种继承又分为两种情况：一种是对法律概念的直接继承，如“公法”“私法”“原告”“被告”等；另一种是肯定其形式，但赋予其新的意义，如“法”“刑”等。

（2）对具有科学性内容和民主因素法律条款的继承。在阶级社会里，法律制度具有鲜明的阶级性和时代性。但是，当后一个阶级社会取代前一个阶级社会的时候，它们处于兴盛的时期。这时，后一个社会的统治阶级属于进步的阶级，在一定程度上代表着其他阶级的利益。统治阶级所提出的法律观点、法律思想，以及在夺取政权后的一段时间内所制定的法律规范，一般来说符合或比较符合社会发展规律，能反映一些社会发展的共同要求，保护社会的共同利益，也符合当时劳动者的利益，具有一定的科学性。例如，资产阶级在它革命时期所创造的代议制度、普选制度、陪审制度、法制原则等，无疑都是历史的功绩。即使剥削阶级日益走上反动道路以后所制定的法规，也不能绝对排斥其科学性。特别是资产阶级发展到垄断阶段以后所进行的经济立法，要受到经济条件和经济规律的制约，在一定程度上也是能够反映客观经济规律的。例如，货币制度、金融管理制度、产品检验

① 张文显．法理学．3版．北京：法律出版社，2007：206-208.

制度、岗位责任制度等都不乏科学性的内容。

在剥削阶级统治下，由于劳动人民不断的斗争，统治者为了缓和阶级矛盾，稳定其统治，不得不在立法中照顾一下敌对阶级的利益，因此，在立法中，有一些体现民主因素的条款。这些条款仍然是法的继承的重要内容。

（3）对有关处理社会公共事务法规的继承。为了管理诸如兴修水利、管理交通、治理环境、保护自然资源等社会公共事务，历代统治阶级都要通过国家政权制定相应的法规，使全社会的人统一遵守和执行。例如，森林法、草原法、种子法、环境保护法、交通管理法等。这些法律规范，一般被称为法律技术规范，简称为技术法规。

技术法规含有大量的技术规范。技术规范本身不具有阶级性，它反映并调整人与生产资料、人与劳动对象之间的关系。社会主义国家在制定这些技术法规的过程中，完全可以批判地继承资产阶级法律规范中的合理的技术规范内容，使之成为社会主义法律体系的有机组成部分。

（二）法的移植

1. 法的移植的概念

法的移植是西方比较法学家首先提出并经常使用的一个概念，于20世纪80年代中期被引进中国。对什么是法的移植，国内外法学界没有统一的定义。一般认为，法的移植是指一个国家或地区对异国或异地的法律规范、法律制度、法律原则、法律意识等引进、接受、迁移的表现与行为。这就是说，法的移植既包含从一般意义上对国外先进立法经验、立法精神的借鉴、吸收，也不排除在结合本国实际的基础上，对国外的某些立法经验或个别的法律制度、法律原则、法律规则、法律概念等，有选择地直接照搬或“模仿”。但它不是一种机械地照搬，而是一种有选择地引进、消化、接受和在本土生根的有机过程。

法的移植与法的继承不同。法的继承是对旧法的借鉴和吸收；而法的移植是对现成的法进行引进、迁移，如同将植物移植到异地一样，将异国、异地的法律概念、技术、规范等引进、吸收、采纳，使之成为本国法律体系的有机组成部分，为本国所用。

2. 法的移植的必要性

（1）法的移植是发展市场经济的客观要求。现代市场经济是最具效力和活力的经济运行载体，已为世界各国所认同。它的灵活有效性、公平竞争性和法规有序性等特征，决定了其对于不同的国家和民族所具有的普遍适应性。实践证明，虽然不同的国家在社会制度、文化传统等很多方面有诸多差异，在世界范围内市场经济的模式也有许多不同，但市场经济作为一种经济调节手段所遵循的一般经济规律是一样的，调控市场经济运行的规范、规则也具有许多共同性。这些共同性表现在国家为保护经济秩序，建立公平、高效、诚实信用的市场机制而制定的技术性规范——保障与规范市场的法律法规，在一定程度上反映了共同的经济活动规律。西方发达国家走向现代化的道路已经历了两三百年甚至更长的时间，因而其市场经济体制既有悠久的历史又有丰富的经验。其规范和保障市场机制正常运行的法律体系，在适应和调整市场经济关系中不断发展，到现代已经成为一种相当完备和成熟的法制，具有较强的应变能力，大多数原则和制度反映了市场经济的内在要求。因此，我国在建立市场经济的初始阶段，法的移植可以作为完善我国法制的必要手段，对市场经济比较成熟的西方国家成功的立法经验，尤其是有关规范市场机制的一些法律，根据我国市场经济发展的进程，有选择地“拿来”为我所用应当是完全可行的，无须也不必事事都自己去摸索、去首创。

(2) 法的移植是世界法律发展的普遍趋势。历史和现实的实践都证明，法律是可以吸收、借鉴和移植的，古今中外不乏成功的例子。现代世界各国法律制度也并不都是封闭地、不与其他法律体系交往而独立地发展的。可以这样说，没有一个国家的法律体系的制度、规则、概念及法律实践、法律意识等因素都完全是自己独立创造，而不吸收、借鉴其他法律体系的相应因素的。

当代世界法律体系，既可以在相同文化背景的国家间进行移植，也可以在不同文化背景的国家间进行移植①；在法律传统相同的国家间可以移植，在法律传统不同的国家间也可以移植。如法律传统上属于大陆法系的意大利，在其 1988 年的新刑事诉讼法典中，就移植了英美法系的对抗制诉讼制度。不仅社会制度相同的国家之间存在法律移植形式，如新中国成立初期曾仿效过苏联的法律模式，而且在不同社会制度之间也有相互借鉴利用对方某些制度的现象，如我国一些涉外法律的制定及一些规范市场经济秩序的法律，就曾参考西方经济发达国家的有关法律规定。上述事例说明：无论是西方国家还是东方国家，也无论是发达国家还是发展中国家，尽管社会制度、文化传统会有许多不同，但在对一些法律现象的认识上都反映了人类的共同要求，遵循着共同的规律，并在所制定的法律中表现和反映出来。因而这也就说明了这些法律是可以吸收、借鉴和移植的。

(3) 法的移植有助于加快法制现代化进程。当代世界各国法律制度存在差异，不仅是方法和技术上的差异，在法的精神和价值理念上也存在差异。对于相对处于落后状态的国家而言，要促进法制现代化的进程，适当地移植国外法，仍是迎头赶上的策略之一。就我国而言，建立社会主义市场经济，建设社会主义法治国家，可以说是亘古未有的全新事业。在我国社会转型的时期，为尽最大可能减轻模式转换过程中的无序状态，避免和限制在社会转轨过程中可能出现的种种弊端，以便少走弯路，应当借鉴或移植国外先进的法律制度，从而使我国的法治建设在更高的起点上健康发展，加速我国法治现代化的进程。

3. 法的移植的内容和方式

法的移植在内容上是多方面的，诸如反映市场经济客观规律要求的法的原则、法的精神和法律规范可以移植；法律技术的移植，包括的内容有立法技术、法律解释、法律执行、诉讼程序等。法的移植在方式方法上也不是单一的：有的是直接引进外国的某些法律规定或法律制度；有的是引进外国某些法律所体现的精神，并可以用不同的词句表达这一精神；有的是引进“一种特定的法律现实”并使之发挥作用，即在了解这种法律现实的基础上，对该法律现实作出适合本国国情的修改；有的也可以仅仅是对法律观念、法律原则的引进。至于采用何种移植方式，没有固定的模式，可以根据具体需要而定，不能一概而论。

三、法的现代化

（一）法的现代化的概念

“现代化”是一个内涵和外延难以确定的概念，国内外学者从不同的角度、层面对它作出了不同的解释，例如，有学者认为现代化是指各社会在科学技术革命的冲击下，业已

① 自 17 世纪后，随着英国的对外殖民扩张，英国普通法被移植到亚洲、非洲、北美洲和大洋洲等广大国家和地区。

经历或正在进行的转变过程。[1] 再如，有学者认为“现代化是指由传统社会向现代社会转变和过渡中，社会的经济、政治、文化以及诸要素的承担者——人在内的，适合一国国情、民族特点及世界趋势的社会整体性发展变化的历史过程。”[2] 一般而言，现代化就是人类社会的各个方面或领域所经历的或正在经历的具有特定明显标志的演进过程。

法与现代化存在密切的关系。法的现代化问题是近年来法理学界研究的一个重要问题。就像对现代化的概念存在各种解释一样，什么是法的现代化？其含义是什么？对此也有不同的看法。有人认为：伴随着社会由传统向现代化的转变，法也同样面临着一个从传统型向现代型的历史变革。这个转型、变革的过程，就是法的现代化的过程。也有人认为：法的现代化是指法从传统农业社会向现代工商社会的转变过程及其相关问题。一般而言，与经济、政治、文化的发展相适应，人类的法律处于不断变革和发展的历史过程中，从传统型法制向现代型法制转变的历史变革过程，就称为法的现代化。

由上述可以看出，不管哪种提法，都不否认法的现代化是由传统社会的法向现代社会的法的转型。在这个转型过程中，法的价值、目的以及法的形式和技术与原来相比，都发生了巨大的变化。中国当前提出依法治国，建设社会主义法治国家的目标，就是要实现法的历史转型，实现法的现代化过程。

（二）法的现代化的内容

法的现代化是一个内容丰富、涵盖面广、具有综合性的法律变革。从其结构来看，包括法律制度的现代化、法律运作方式的现代化和法律观念的现代化。

1. 法律制度的现代化

法律制度的现代化是法的现代化的主要表现，它标志着法律制度超越传统，发展到一个新的阶段。它的主要标志是：

（1）以宪法为核心的法律体系的建立或初具规模。

（2）确立了法律调整在社会领域的重要地位。

（3）各种具体法律制度相对完备。

2. 法律运作方式的现代化

法律运作方式的现代化包括法律创制方式（立法方式）的现代化、法律操作方式（执法、司法、守法、法律监督方式）的现代化和法律实现方式的现代化。

（1）法律创制方式的现代化意味着：立法体制的转变，出现了立法权的多层次性；立法更注重民主化倾向，即民主立法；立法的随意性减弱，而其科学地位增强，即科学立法；立法更讲究技术、技巧，法律规范更加明确、具体；等等。

（2）法律操作方式的现代化意味着：法律实施机构的精细化和专门化，其职能分工明确、合理；法律程序完善、公正；具体司法制度系统配套；法律实施更注重技术；等等。

（3）法律实现方式的现代化意味着：注重法律实现的条件分析；注重法律实现的效应；注重法律实施的信息反馈；等等。

3. 法律观念的现代化

法的现代化并不是法律制定、法律实施孤立运动的结果，而是与法律观念的现代化紧

---

① 吉尔伯特·罗兹曼．中国的现代化．国家社会科学基金“比较现代化”课题组，译．南京：江苏人民出版社，1988：3-4.

② 张文显．法理学．3版．北京：法律出版社，2007：221.

密相连、不可分割的。法律制度是一定的主体创制的，需要一定的主体去实施和实现，而主体在创制、实施和实现法律时，必然要受主体的法律思想观念的支配。因此，不实现法律观念的现代化，就很难保证法律制度和法律运作方式的现代化的实现。没有现代法律观念指引的法的现代化是盲目的，不可能实现真正意义上的法的现代化。

（三）法的传统与法的现代化

法的传统是指世代相传、辗转相承的有关法的观念、制度的总和。在各国、各民族发展相对封闭的时期，存在许多互不相同甚至相互排斥的法的传统。这些法的传统在现代化的过程中遭遇不同的命运。传统必须在现代化的过程中经受洗礼，才能获得新生，法的传统也是如此。有些法的传统适应了法的现代化的需要，有比较充分的条件实现自身的现代化；有些法的传统具备这些条件，它的自然演变的历史就被人为地改变，在外力的冲击和作用下，经过反复博弈最终还是向现代化的方向发展。

每个国家法的现代化都会存在它与本国传统法律文化的冲突与融合问题。中国法的现代化是中国式的法的现代化，既有各国法的现代化的共同特征，更有基于自己国情的中国特色。自己国情的中国特色之一就是中国的传统法律文化，因此，在中国法的现代化过程中，必须要传承中华传统法律文化中的优秀部分。

在中国漫长的封建社会里，以儒家法律思想为主，兼采阴阳家、法家、道家等各家学说的正统法律思想一直占据主导地位。这种思想是历代封建王朝法律的指导思想。这种传统法律思想，从总体上说，同当代中国特色社会主义的法律无疑是对立的，但就其具体组成部分来说，既有积极因素也有消极因素。对前者应加以改造、借鉴和吸收，对后者则应排斥和批判。

第三节　法的未来

一、“法律的消亡”理论

马克思主义法学认为：法是一个历史的范畴，它不是从来就有的，也不是永恒存在的。它是特定社会的历史现象，始终与阶级和国家的命运相联系。法随着阶级和国家的产生而产生，也随着阶级和国家的消失而完结自己的历史命运，逐步走向消亡，这是历史发展的必然结果。

从法的起源中可以看出，既然法的产生是与私有制、阶级和国家的出现不可分的，那么，将来在世界范围内，随着私有制、阶级和阶级差别的消灭，人类进入共产主义社会后，法是否还存在？关于这一问题，连同原始社会是否存在法的问题，在中国法理学界曾有过争论。马克思主义经典作家曾预言人类进入共产主义社会后，国家将趋于消亡，届时法是否也同时消亡，在马克思主义经典作家的著作中并未提及，只不过是根据“国家消亡”理论的推衍。关于“国家消亡”的理论，恩格斯、列宁在他们的著作中都曾有过详尽的论述。

但法的消亡同国家的消亡一样，只是一个总的历史趋势，一个长期渐进的发展过程，一种必然性。列宁在谈到国家的消亡时曾指出：“我们只能谈国家消亡的必然性，同时着重指出这个过程是长期的，指出它的长短将取决于共产主义高级阶段的发展速度，而把消亡的日期或消亡的具体形式问题作为悬案，因为现在还没有可供解决这些问题的材料。”① 这就意味着，国家和法的消亡还需要具备一定的历史条件。在这些条件没有成就以前，还谈不上消灭国家和法律。

二、法的演进所面临的时代问题

“法律的消亡”理论是对法的历史演进和发展之根本规律的概括，但它并不能完全代替法理学对每个时代所面临的法律演进和发展问题所作的实证研究或价值研究。应当指出，从世界范围看，法经过历史上若干世纪的演进和发展，到了当代，它实际上有着较以往的时代（例如 19 世纪及其以前）更为复杂的社会经济、政治和文化背景，也面临着更为复杂的时代问题和矛盾。学者们发现，在当代，由于 17 世纪至 18 世纪“启蒙运动”以来的许多观念和原则（普遍的历史观念、不断进步的发展观、理性原则等）受到怀疑，人类的历史似乎进入了一个“没有根据的时期”，以启蒙思想为基础所形成的法律制度和原则受到挑战，普遍主义的法治秩序出现了深刻的正统性（legitimacy）危机。② 对于发展中国家（如中国）而言，法律的发展则可能遭遇更为特殊的多重社会问题和矛盾。表现在：首先，这些国家既要实现法的现代化，建立“理性化”的法律制度和秩序，又必须要认真对待传统的法律文化的压力和所谓“后现代主义”的法律文化的冲击。③ 其次，这些国家都不可能摆脱“国际摩擦的法律文化背景”：一方面，世界经济的一体化要求各个国家的国内法与国际惯例接轨；另一方面，法律在本质上体现国家性，要保护本国的国家利益。因此，这些国家的法律的发展将面临价值选择的冲突和矛盾，也必然存在一系列悖论，如法的“全球化”（国际化）与“地方化”（本土化），法的“统一性”与“多样性”，法的“平衡发展”与“非平衡发展”，等等。这些多重矛盾和冲突因素，都将制约和影响未来法律的演进和发展。

三、法未来演进的趋势

正如上文所述，由于法律在各个国家的发展的差异，要寻找到一个普遍适用的法的未来演进模式是不可能的。尽管如此，我们还是可以根据当代政治、经济、文化发展的总体特征和它们对法律制度的影响，根据法律制度自身发展的规律性，对法在当代及未来演进的基本趋向进行概要的分析。

从总体上看，随着科技文明的不断进步，市场经济的发展，政治民主的建立和民众权利意识、主体意识的增强，实现法治成为世界各国法的发展的一个目标。尽管法治并不是完美无缺的，但法治作为“理性化的制度”，反映了人类制度文明发展的客观必然性。它的原则、制度、精神和价值，已越来越多地被各国政府和人民所认识和接受，成为治理国

---

① 列宁．列宁选集：第 3 卷．3 版．北京：人民出版社，1995：198.

② 季卫东．面向二十一世纪的法与社会：参加法社会学国际协会三十一届学术大会之后的思考．中国社会科学，1996（3）.

③ 季卫东．面向二十一世纪的法与社会：参加法社会学国际协会三十一届学术大会之后的思考．中国社会科学，1996（3）．比较苏力．法治及其本土资源．北京：中国政法大学出版社，1996：268；舒国滢．中国法治建构的历史语境及其面临的问题．社会科学战线，1996（6）.

家之基础。在已经实行法治的国家，完善法制和设计出适合时代发展的法制是一个必须面对的问题。而那些尚未实现或正在实现法治的国家，它们所要完成的任务则更为繁重和复杂一些，例如：正确处理发展与稳定的关系，继承传统和合理吸收、借鉴域外法律制度，完成法治精神和原则（从“身份”到“契约”，从“国家本位”到“个人本位”，从“权力至上”到“法律至上”，从“意志本位”到“规律本位”）的转变，等等。[①] 无论如何，法治化趋向已是法未来演进的一个主要倾向。

但“法治化”绝不是指法的“一元化”或“一体化”，不是说世界各国最终将采取同一种法治模式，走完全相同的法治道路。事实上，由于法律发展的起点和社会背景不同，要求一切发展中国家重复发达国家 17 世纪至 18 世纪以来的法治演进的轨迹是不可能的。这主要是因为各民族与国家文化的差异和冲突，不同社会制度（社会主义和资本主义）意识形态的矛盾，不会因为人类对法治的选择而消失，反而可能会因此而强化。因而不同的国家，由于其法律文化传统、国情不同，其法治模式会表现出很大的差异性。以法律文化传统为标准来划分，目前世界上就有民法法系和普通法法系等不同模式。在同一法系内部，各国又有很大差异。

法的未来演进还将表现为法律体系结构和具体的法律制度及原则的变化。首先是法律体系结构的变化。可以肯定的是，随着未来社会经济、政治和文化生活的日益复杂化，一些新的法律子部门将不断产生，如企业社会责任立法、互联网领域立法、社会组织立法、反恐怖立法、生态文明建设立法等。而另一些传统的法律部门也将不断膨胀，以至构成整个法律体系的主要部分。在此方面表现最为突出的，就是行政法的发展。其次，未来社会情势的变更，未来法律精神、价值观念的变化，会使当代一些通行的法律原则、法律制度得以补充、修改或废止。此外，未来的社会也可能会根据时代的具体情况而创造出符合时代要求的法律制度和法律原则，这些制度和原则既可能是现行法治的精神和价值的延续，也可能是对现行法治精神、价值和传统的否定。

【本章小结】

原始社会没有国家，也没有法律，却是一个无政府而有秩序的社会。维护社会秩序的力量除了氏族组织外，还有为人们共同遵循的、带有一定强制性的行为规范。这种行为规范就是氏族习惯。法的产生，除了经济、阶级根源外，还受到其他人文、地理等因素的影响。它的最终形成以下述现象为标志：国家的产生；诉讼与审判的出现；权利与义务的分离。

法产生之后，经历了一个历史发展的过程。马克思主义法学将这个历史过程划分为不同的历史类型。有史以来的法可以划分为四个历史类型，即奴隶制法、封建制法、资本主义法和社会主义法。

不同历史类型的法之间存在着继承和移植关系。法的继承是指不同类型法之间在法律内容、法律形式上的某些联系，即新法对旧法的延续、承接及有批判地吸收、采取和发展。法的移植是指一个国家或地区对异国或异地的法律规范、法律制度、法律原则、法律

① 江平．罗马法精神在中国的复兴//杨振山，斯奇巴尼．罗马法·中国法与民法法典化．北京：中国政法大学出版社，1995：1-11. 比较张文显．市场经济与现代法的精神论略．中国法学，1994（6）：5-12.

意识等引进、接受、迁移的表现与行为。

马克思主义法学认为，法是一个历史的范畴，它不是从来就有的，也不是永恒存在的。它是特定社会的历史现象，始终与阶级和国家的命运相联系。法随着阶级和国家的产生而产生，也随着阶级和国家的消失而完结自己的历史命运，逐步走向消亡，这是历史发展的必然结果。

【本章研习活动】

1. 思考

思考并判断以下说法是否正确，并说明理由：

（1）法是在私有制和阶级逐渐形成的过程中逐步孕育、萌芽，并与国家相伴随而发展和确立起来的。

（2）法的历史类型更替的根本原因在于社会基本矛盾运动，其前提是生产关系的根本变革，是法的社会阶级属性的质变。

（3）前资本主义法是指奴隶制和封建制的法律制度，其以维护人身依赖关系为特征，是等级的法和特权的法。

2. 分析

从法的历史类型更替以及各自的基本特征的角度，分析法国《人权宣言》第 6 条的规定：法律对于所有的人，无论保护或处罚都是一律的。在法律面前，所有的公民都是平等的。

3. 讨论

在法律发展的资源问题上，法学界存在法律移植论和本土资源论两种理论倾向。法律移植论者认为，中国传统法律文化是建立在自然经济、专制制度和宗法家族文化的基础之上，因而不可能为发展与市场经济、民主政治、精神文明相适应的现代化法制提供充分的制度资源。所以主张借鉴或移植国外的法律制度，充分利用外来资源，解决本土资源不足的问题。本土资源论者认为，中国的法治只能从中国的本土资源中演化创造出来，不可能靠“变法”或移植来建立。

问题：

请对上述两种观点加以评述，并谈谈你的看法。

【推荐阅读材料】

1. 张文显：《法理学》（第三版），北京，法律出版社，2007。

2. 郝铁川：《当代中国与法制现代化》，杭州，浙江人民出版社，1999。

3. 王勇飞、张贵成：《中国法理学研究综述与评价》，北京，中国政法大学出版社，1992。

第十三章　法的作用

【本章引言】

徒善不足以为政，徒法不足以自行。

——孟子

谁说应该由法律遂行其统治，这就有如说，唯独神祇和理智可以行使统治；至于谁说应该让人来统治，这就在政治中混入了兽性的因素……法律恰恰正是免除一切情欲影响的神祇和理智的体现。

——亚里士多德

法律可以说起一种转换器的作用，只有它才能使进行社会性整合的全社会交往之网络保持不破。

——哈贝马斯

【本章学习目标】

通过本章的学习，你应该能够：

1. 掌握法的作用的概念与分类；
2. 了解并领会法的规范作用的内容；
3. 熟悉法的社会作用；
4. 认识法的作用的局限性。

第一节　法的作用概述

一、法的作用的含义

法的作用问题在法理学研究中具有重大的理论和实践意义。这是因为：法理学其他问题的研究，如法的本质、特征、产生和发展，法律解释，法律责任，法律制裁等，在某种意义上都是为了正确地揭示并保证法的作用/功能在社会中得到切实有效的发挥。由此，古今中外的思想家、法学家都在不同程度上对法的作用作过合理的论述。如我国古代的管仲认为法的作用是“兴功惧暴”“定分止争”“令人知事”等。美国法学家庞德认为法的作用是一种关系的调整或行为的安排，是满足人类对享有某些东西和做某些事情的各种要求的手段，能在最少阻碍和浪费的条件下尽可能多地给予满足。①

法的作用是指法律作为一种特殊的社会规范对人们的行为和社会生活所产生的影响与结果。从此定义中可以看出：第一，法的作用的对象首先是人们的行为，法正是通过对人们的行为的调整进而作用于社会生活或社会关系，因为社会关系的形成是以人的行为为媒介的。第二，法的作用主要表现为对人的外部活动产生影响和结果，而对人的情感、信仰、思想等内心世界也可能产生间接的影响。例如，通过法律的实施，人们增强了对法律价值的认识，增强了守法观念，甚至形成了对法律的信仰，等等。在这一点上，应当看到法的调整与法的作用之关系。法只调整人们的外部行为或社会关系，但其产生的作用可能深入人们的内心。

法的作用的实质是国家意志和国家权力运行的表现。法是国家制定或认可的，并由国家强制力作为其实施的最终保证力量的一种社会规范。因此，我们可以说法是国家意志的规范化和国家权力运行的体系化。正如庞德所说：“作为社会控制的一种高度专门形式的法律秩序，是建立在政治组织社会的权力或强力之上的。但是法律绝不是强力，它只是把权力的行使加以组织和系统化，并使权力有效地维护和促进文明的一种东西。”② 同时，我们必须在更深的层次上认识到，法的作用在实质上也是一定社会的物质生产方式的反映。按照马克思主义的基本原理，无论是国家还是法同属于上层建筑，都是由一定的经济基础决定的；反过来，上层建筑对经济基础具有能动的反作用。因此，法的作用能够显示一定社会的经济基础的状况，它的发挥受到经济基础的制约；同时，法的作用对经济基础有一定的促进作用。法的作用的实质不同决定了法的作用的对象、范围、程度和方式的不同。

二、法的作用的分类

为了多角度、全方位地了解和认识法的作用，我们有必要按照不同的标准对其进行分类。

（一）直接作用和间接作用

每个法律规范都有自己特定的调整对象——特定的社会关系，法律规范对其所调整的特定社会关系产生的作用就是直接作用。各种社会关系是相互关联的，因此，法律规范对其所调整的特定社会关系所产生的作用，必然会影响与其相关联的社会关系，这种作用就是法的间接作用。比如说，刑法在惩罚犯罪、维护社会秩序这方面的作用是直接的，而它对于整个社会风尚的改善作用就是间接的。

（二）预期作用和实际作用

法的预期作用是指人们在制定某法律时，认为该法律应该对社会生活或者社会关系所产生的作用。法的实际作用是指法律生效之后，对社会关系或者社会生活所产生的实际的影响或者后果。

---

① 罗斯科·庞德．通过法律的社会控制．沈宗灵，董世忠，等译．北京：商务印书馆，1984：35.

② 同①26.

（三）整体作用和局部作用

法的整体作用是指法律作为一个整体或者系统对社会生活和关系所产生的作用。法的局部作用是指法的组成部分或者子系统对社会生活和关系所产生的作用。法的局部作用从属于法的整体作用。

（四）积极作用与消极作用

法的积极作用是指法律所产生的体现一定的正面价值或应受肯定评价的作用。法的消极作用是指法律所产生的体现负面价值或应受否定评价的作用。

（五）一般作用与具体作用

这是根据一般与具体的逻辑所作的分类。一般是具体的抽象和概括，具体分享了一般的属性。法的一般作用是对法的各种具体作用的抽象和概括。如我们说法是维护和实现有利于统治阶级的社会关系和社会秩序，这是对阶级社会的法的作用的概括和抽象。但是每个阶级社会的法的具体作用又不同，如封建社会的法是维护和实现地主阶级的土地所有制，而资本主义社会的法是维护和实现以剥削雇佣劳动为基础的资本主义所有制。

（六）规范作用与社会作用

根据法的功能、目的和任务可以把法的作用分为规范作用与社会作用两类。从法是调整人们行为的一种规范这一功能看，法具有规范作用；从法的任务、目的以及影响社会关系和社会生活的后果看，法具有社会作用。法的规范作用是手段，法的社会作用是目的，也就是说，法的社会作用是通过法的规范作用而实现的。所以，两者之间是一种手段和目的的关系。比如说，刑法可以用来对人们的行为进行衡量和评价：不受刑法调整的行为不被视为犯罪，受刑法处罚的行为就构成犯罪。在惩罚犯罪行为的过程中，刑法的各种规范作用就得以体现。而通过这种惩罚，刑法的实施在一定程度上保护了一定的社会关系，进而保护社会秩序不受破坏，这就体现出刑法的社会作用。

第二节　法的规范作用

法的规范作用是法自身表现出来的、对人们的行为或社会关系的可能影响。故此，在法理学上，也有人把法的规范作用称为“法的功能”。法的规范作用根据其作用的主体范围和方式的不同，可以分为指引作用、评价作用、预测作用、教育作用和强制作用。

一、指引作用

一般来说，所谓“指引”，是指对人的行为的指导和引导。它可以分为个别指引和规范指引。在文明社会，这两种指引都是不可或缺的，而且这两种指引各有其优缺点，如个别指引比较灵活和具体，规范指引具有稳定性和效率。法的指引显然属于一种规范指引。法的指引作用表现为：法律作为一种行为规范，为人们提供某种行为模式，指引人们可以这样行为、必须这样行为或不得这样行为，从而对行为者本人的行为产生影响。从另一个角度看，法的指引作用是通过规定人们的权利和义务来实现的。因此，法对人们行为的指引也相应有两种方式：

（1）有选择性的指引。它是指法律规范对人们的行为提供一个可以选择的模式，根据这种指引，人们自行决定是这样行为或不这样行为。这是一种按照权利性规则而产生的指引作用。

(2) 确定性的指引。它是指人们必须根据法律规范的指示而行为：法律要求人们必须从事一定的行为，而为人们设定积极的义务（作为义务）；法律要求人们不得从事一定的行为，而为人们设定消极义务（不作为义务）。若人们违反这种确定性的指引，法律则通过设定违法后果（否定式的法律后果）来予以处理，以此来保障确定性指引的实现。

参考案例 13-1

张某承租宋某一套住房，租期为 2 年，每半年结算一次租金，双方签订了书面合同，各执一份。后因宋某要去国外继承一笔遗产并将在国外定居，便将该房卖给刘某，并办理了交易手续，但未能及时通知张某。刘某买了此房后又在外地出差，半年之后，刘某以房主身份向张某收取房租，张某拒绝向刘某交纳租金。刘某向当地法院提起诉讼。依据《中华人民共和国民法典》第 546 条的规定，债权人转让债权，未通知债务人的，该转让对债务人不发生效力。法院判刘某败诉。

在参考案例 13-1 中，法院之所以判刘某败诉，是因为我国《民法典》第 546 条的规定对人们行为的指引是一种确定性的指引，宋某与刘某在进行房屋交易后必须按照《民法典》的规定通知张某，否则，就要承担一定的法律后果。

二、评价作用

评价是指对人的行为进行判断和衡量，而任何判断和衡量活动都需要按照一定的标准进行。法的评价作用表现在：法律对人们的行为是否合法或违法及其程度具有判断、衡量的作用。

任何社会规范（道德、政策等）均具有一定的评价作用。但与其他社会规范相比，法这种社会规范的评价作用具有概括性、公开性和稳定性，所以这种评价更客观、更明确、更具体。法的评价作用的优越性，使法起到了其他社会规范难以起到的维护社会秩序、促进社会发展的作用。

法的评价作用同其指引作用是分不开的。如果说法的指引作用可以视为法的一种自律作用的话，那么法的评价作用就可以视为法的一种律他作用。正因为法能够指引人们的行为方向，才表明其属于一种带有价值倾向和判断的行为标准。同理，也正因为法具有对自己或他人的行为提供判断是非曲直的标准，所以才具有指引人们行为的作用。同时，法通过这些标准，影响人们的价值观念，达到引导人们行为的作用。

参考案例 13-2

2010 年，赵某想为其 77 岁的母亲投保，但保险合同约定被保险人应该是年龄在 70 岁以下且身体健康的人，于是，赵某就通过关系修改了他母亲在户口簿上的年龄，从而与保险公司签订了保险合同，并且分别在 2010 年、2011 年为其母亲投保。2014 年，赵某的母亲去世，赵某获得了保险公司理赔的 27 万元。不久，保险公司向公安部门举报赵某进行保险诈骗活动，随后由检察机关向人民法院提起诉讼，最终人民法院依据

《中华人民共和国保险法》（2002 年修正）第 54 条[①]的规定："投保人申报的被保险人年龄不真实，并且其真实年龄不符合合同约定的年龄限制的，保险人可以解除合同，并在扣除手续费后，向投保人退还保险费，但自合同成立之日起逾二年的除外。"认定保险合同有效，判决赵某无罪。

在参考案例 13－2 中，法院以该保险合同有效成立两年内保险人未解除合同为由，认定保险合同有效。法院是以法律为依据评价赵某的行为是否具有法律效力、是否违法犯罪的，而不去评价赵某的行为是否符合道德标准、是否合理的问题。

三、预测作用

每个人的生存和发展都是在社会之中或者说人与人的关系之中进行的，尤其在现代社会，人们之间的相互依赖更加紧密，"鲁滨孙式"的存在已成为神话。因此，一个人的行为或者活动不仅影响别人的行为或者活动，而且自己的行为或者活动目的的实现也受到别人的行为或者活动的制约。这样，如果一个人要保证自己的行为或者活动顺利地实现，就必须事先正确地估计到别人会如何行为或者活动，从而合理地安排自己的行为或者活动。而人们要正确地预测别人的行为或者活动，就必须按照一些人们都可能要遵守的规律或者规则进行。法律是国家制定或者认可的，并由国家强制力保证实施的具有普遍效力的社会规范。因此，法律就具有预测作用。

法律的预测作用表现在：人们可以根据法律规范的规定事先估计当事人双方将如何行为及行为的法律后果。它分为两种情况：

（1）对如何行为的预测。即当事人根据法律规范的规定预计对方当事人将如何行为，自己将如何采取相应的行为。

（2）对行为后果的预测。由于法律规范的存在，人们可以预见自己的行为在法律上是合法的，还是非法的；在法律上是有效的，还是无效的；是会受到国家肯定、鼓励、保护或奖励的，还是会受到法律撤销、否定或制裁的。

参考案例 13－3

某水泥厂与某建筑公司签订一份水泥购销合同。合同约定供方向需方供应水泥 300 吨，由供方分三批将水泥运至需方指定的施工地点。在合同履行的过程中，前两批货交付良好，需方验收后已付清货款。但第三批货起运时遇到阴雨天气，大雨、暴雨持续不断，货物运输途中遇到山洪暴发，公路被毁，致使水泥无法按时送到指定地点。水泥厂立即将这一情况通知了建筑公司，并在一周后又将公路部门和气象部门的有关证明材料送给对方。公路被修复后，水泥厂将第三批水泥送到指定地点。建筑公司验收货物后，拒付货款，并且以水泥厂延误送货 20 天导致其停工损失为由，要求水泥厂承担违约责任。水泥厂向律师咨询，律师告知，根据我国《民法典》第 590 条的有关规定，即"当事人一方因不可抗力不能履行合同的，根据不可抗力的影响，部分或者全部免除责任，但是法律另有规定的除外。因不可抗力不能履行合同的，应当及时通知对方，以减轻可

① 2015 年修正的《中华人民共和国保险法》第 32 条对这一条的规定进行了修改。

能给对方造成的损失，并应当在合理期限内提供证明”，水泥厂的货款一定能够收回，而且至多承担部分责任，甚至可以免除全部责任。水泥厂根据律师的建议向建筑公司所在地的法院提起诉讼，最终法院的判决结果与律师的说法基本一致。

在参考案例 13－3 中，律师就是根据《民法典》的有关规定预测法院将会作出怎样的判决。这就体现出法律的预测作用。

四、教育作用

法的教育作用表现在：通过法律的实施，法律规范对人们今后的行为发生直接或间接的诱导影响。法律具有这样的影响力，即把体现在法律规则和原则中的某种思想、观念和价值灌输给社会成员，使社会成员在内心中确立对法律的信念，从而使法的外在规范内化，形成尊重和遵守法的习惯。法的教育作用主要是通过以下方式来实现的：

（1）反面教育。即通过对违法行为实施制裁，对包括违法者本人在内的一般人均起到警示和警诫的作用。

（2）正面教育。即通过对合法行为加以保护、赞许或奖励，对一般人的行为起到表率、示范作用。

参考案例 13－4

某中学组织该校高一的学生参加了当地法院所举行的某个刑事案件公开宣判大会。该校高一的学生通过参加这个公开宣判大会，具体明确地知道了某种行为是犯罪行为，认识到法律的权威性和严肃性。

在参考案例 13－4 中，某中学高一的学生所受到的影响是法的一种教育作用。

五、强制作用

法的强制作用表现在：法为保障自己得以充分实现，运用国家强制力制裁、惩罚违法行为。法律制裁的方式多种多样。通过法律制裁可以维护人们的权利，增强法律的严肃性和权威性，提高人们的权利和义务观念，保证社会稳定，增强人们的安全感等。法的强制作用是以国家的强制力为后盾的，因此，它以有形的物质性的力量为表现形式，而道德、习惯一般是以无形的精神性的力量为表现形式。

法的强制作用是任何法律都不可或缺的一种重要作用，是法的其他作用的保证。如果没有强制作用，法的指引作用就会降低，评价作用就会在很大程度上失去意义，预测作用就会产生疑问，教育作用的实效就会受到影响。总之，法失去强制作用，也就失去了法的本性。

第三节　法的社会作用

法的社会作用是法为实现一定的社会目的和任务而发挥的作用。如果说法的规范作用是从法自身来分析法的作用，那么法的社会作用则是从法的目的和性质的角度来考察法的作用问题。对此，人们的认识存在差异。马克思主义法理学着眼于法的政治作用，认为法的社会作用主要表现为对各种政治关系（或阶级关系）的调整，维护统治秩序和一定的经济基础。法社会学家认为，法的作用表现在：有条不紊地解决社会争端，预防矛盾和冲突的发生，确定群体中的权限，潜在地联系组织、协调群体内部的各项活动，等等。① 还有人将法的社会作用分为直接社会作用和间接社会作用，前者包括通过抑制脱轨行为来维持社会的安定和稳定、促进某种行为或活动、解决具体的纠纷及诉讼案件、进行资源划分等，后者包括提高道德水平、增强国家机构的权威性、促进阶层分化和职能分化等。② 概括起来，法的社会作用表现为以下几个方面。

一、维护社会秩序与和平

人类无论是在控制和改造外在物质自然界的过程中，还是在为了控制人类内在本性的过程中，都希望而且力图避免出现不可控制的混乱现象，即希望在有序的状态中进行活动。人类的这种倾向深深地植根于整个自然结构之中。人类要想在其推进文明发展中引入有序化，就必须有规范的存在，就如古语所说“无规矩不成方圆”。法律产生的首要功能就在于它能禁止专横、制止暴力、维护和平与秩序。“法的制度是和平的秩序。法制初始阶段尤其向我们显示了这种情况。和平与法携手共进，法带来了和平，建立和平是法发展的前提。凡是法发展的地方，法就取代暴力的斗争，并用和平的解决方法取代暴力斗争的位置。”③

无论是在经济领域还是在政治领域，法的首要任务是防止无政府状态和暴力，维持和平与秩序。在市场经济领域，通过法律规范市场主体、创建市场、限定市场范围、约束国家宏观调控，从而维护市场即自由交易和契约自由的领域，限制契约自由，如禁止垄断契约从而保障市场公平有序的竞争等。在政治领域，通过国家的有关政治方面的法律法规规范参与政治活动的主体、限定政治行为，“用一种和平秩序取代暴力争取权力的位置，和平秩序让政治的纷争受到某些限定的、和平的形式约束……宪法通过由法安排的选举斗争来取代国内战争”④。

不仅国内法的首要作用如此，国际法的核心问题也是为了反对暴力、维护国际秩序、保障和平。“国际法起初实现的东西——哪怕这受到现代的政治决策的威胁——曾经是对战争进行某种形式化：在发表宣战时受到某些特定的形式的约束，在采取战争行动时以及对待平民时，遵守某些限制。”⑤

无论是私法制度还是公法制度，其基本作用之一都是为排除人们（包括私人和公共团体）以专断的或暴虐的方式活动，从而将其活动或行为纳入可预测、可控制的有序状态之中。私法制度通过界定私人或私人群体的行为领域，以防止或反对相互侵犯的行为，避免

① 科特威尔．法律社会学导论．潘大松，等译．北京：华夏出版社，1988：90.

② 季卫东．从边缘到中心：20 世纪美国的“法与社会”研究运动．北大法律评论（第 2 卷第 2 辑）．北京：法律出版社，2000：562.

③ H 科殷．法哲学．林荣远，译．北京：华夏出版社，2002：118－119.

④⑤ 同③119.

或阻止严重妨碍他人的自由或所有权的行为和社会冲突。公法制度通过限定和约束政府官员的权力，以防止或救济这种权力对确已获得保障的私人权益领域的不恰当侵损，以防止任意的暴政统治。①

二、推进社会变迁和变化

法律不仅具有维护社会稳定与秩序的作用，也具有促进社会变迁和变化的作用。这是因为法律不但以社会为基础，而且具有独立于社会的自主性。这种自主性主要表现为法律作为一种控制社会的自主机构的能力，法律机构（包括由这些法律机构以及它们所制定、解释和运用的法律原则所构成的法律体系）在某种程度上独立于国家的其他方面。② 法律的自主性意味着它可以作为一种工具和手段，在导致人们的行为模式、态度、观念等普遍改变的方面起作用。这种观念是随着成文法的出现而产生的。因为成文法意味着“法律是不断变化着的、能够管理社会的政府工具，而不是对已有惯例编纂而成的典籍”。当“法一旦成为成文规则，就有截然不同于模糊的社会信仰和习惯的性质，因此如果法律拥有来源于宗教、神话或求助于理性自然和传统智慧而获得的某种特权，那么法律本身就有一种独立的作用，能够潜移默化地影响社会的信仰和习惯，而成为政治权力的有效支柱和工具。即使是古代或原始社会的不成文法，也可以成为这样的工具，这一点可以从古代智者、祭司或政治领袖的文告中得到证明”③。总之，法律促进社会变迁和变化是自古以来的现象，只不过在变迁速度加快的现代社会则更加明显。

社会变迁具有层次性：首先改变个人的行为模式；其次改变群体以及群体与个人之间、群体之间的行为准则；最后改变整个社会的基本准则。不同社会的变迁速度不同，因为它受到一系列因素的影响，如技术的进步、自然环境的变化、政治组织及政治意识的成熟程度、文化的统一或多样性等。法律对单个主体的行为模式的变化可以施予直接的作用，因为法律可以对单个主体强加法律上的义务来改变个人的行为。法律对其他层次的社会变迁的影响往往是间接的。这种间接作用主要体现为：依据法律形成各种社会制度，通过它们来直接影响社会变迁的性质和速度；建立政府机关内部的各种组织机构以扩大对社会变迁的影响；设定一种法律上的义务以形成一种社会环境，依此培养社会变迁的因素等。④ 同时，我们必须注意到，若要运用法律推进社会变迁，就要精心设计法律，只有正确选择了一种立法策略，法律才能达到有效地重新组织各种社会关系的效果。

三、保障社会整合或融合

人类历史是一个社会分工和职业分工不断增长的过程。随着社会分工和职业分工的不断细密化，社会不断分化为以不同利益为纽带的不同集团、阶层、组织和阶级。分工是为了提高劳动生产率，从而为人类的生存和延续提供各种物质和精神保障。也就是说，分工的成功依赖于人们之间相互合作和协作的成功。其中，法律发挥着不可替代的作用。正如

① E 博登海默．法理学：法哲学与法律方法．邓正来，译．北京：中国政法大学出版社，2004：246.

② 科特威尔．法律社会学导论．潘大松，等译．北京：华夏出版社，1988：54.

③ 同②56.

④ 同②65－66.

法国社会学家杜尔克姆所说：为了保证分工协调必不可少，法律能够沟通一个团结的社会中的个人的、组织的、群体的各种一般责任或特殊责任，使它们之间的正常交往得以实现。① 这是因为具有一般性和普遍性的法律，不承认传统上的任何特权和等级，而是规定了完整的普遍适用的权利和义务体系，这些权利与义务摒弃了一切亲属关系或乡土观念，要求任何人都一律平等，任何人都必须遵守。在法律制度中最能体现这方面作用的是合同法。通过让缔结法律上有效的各种合同成为可能，来完成使协作或合作成为可能的任务。合同不仅是合作最灵活的、最富有适应能力的手段，也是能够最容易用来保障自由和平等的手段。②

根据美国社会学家帕森斯的学说，任何一个社会要生存下去，就必须满足某些基本需要或功能，即适应环境的功能、实现目标的功能、整合功能、维持模式功能等。为完成这些功能，任何社会都必须有四个亚社会系统，即经济制度、政治制度、法律制度和亲属制度。整合功能是指为了维持社会的存在，任何社会都必须具有协调和控制社会系统不同部分的能力，以保证整个社会的统一，目的是使社会成员保持在良好的关系之中，避免导致分裂性的冲突，以达到人际关系和群体关系的和谐团结。社会整合功能主要由法律制度完成。法律规范确定了人与人之间、制度与制度之间的标准关系，一旦冲突发生，法律系统是避免社会解体的保证。

法律制度之所以成为现代社会的整合机制，是因为法律职业共同体的存在。法律职业共同体的活动使法律体系的功能得以实现，并使法律体系的权威和自主得到维护。法律职业共同体的活动主要有：维护法律原则体系的内部一致性，运用法律处理具体法律问题，平衡国家立法和具体司法实践的矛盾，兼顾法律明确性和原则一致性的需要等。③

四、控制和解决社会纠纷与争端

纠纷和争端是社会中的不同主体针对某种有价值的东西公开地提出相互对立的主张。纠纷和争端具有危险性，小则发生争吵，大则引发暴力冲突、流血冲突，最终可能导致共同体的解体，从而危及人类的生存和发展。国家和法律的基本作用之一就是将人类社会的纠纷和争端控制在一定的程度内，在一定的秩序范围内和平地解决，从而减少它们的危险性和危害性。“在法的发展的开始就是逐渐地克服血腥复仇和血腥械斗。它首先让血腥复仇和血腥械斗受到某种形式的约束，然后被赎罪契约所取代，赎罪契约的缔结最终是强制性的。”④

在国家成为暴力的唯一合法垄断者时，现代的法律体系被视为一种运用专职国家机构理性地创制、解释和实施一系列原则的特定政府机制。这样，无论是公民之间、法人之间以及公民与法人之间，还是公民、法人与国家机关之间以及国家机关之间所发生的法律纠纷和争端，都应该在法律所限定的范围内依据法律来解决。现代社会的纠纷和争端不仅通过司法（民事诉讼、刑事诉讼和行政诉讼）与准司法（调解和仲裁）来解决，而且立法过

① 科特威尔．法律社会学导论．潘大松，等译．北京：华夏出版社，1988：113.

② H 科殷．法哲学．林荣远，译．北京：华夏出版社，2002：175.

③ 同①100.

④ 同②119.

程本身也是一种社会纠纷和争端的解决机制。正如美国社会学家默顿（Robert King Merton）所说："从某种意义上讲，立法机构在争吵声中找出了解决纠纷的中间场所和妥协办法之后，精心地制定出一些新的法律，这也是在进行解决争端和冲突的工作。"①

五、促进社会价值和目标的实现

法律可以促进制定和实施它的人所主张的价值和目标。因为人"生存的目标并不仅仅是享受存在（existence）的好处，而且存在需要明确的意义。仅仅活下去对我们来说是不够的，人类通过其对意义的要求和对生存的品质概念的标准的追寻而超越动物的生活"②。既然人不仅是作为一般生物存在着，而且是作为追问意义和追寻价值的主体存在着，那么作为人类工具的法律（我们不否认法律具有内在价值）就必然会成为一定的社会实现其价值和目标的手段。事实上，特定社会和国家的许多法律都旨在促进一定的价值和目标。"制定法律的人——法官和立法机关——通常制定他们认为符合道德的法律。"③ 美国法学家博登海默指出："实质的法律规范制度仍然是存在的，其目的就在于强化和确使人们遵守一个健全的社会所必不可少的道德规则。"④ 也可以这样说，任何国家的法律制度都不可能脱离该社会道德或价值观念的影响而发挥作用。所以，美国法学家霍姆斯就宣称："法律乃是我们道德生活的见证和外部的积淀。"⑤ 因此，即使我们接受法实证主义的观点，我们也不能否认被赋予了价值与目标的法律在执行和适用时已在促进一定的价值与目标。至于法律促进哪些价值与目标以及它们的内容与关系如何，这属于法的价值论的内容。⑥

第四节　法的作用的局限性

在法律社会中，法的作用是不容低估的。法以其独特的方式对人类生活产生着重要的影响：首先，自从有了国家之后，法律在人类社会中扮演的角色越来越重要，逐渐代替了宗教、道德、习俗等社会规范在调整人们的行为和社会关系中原有的影响力，成为最主要的社会调整手段。其次，法律是社会运动和发展的最重要的稳定与平衡的工具，它以其稳定性和可预测性为激变的社会生活确立相对稳固的规范基础。若没有法律，社会生活的变化将变得无章可循。最后，法律具有其他社会规范所不具有的优点，例如，它的国家强制性、权威性、公开性、程序性等，都是其他社会规范不可以取而代之的，若废法而弃之，就要重建社会基本结构和秩序，不仅需要付出更大的成本，而且可能产生难以预料的社会

---

① 默顿．法律的各种职能和实现职能的方法．周勤中，译．法律社会学研究资料第五辑．北京大学法律系"法律社会学"课题组编印，1988：84.

② WAYNE MORRISON. Jurisprudence：from the Greeks to post-modernism. London：Cavendish Publishing Limited，1997：16.

③ 阿蒂亚．法律与现代社会．范悦，等译．沈阳：辽宁教育出版社，1998：129.

④ E 博登海默．法理学：法哲学与法律方法．邓正来，译．北京：中国政法大学出版社，2004：399.

⑤ 同④394.

⑥ 关于法的价值，参见本书第十四章。

后果。例如，由于沿用道德治国或政策治国的传统，而使社会制度总是处在不断地“试验—变革—再试验—再变革”的恶性循环之中，人类将会为这种“试验—变革”付出沉重的代价。故此，重视法的作用不仅是一个理论问题，而且更是所有的人（包括治国者和普通民众）均须重视的一个实践问题。

但是，我们必须认识到法律在维护和促进人类社会各方面发展与进步时存在一个程度问题①，也就是说，法律的作用不是万能的，而是具有一定的局限性。这种局限性主要体现在以下几个方面。

一、法的作用的范围不是无限的

即使现代社会的法涉及社会生活的各个方面，作用范围非常广泛，但是，仍然有一部分人类行为和社会关系是不能适用法律来调整的。这并不是说这些人类行为和社会关系不重要，或者说法律不重视这些行为和社会关系，而是“法律手段本来就适于保障这一方面而不适于保障另一方面”②。这是因为法律的作用是以国家的强制力作为保障的，但是有一些人类行为和社会关系是不能采取强制手段的，即使采取了强制手段，也不能对这些人类行为和社会关系产生作用。这些领域主要包括人们的思想、信仰、情感和认识等。正如庞德所说：“我们最好记住，如果法律作为社会控制的一种方式，具有强制力的全部力量，那么它也具有依赖强制力的一切弱点。”③ 因此，对于那些不能靠国家强制力来调整的人类行为和社会关系，只能由其他社会控制手段来调整，如道德、宗教、纪律、政策等。

二、法律只是调整其所能调整的社会关系的一种方法

这实质上就是说，在适宜法律调整和保障的人类行为和社会关系领域中，往往需要多种社会控制手段与方式共同调整和保障，这样才能切实有效地维持社会秩序，维护和促进人类文明的进步。即使在法律是主要的调整和保障手段的某些领域中，如果没有其他的社会控制手段和方式的配合，法律的作用也不能很好地发挥，而在法律不是主要的调整和保障手段的某些领域中，更是如此。此外，有时，法律作为控制方式的成本也不是最低的。

三、法律与事实之间的对应难题不是法律能够完全解决的

法律适用所对应的事实有时是难以确定的。任何法律决定的作出，首先需要确定该案件是否符合法律规则中所规定的假定条件和行为模式，然后才可能将该法律规则中所规定的法律后果运用到该案件中去。但是案件事实并不总是现成地提供给法律适用者，而总是需要法律适用者去认定。在认定事实的过程中，法律适用者总是面临着可能出现的许许多多的困难，我们不能总是期望法律适用者有足够的把握来克服这些困难，原因在于：从理论上讲，法律适用者面对的事实永远是“已经过去的事情”，认定和确定事实的过程实质上是法律适用者将“过去的事情”还原为“现在的事实”，而且由于人的理性的有限性，

① 罗斯科·庞德．通过法律的社会控制．沈宗灵，董世忠，译．北京：商务印书馆，1984：29.

② 同①32.

③ 同①11.

还原的过程不是一个完全等值的过程，而是一个不断接近的过程。也就是说，法律适用者在认定和确定事实时不可能将“过去的事情”原原本本地还原为“现在的事实”。既然如此，那么，法律对社会关系的调整和保障作用就不可能得到完全的发挥。

四、法律自身的缺陷会影响其发挥作用

现实的法律自身总是存在着一定的缺陷：

第一，由于人的理性的有限性，任何国家的法律都不可能是一个包罗万象的体系，总会存在一定的社会事实没有被法律所覆盖的情形。这就是人们常说的“立法空白”。

第二，国家的法律一经制定都具有一定的稳定性，而法律所调整的社会关系是不断发展变化的，因此，在法律实践中总会出现一些法律没有规定的新型案件。这就是人们所谓的“法律的滞后性”。

第三，国家的实在法律规范具有一般性和抽象性，而法律所要解决的案件是个别的、具体的，因此，有时将具有一般性和抽象性的法律规范运用到具有具体性和个别性的案件中时，会产生违背法律规范原义的结果。这就是人们所谓的“法律的僵硬性”。

第四，国家的法律概念并非完全符合逻辑语言，其中有些术语也是从日常语言中发展而来的，而不是用人工语言表达的。日常语言的意义往往具有一定的“波段宽度”，解释这些语言的意义必须求助于法律适用者个人的主动性和创造性，但很可能形成解释不统一的局面。如果出现这种局面，法律就不可能发挥其本来具有的作用。

总之，在认识法的作用时，必须注意：对法的作用既不能夸大，也不能忽视；既要认识到法不是无用的，又要认识到法不是万能的；既要反对“法律无用论”，又要防止“法律万能论”。

【本章小结】

法的作用是指法律作为一种特殊的社会规范对人们的行为和社会生活所产生的影响和结果。根据法的功能、目的和任务，可以把法的作用分为规范作用与社会作用两类。法的规范作用是法自身表现出来的、对人们的行为或社会关系的可能影响，具体包括指引作用、评价作用、预测作用、强制作用和教育作用。法的社会作用是法为实现一定的社会目的和任务而发挥的作用。它表现为以下几个方面：维护社会秩序与和平；推进社会变迁和变化；保障社会整合或融合；控制和解决社会纠纷和争端；促进社会价值和目标的实现。

在法治社会中，法的作用是不容低估的，但法的作用不是万能的，而是具有一定的局限性。在认识法的作用时，必须注意：对法的作用既不能夸大，也不能忽视；既要认识到法不是无用的，又要认识到法不是万能的；既要反对“法律无用论”，又要防止“法律万能论”。

【本章研习活动】

分析

英国某法院曾审理一件颇为棘手的刑事案。一个名叫乔治的年轻人设法进入某皇家空军机场，坐在机场跑道上观看天上的飞机。他很快便被警察带走并于几天后被送上法庭。乔治的辩护律师认为，《官方机密条例规定》：“不得在禁区附近妨碍皇家军队成员的行

动。”虽然军用机场是个“禁区”，乔治也妨碍了皇家军队成员的行动，但是，他不是在“禁区附近”而是在“禁区里”观看飞机。条例只规定了“在……附近”，而没有规定“在……里”，所以依据这条规定是不能处罚乔治的。律师还提醒法官注意，英国是个法治国家，法无明文规定不为罪。法官在对此案进行裁决时深感为难。

根据上述案情，分析以下问题：

（1）你认为法的作用有局限性吗？

（2）如果法的作用有局限性，那么结合本案，你认为哪些情节能够说明这一点？

要点提示：

在认识法的作用的局限性问题时，需要联系本书所讲到的“法学思维”“法律解释”“法律推理”等相关知识。

【推荐阅读材料】

1. ［古希腊］亚里士多德著，吴寿彭译：《政治学》，北京，商务印书馆，1997。

2. ［美］罗斯科·庞德著，沈宗灵、董世忠译：《通过法律的社会控制》，北京，商务印书馆，1984。

3. 沈宗灵：《现代西方法理学》，北京，北京大学出版社，1992。

4. 付子堂：《法律功能论》，北京，中国政法大学出版社，1999。

第十四章　法的价值

【本章引言】

法律是善良公正之术。

——塞尔苏斯

人生而平等，生而拥有上帝赋予的平等权利，如生命的权利、自由的权利，以及追求幸福的权利。这些是不言而喻的真理。

——杰斐逊

【本章学习目标】

通过本章的学习，你应该能够：

1. 掌握法的价值概念，以及法的价值冲突的概念；
2. 了解法与秩序，法与自由，以及法与平等的关系；
3. 熟悉法的价值冲突及其原因和解决方式。

第一节　法的价值概述

一、价值与法的价值

（一）价值的概念

"价值"一词是近代人文科学中普遍使用的一个概念，既在经济学、社会学、政治学上使用，也在哲学、伦理学、法学上使用。从语义上看，"价值"有"起掩护和保护作用的、可珍贵的、可尊重的、可重视的"① 含义。

在西方现代政治学理论和法学理论中经常使用"价值"这个概念。它既被用来指称各种有价值的事物，如幸福、财富、安全、荣誉等，也被用来指称人们用以评价各种事物的

① 李德顺．价值论．北京：中国人民大学出版社，1987：11.

价值标准和价值观。

从哲学的意义上讲，价值这一概念可从以下两个方面来理解：

（1）价值反映的是人（主体）与外界物——自然、社会（客体）的关系，揭示的是人的实践活动的动机和目的。在人类的实践活动中，人之所以要去认识客观世界及其事物，是为了对客观世界进行改造，以满足人的自身需要。人和物之间的这种需要与满足的对应关系，就是价值关系。在价值关系中，人是价值主体，外界事物是价值客体。

（2）价值是表示事物所具有的对主体有意义的、可以满足主体需要的功能和属性，即客体满足主体需要的积极意义或客体的有用性。因此，在人类实践中，凡是对人有用、有利、有益的，能够满足人的某种需要，有助于实现人的目标的东西，就是有价值的，就会得到人们的肯定性评价。诸如自由、正义、财富、知识、美德等，都是人们所希望的东西，因而被人们视为价值的存在形态。

研究价值，主要从主体的需要和客体能否满足及如何满足主体需要的角度，考察和评价各种物质的、精神的现象，以及人们的行为对个人、阶级、社会的意义。某种事物或现象具有价值，就是该事物或现象对个人、阶级或社会具有积极意义，能满足人们的某种需要，成为人们所追求的对象。

（二）法的价值的概念

法的价值一直是千百年来哲学家和法学家们思考的主题之一。在当代中国的法学理论中，法的价值，或称法律价值，是 20 世纪 80 年代从西方法学中引进的一个概念，目前已成为法学研究的一个重要问题。

法的价值是一般价值的特殊存在形式。所谓法的价值，就是法这种客体对个人、阶级、社会的积极意义，是法的存在、作用和变化对这些主体需要的满足及其程度。法的价值既是主体的又是客体的，是主体性与客体性的统一。从主体方面看，法的价值总是以社会主体的需要与目的为根据。如果没有社会主体的需要与目的参与，法本身就谈不上所谓的价值问题。从客体方面看，法的价值又是法自身存在的一种客观属性，不论人们是否认识到法有能够满足特定主体需要的这一性质，它都是客观存在的，因而具有“客体性内容”。只有在主客体互动的关系中我们才能认识和理解法的价值。

具体地说，法的价值的含义包括以下三个方面的内容：

（1）法律在发挥其社会作用时能够促进或者保护和增加哪些价值。如人身安全、财产安全、公民的自由、社会的公共福利、经济的可持续发展、善良风俗的维持、环境的保护与改善等，法律发挥其作用的目的就在于对这些有价值的事物予以保护并促进其增加。这种价值构成了法律所追求的理想和目的，因此，可以称为法的“目的价值”。

（2）法本身具有哪些价值，即法律不仅是实现一定目的的手段，同时它本身有特定的价值。这种意义上的价值被称为法的“形式价值”，它与目的价值不同，不是指法律所追求的社会目的和社会理想，而是指法律在形式上应当具备哪些值得肯定的或“好”的品质。如法律应该逻辑严谨，而不应当自相矛盾；应当简明扼要，而不应当烦琐；应当明确易懂，而不应当神秘莫测；法律的技术设计应能充分表达法律的理想和目的；等等。这里所讲的法律应具备的各种品质，就是法的形式价值。

（3）当不同类价值之间或同类价值之间发生矛盾时，法根据什么标准来对它们进行评价。法的评价标准主要用来解决两类问题：第一类问题是价值确认，即按一定的标准来确定什么样的要求、期待、行为或利益是正当的，是值得肯定和保护的，并根据每种价值的大小来确定其在价值体系中的位阶；第二类问题是价值平衡，即在两种价值发生冲突、不可兼得时，确定如何取舍。

上述法的目的价值、形式价值和评价标准三者之间，并不是各自独立存在、互不关联的，而是相互依存、不可分离的。法的目的价值在法的价值系统中占主导地位，它集中地体现着法律制度的基本使命。形式价值和评价标准都是为一定的目的价值服务的。但是法的形式价值和评价标准，对实现法的目的价值而言，也具有重要性。如果一个法律制度不具备形式上的优良品质，它就不是良法，即使它追求良好的社会目的，也必然会归于虚幻。法所促进的不同类价值之间或同类价值之间发生矛盾时，在价值的确认和取舍方面存在不当，也会影响法的目的价值的实现。

参考案例 14-1

1994 年 4 月 11 日，在湖北省京山县雁门口镇吕冲村的一口水塘里，发现一具无名女尸。京山县公安局认定死者为该村村民张在玉，随即以有故意杀人嫌疑为由，拘捕了张在玉的丈夫佘祥林。同年 10 月，佘祥林被原荆州地区中级人民法院一审判处死刑。佘祥林上诉至湖北省高院后，此案因疑点重重被发回重审。后经荆州市、京山县有关部门协调，1998 年 6 月 15 日，京山县人民法院以故意杀人罪判处佘祥林有期徒刑 15 年。2005 年 3 月 28 日，在佘祥林已经服刑 11 年后，张在玉突然现身。“死者”复活，媒体哗然，佘祥林案很快被证实为一起典型的冤案。

在参考案例 14-1 中，这起冤案的发生显然与执法人员违反我国法律所追求的价值标准不无关联。我国刑法和刑事诉讼法的目的价值体现在两个方面：一是惩罚和打击犯罪，维护公共秩序和安全；二是保护无辜和维护人权。这种价值理念的实现，要求有完备、科学的司法运作机制和证据规则作为保障。在价值的评价标准方面，我们要用司法的手段来保护人权、保护无辜，那么就要有一个选择，即在出现疑罪的时候，应该采取什么样的原则？是疑罪从无还是疑罪从有？从法的价值的角度看，当没有明显的证据证明佘祥林杀妻，或虽然有其本人供述，但若为刑讯逼供之结果，法院均应认定其为无罪。这是法的正义价值和人权价值的必然要求。

二、法的价值的种类

法的价值是多种多样的。由于法的价值与人的客观需要和利益相关联，而人的需要和利益又是多维度、多层次的，因此法的价值也是有所不同的。其中，既有法所要体现的基本价值或一般价值，也有法的特殊价值（如阶级价值）；既有个人价值、集体（社会）价值，也有国家价值、人类价值；既有物质价值，也有精神价值；既有应然价值，也有实然价值；等等。总之，根据不同的标准，对法的价值可以作出不同的划分。

在法学上，法学家们对法的价值的种类作了各自的归结。例如，美国法学家哈罗德·拉斯韦尔（Harold Lasswell）和迈里斯·麦克杜格尔（Myres McDougal）将法的价值概括为权力、财富、健康、启蒙、技能、情爱、正直、尊重八种。当代英国法学家约翰·菲尼斯（John Finnis）则认为：法所体现的人类幸福的普遍价值有七种形式，即生命、知识、娱乐、美感、社交（友谊）、实践理性和宗教。其实，法的价值体系应当至少包括以下三个层面：

(1) 法的最高（终极）价值，如正义、文明、善、公共幸福、人类进步等；

(2) 法的一般价值，包括对个人的价值（如自由、平等、人权等）和对社会的价值（如秩序、和平、安全、民主等）；

(3) 法的自身价值，如统一、便利、明确、实用、有效、合理、稳定等。

下面我们重点讨论有关法的秩序价值、自由价值和平等价值。

第二节　法与秩序

一、秩序的概念

“秩序”一词，可以从两个角度来认识。从静态看，秩序是指自然、社会的事物和人处于其适当的位置，形成固定的、有规则的、合理的关系。从动态看，秩序意味着自然、社会运动过程的一致性、连续性和确定性。

秩序构成了物质世界永恒运动和人类社会生存的基础。可以说，没有秩序，就没有自然，也没有人类社会。相应的，在整个外部世界，存在着两种秩序，一种是自然秩序，另一种是社会秩序。前者表现为自然物质结构的有序性及物质间关系的稳定性和连续性，是客观规律的外在表现。后者是人类社会主要通过规范手段（道德、宗教、法律等）自觉调节而使人际关系所处的一种有序状态，表现为个人角色、职务、地位的确定性，个人与个人、个人与社会、社会与社会之间相互关系的连续性、一致性和协调性，以及行为的规则性、财产与心理的安全性等。

秩序是人类一切活动的必要前提，是社会发展所应追求的基本价值。无论是最小的社会单位（如家庭）还是整个社会本身，无论是系统的、常态的组织机关还是偶然临时聚集的人类群体（如道路上的人流），都存在着一定的规则、管理和秩序。人们可能时常破坏社会秩序，却不能不在有规则、有秩序的社会中生活。有序和无序构成了社会关系和生活的一个矛盾：有序是社会关系和生活的稳定形态，是社会正义、安全、平等和效率的基础；无序则意味着社会关系结构一致性和稳定性的消失，人们的行为规则性的混乱，社会生活过程连续性的中断和安全性的缺失。社会运动和发展就是从有序（平衡态）到无序（非平衡态），再从无序到有序的动态演进过程。为了保护正常的社会秩序，人类必须采取措施消除无序状态、预防其发生。在文明的社会中，法律是消除无序状态、预防和制止社会无序状态的首要的、经常的手段。

二、法律调整与社会秩序的形成

秩序，是法律所要实现的最基本的价值，它是法律调整的出发点，也是法律所要保护和实现的其他价值的基础。在一个社会中，法律若不能实现和保护一定的社会关系的稳定和有条不紊的状态，就谈不上对人的自由、平等权利的维护，谈不上公平正义和文明进步，也就更谈不上公共的善和幸福。对秩序的追求，反映了人们对社会生活的“安全”

“可预见性”“常规性”“有组织性”的期待，这永远是法律调整的首要任务。而且，随着社会生活、社会关系、社会冲突和矛盾的日益复杂化，人类社会依靠法律调整手段来维系社会生活的秩序则显得越来越重要。

法律本身固有的性质，决定了它既是社会秩序的象征，又是社会秩序的保护手段。法律在预防和制止社会的无序状态方面起着其他社会调整手段（道德、习俗、宗教等）无法取代的作用，主要表现在以下几个方面：

（1）法律通过其制定、执行和遵守的过程，影响和引导人们遵守一般的社会规范，从而使一些不受调整的社会关系得到有效的疏导和整合，使之处于一定的秩序状态。

（2）法律对一些重要的社会关系加以确认，并作为保护对象，在这些对象遭到破坏时，法律将采取制裁等保护措施，施加于一定的人或机构，从而使原来的社会关系得以恢复，重新回到其所应有的连续性和稳定性状态。

（3）法律通过直接调整一定的社会关系，使这些关系本身具有法律的性质和意义，由此而形成有条不紊的状态，即法律秩序。在现代社会和国家，离开法律对社会关系进行调整，要保证社会秩序的稳定持久，是难以想象的。

但应当看到，秩序价值只是法的价值之一，也绝不是法的唯一价值，更不是法的终极价值。法的正统性（或合理性）固然可以根据它的秩序性来论证，但仅仅强调秩序性也并不能完全解释法的效力的根源。而且，当国家的实在法本身明显地违背客观规律、违背人类的道德和公平正义准则时，片面强调秩序价值的唯一性，实际上就等于为国家的强权、暴政和统治阶级的任性寻找理论上的合法借口。因此，法的秩序价值必须与法的其他价值相协调，这种秩序应当是体现人类道德、正义，体现人权、自由和平等精神，体现公共利益和人类幸福的秩序，而不是完全背离人类终极价值和其他一般价值的纯粹专制的秩序。当秩序本身缺乏正统性基础时，法律应当坚持法的正当性优先，而不是法的秩序性优先，坚持法的道德——正义原则优先，而不是法的秩序——安全原则优先。

第三节　法与自由

一、自由的概念

“自由”作为人们社会生活的一个理想，代表着一种高度的价值。那么，究竟什么是自由？自由的核心和主要标志是怎样的？在历史上，思想家们对这些问题曾经作过深刻的思考，有过不同的回答。例如，早期古希腊学者（赫拉克利特、德谟克利特等）从因果决定论出发，认为人的自由就在于人服从决定一切命运的力量或其代表。简言之，自由的实质在于服从。17世纪荷兰哲学家B. 斯宾诺莎首次明确提出自由和必然的问题。他认为人类合理的行为才是自由的，自由的程度决定于行为合理的程度。自由就是按人所固有的本性行为。

由此可见，自由问题是人的认识、生存与发展同自然界、社会的关系问题。从一般角度讲，自由就意味着人、主体的充分自我实现。正如马克思所言：“……自由不仅包括我靠什么生活，而且也包括我怎样生活，不仅包括我做自由的事，而且也包括我自由地做这些事。”① 因此，在最抽象的意义（即哲学意义）上，人的自由代表着既相互对立又统一的两个方面，即人的认识（智慧）与世界的秩序，人的需要和外部条件，人对世界的感性接触和思维把握，人的意志与理性，人对现实的服从与超越等。在这里，自由与必然构成一对哲学范畴。必然是指不依赖于人的意识而存在的自然和社会所固有的客观规律。自由是指在必然性基础上所进行的积极的自觉活动，即对客观规律的认识和对客观世界的改造。人们认识客观规律后，自觉地运用规律来改造客观世界的领域，称为“自由王国”。

“自由”一词也常常在社会政治意义上使用。此种意义上的“自由”所代表的是，要求秩序化、规范化的社会组织与要求多元化、个性化的个体之间，社会、国家整体与个人主体之间的冲突与矛盾。在拉丁语中，自由的本义是指个性的人“从被束缚、被虐待中解放出来”。也就是说，自由的要求是指自主和自立，它意味着人身依赖关系的解除和人格上的独立。从内容上看，自由可以分为两个方面：一是“消极自由”，指不受他人、国家、社会干预和强制，即所谓“免于……”的自由；二是“积极自由”，即所谓“自由地从事……”，它表现为人们可以自主地作出一定行为或不作出一定行为。很明显，社会政治意义上的自由是一种个性的自由、行动的自由，它所强调的是个人（个体）从社会整体中独立出来，从社会整体的不合理束缚下解放出来，充分尊重个人的尊严和独立人格，实现自我的生存、发展的价值。这是人作为一个独立社会主体的最基本要求，也是自由在阶级社会发展阶段的具体表现。

法律意义上的自由，是主体行为与法律规范的统一。在法律上，自由意味着主体可以自主地选择和实施一定的行为，同时，这种行为又必须与法律规范中所规定的行为模式相一致。当主体的自由被法律作为一种权利而确认以后，一方面意味着任何人和组织都不能强迫权利主体去做法律不强制他做的事；另一方面也意味着权利主体只能在法律界定的范围之内做他想做的事。

总之，人的自由问题是随着人类作为主体的产生而产生的。人类从自然界分化出来，其生存和发展面临着同整个世界包括社会在内的关系问题。一方面，在自然界、社会的客观规律和必然性面前，人能不能达到本性和本质力量的自我实现，这就是自由问题。从人类社会发展的总趋势看，人类历史就是从“必然王国”不断向“自由王国”飞跃的历史。人类最终会实现自由、全面的发展。人“自由地实现自由”的理想最终将会实现。另一方面，在终极的自由实现之前，在阶级社会中还存在着“争取自由”的问题。由于阶级社会就是一个阶级统治和压迫的社会，各种不合理的奴役成为实现个人自由和集体自由的最大障碍。在此条件下，自由的问题首先是一个解放的问题，即人从被奴役中解放出来，免受他人、社会、国家不合理的干预和控制。在分析自由概念时，我们既应看到自由的终极意义，也应看到它的现实的社会政治意义，并且将这二者统一起来。

二、法对自由的保障与限制

自由是人类社会的价值，也是法所应体现的价值。实现自由，不仅对国家的立法，而且对法的实施都是具有促进作用的。就立法而言，人们只有掌握了客观规律，实现了由“必然王国”向“自由王国”的转变，才能更为科学地制定法律。就法的实施而言，自由

① 马克思，恩格斯．马克思恩格斯全集：第1卷（上册）．中文2版．北京：人民出版社，1995：181.

的实现，使大多数人从被奴役中解放出来，可以在更广泛的空间发挥每个人的潜在能力，提高各自的全面素质，从而为法的执行和法的遵守提供较好的社会文化条件。自由，像平等一样，是衡量法的进步与落后、民主与专制的标准。脱离自由的法，必然是落后的、专制的法。

（一）法对自由的保障

自由的实现取决于一系列社会条件（包括政治、经济条件）的保障。其中，法是保障自由、实现自由的一个重要条件。在民主的社会中，法的目的之一就是要保护和扩大人们的自由，使大多数人摆脱不合理的奴役和压迫，能够独立、自主地从事一定的活动，选择自己的行为。

自由的法律保护，主要是从立法和执法方面采取具体的保护措施和法律制度，来实现人们在社会政治生活中的诸种自由。在立法上，对自由的保护表现在两个方面：一是确立自由原则；二是规定法律上的自由权。

1. 确立自由原则

自由原则的确立，在历史上经历了一个较长的发展过程。在欧洲中世纪，随着各种政治力量（国王、贵族、教会、下层民众）相互冲突，“团体自由”和“城市自治”逐渐为法律所规定。至 15 世纪末，欧洲各地的习惯法已开始承认某些社会自由（如金钱买卖自由），但当时尚未形成“公民自由”的思想。直到 17、18 世纪，资产阶级启蒙思想家才在“文艺复兴”运动的基础上，提出系统的以个性主义为特征的自由学说。在近现代资本主义国家建立之后，自由原则被规定为一项基本的法律原则。例如，《美国宪法修正案》第 5 条规定，未经正当法律程序，不得剥夺任何人的生命、自由或财产。《法兰西第五共和国宪法》（1958 年）第 2 条规定，共和国的格言是自由、平等、博爱。在私法领域，财产自由与契约自由作为个人自由的重要内容，被赋予至上的地位。19 世纪的资产阶级民法将“契约自由”规定为民法的三大原则之一，与绝对私有权原则、过失责任原则相并称。自由原则在法律上的确立，为行为自由的实现提供了一般的保障。

2. 规定法律上的自由权

要真正从法律上保护人们的自由，除了明确地规定自由原则外，还必须在具体的法律制度、法律规范中体现和规定自由的内容，并且设定相应的控诉制度和公正审判制度。其中最为重要的一步，就是将一般的社会自由上升为法律上的自由权。自由权是指法律所规定的、人们能够按照自己的意志独立作出一定行为或不作出一定行为或者免受他人约束、干预的权利。自由权是一般社会自由的法律形式，它并不完全等同于一般的社会自由。一般社会自由可能受法律的保护，也可能不受法律的保护。因此，只有那些由法律规定、受法律保护的自由才是法律上的自由权。与一般的法律权利不同，自由权是一类原生的、基本的权利。其特点表现在：

（1）享有自由权利者“能够自己独立作出一定行为”，具有自主性。他可以行使法律赋予的自由，也可以放弃或不行使该项自由。

（2）自由权本身是一种“不负相对义务”的权利。自由本身不含有义务，义务本身也不蕴含自由。一方面，一个人有义务从事某种活动，即表明他无自由去做与义务内容相反的事情；另一方面，一个人有某种自由，即证明其没有义务不去做一定的行为。

（3）与自由权相对应的，是他人的消极义务（不作为义务）。只要他人不作出一定的侵权行为，自由权即得以保证实现。自由权是法律权利结构的第一要素，在权利体系中具有独特的地位，是人们的其他权利存在的基础。在一定意义上，如果没有自由权，也就谈不上其他权利。

在现实社会生活中，受法律保护的自由（自由权）表现在各个领域，大致包括以下几类：第一，公民个人自由，包括生命、健康、名誉、人格、人身、居住、迁徙、信仰、思想等方面；第二，政治自由，包括言论、出版、集会、结社、游行、示威、通信等方面；第三，经济自由，包括私有财产所有、贸易、劳动、消费、投资等方面。各个国家的发展阶段不同，其法律对自由确认和保护的形式、范围以及侧重点可能会有所不同。这也反映出法与自由的各种复杂关系。

（二）法对自由的限制

自由是从事一切对他人没有害处的活动的权利。因此，它必须有一个合理的限度，超过了这个限度（或范围），就不再是国家法律许可和保障的行为，就要受到法律的禁止和限制。

参考案例 14－2

2005 年 4 月，由于日本在历史等一系列问题上的错误态度并不断采取伤害中华民族感情的错误行为，一些地方相继发生部分群众和学生自发举行针对日本的游行示威活动。在游行中，广大群众和学生是理智的，但也有极少数社会闲杂人员借机进行打砸公私财物、扰乱社会秩序等违法活动。

在参考案例 14－2 中，广大群众和学生通过游行示威的方式表达爱国热情，是法律规定的自由权利，但公民行使这种法定权利必须在合理的限度之内。在游行中，借机进行打砸公私财物、扰乱社会秩序的行为就超出了合理的限度，因而必须加以限制。

自由既然有限制，那它就不是绝对的。在合理生活条件之内，人们的行为是自由的。法律所保护的自由就是这种自身合理限制的自由。正是在此意义上，法国著名启蒙思想家孟德斯鸠指出："政治自由并不是愿意做什么就做什么。在一个国家里，也就是说，在一个有法律的社会里，自由仅仅是：一个人能够做他应该做的事情，而不被强迫去做他不应该做的事情……自由是做法律所许可的一切事情的权利；如果一个公民能够做法律所禁止的事情，他就不再有自由了，因为其他的人也同样会有这个权利。"①

法律对自由的限制，严格来说，就是法律为人们行使自由权确定技术上和程序上的活动方式及活动界限。它像自由的法律保障一样，反映着国家、社会对个人自由的认识和基本态度。在法学中，证成法限制人的自由的原则有以下几个：（1）伤害原则。该原则认为，对人们行为自由进行干涉的唯一目标是自我保护（self-protection）。违背文明社会任何成员的意志，对其正当行使权力（power）的唯一目的是阻止对别人的伤害。② 这就是说，只要一个人的行为不对其他人的权利或利益产生危害，即使该行为对自己的身体或精神产生了危害，那么，国家就不应该限制或禁止该行为。（2）家长主义原则。该原则认为，在一些特定领域，人们由于信息不对称或匮乏而不能判断自己的利益，导致滥用或误

① 孟德斯鸠．论法的精神（上册）．张雁深，译．北京：商务印书馆，1987：154.

② J W HARRIS. Legal philosophies. London：Butterworths，1980：117.

用其自主权，而国家相信在这些领域能够作出正确的判断、合理地行使职权，来保护个人免受伤害，或者为了人们自身的好处而引导他们，而不管他们喜欢与否。① 在现代社会中，该原则被运用于国家可以干预或介入的领域，如有关安全和健康的法律、刑法以及一般的社会政策等。在这些领域中，个人自主并不能保证自己的选择和对风险的评估是准确的，尤其是对同意的达成或选择的作出的后果缺乏足够省察，或者仅仅追求短期利益，或者陷入诸多判断相互交织的困境而不能正确决定，或者因为难以压抑的内在心理冲动等。②（3）道德主义原则。该原则认为，如果一个人的行为与特定社会的人们的道德是背离的，国家可以禁止或限制该行为。这里所谓的道德不是指特定社会中的任何个人或群体的道德，而是指构成特定社会的人们所共享的道德。运用该原则的困难在于，我们如何证成道德是共同体或社会的共享道德？这种道德是否已改变，即维持共同体或社会的存在已不需要以禁止或限制该行为来达成？如果法律禁止或限制这种背离道德的行为，就可能成为多数人压迫少数人的法律。

第四节 法与平等

一、平等的含义

古往今来，“平等”被人们用来作为反对现实不平等的口号，也是人类社会长期追求的价值目标。

从广义上讲，所谓平等，就是指社会主体于相同的情况下在社会关系、社会生活中处于同等的地位，具有相同的资格（人格）、相同的发展机会和相同的待遇。具体言之，包括三个方面的内容：资格（人格）平等，发展机会平等，待遇平等。

（1）所谓资格（人格）平等，是指人们不论其有无自然的差别，都应当具有相同的价值和尊严，具有独立存在的资格或人格。任何人不得凭借自己在政治、经济和生理上的优势条件，损害他人的人格及尊严，剥夺其作为社会主体的资格。

（2）所谓发展机会平等，是指每个人都有平等地发展自我能力，同等地参与社会生活的机会，任何人不得采取不正当手段阻止他人发展自己的潜能。发展机会的平等在经济领域表现为要求等价交换和自由竞争；在政治领域表现为要求人人平等参与政治活动，要求社会的各种职位向所有的人开放；等等。

（3）所谓待遇平等，是指社会给每个人的待遇（包括奖励和惩罚）应是相同的，如同样的劳动应得到同样的报酬，同样的犯罪应受到同样的处罚，不能因为人们的身份不同而有所偏袒或歧视。

总之，平等就其结构而言，应当是资格（人格）平等、发展机会平等和待遇平等的统一。一方面，资格（人格）平等是一切人构成独立的社会主体的基本条件。没有资格（人格）平等，就不可能有发展机会平等和待遇平等，也就谈不上人们的价值和尊严。另一方面，

① JOEL FEINBERG. Legal paternalism, in his rights, justice and the bounds of liberty. Princeton: Princeton University Press, 1980: 110.

② H L A 哈特．法律、自由与道德．支振锋，译．北京：法律出版社，2006：35.

发展机会平等和待遇平等又是实现资格（人格）平等的手段和途径。没有发展机会平等和待遇平等，也不可能使人们的资格（人格）平等，当然更谈不上人们的整个社会地位的平等。

平等，就其发展形态而言，经历了平等的观念、平等的原则和制度、平等的实现状态三种形式。平等往往首先表现为某种平等的观念、思想，表现为平等的理想、要求或政治口号；其次，在这些观念或要求被普遍认可后，经国家认可上升为国家的某些政治制度、经济制度、法律制度，或表现为一项国家活动的原则；最后，平等的制度或原则被贯彻实行，成为现实的状态，即事实的平等。完全的事实平等是指人们在经济上和政治上的平等，它们的实质是消灭私有制、剥削和阶级本身。在此之前，平等的彻底实现是不可能的。阶级社会的平等是有限的平等，它的实质是反对公开的不平等现象，消灭阶级的特权。在此意义上，阶级社会的平等，又可称为“不完全的平等”。这种平等既是衡量现实社会进步的标志，说明某个阶级社会现实的社会状态如何；同时，它又是那些不平等社会所要达到的或实现的目的和价值追求，引导该社会向平等的方向发展。

平等与不合理的区别对待是对立的。然而，平等并不绝对排斥合理的区别对待。在具体的场合，平等不能被笼统地理解为“大家无条件地完全一样”。由于社会生活复杂多样，自然条件也有所不同，人与人之间、个人与社会集团之间还存在着种种自然的差别，如体力、智力的差别，权利与权力的差别，等等。不考虑这些现实的差别，而一味强调平等，可能恰恰是不平等的。因此，在自然差别和私有制、阶级、国家仍然存在的前提下，企图通过法律制度或社会革命来实现人们的需要平等、性别平等、智力平等，是荒唐可笑的。

二、法与平等的关系

参考案例 14-3

青年张某于2003年6月报名参加了安徽省国家公务员考试。经过笔试和面试，其成绩均在报考者中排第一。在进入规定的体检程序中，张某被诊断感染了乙肝病毒，但他既不是“小三阳”也不是“大三阳”，只是一名普通的感染者。有关专家明确表示，张某感染的乙肝病毒基本不具备传染性，在社会生活角色上应该视为健康人。但在9月25日，芜湖市人事局以口头方式宣布，张某由于不符合公务员身体健康标准而不被录取。张某希望该人事局出具一份不予录用的书面答复，或复印医院体检的化验单，但其要求均遭到了拒绝，无奈之下，张某一纸诉状递到法院，状告人事部门“歧视乙肝患者”。

参考案例14-3是国内首例因“乙肝歧视”引发的行政诉讼官司。按照我国现行《病毒性肝炎防治方案》的规定，乙肝病毒携带者除了不能献血或从事直接接触入口食品和保育工作外，并不能视为现症肝炎病人处理。张某只是一名普通的感染者，并且现行劳动人事法规和规章对此也没有作出明确的规定。“乙肝歧视”所涉及的法律权利实际上是携带乙肝病毒和没有携带乙肝病毒的公民报考公务员的平等竞争的权利。应该说，正是由于乙肝传播常识的缺乏和法规的弹性规定，让乙肝患者遭受了不公平待遇。

从理论上讲，平等是法的价值目标和制约因素，法是实现平等的必要条件和可行手段。具体分述如下。

（一）平等是法的价值目标和制约因素

从立法上看，平等是鉴别立法的进步与落后，区分民主的立法与专制的立法的显著标志。从道德和价值的角度看，法律的规定在形式上对所有的人都是平等的、适用的。规定平等原则的立法是民主的立法、进步的立法；规定不平等的立法就是专制的立法，落后的立法。

从执法上看，平等是促进执法活动公正无私、提高执法质量的必要因素。首先，执法离不开执法人员的思想和文化素质。执法人员有无平等观念，将直接影响法律执行的效果，而平等观念的形成，则为保证执法的公正无私提供了思想条件。其次，执法的效果离不开制度的保障，而平等的社会制度或原则的确立，将为执法上的平等提供可靠的依据和标准，从而使执法平等成为可能。最后，执法离不开平等的社会环境，而平等制度和原则在社会生活中的实现，将会为达到执法公正无私的效果创造一个良好的社会条件。

从守法上看，平等是人们自觉遵守法律，反对特权的力量来源。遵守法律，既是国家强制的结果，又是人们自觉的行为过程。在民主的国家，平等是人们自觉守法的内在动力。正是由于有了平等的意识，人们才认识到行使平等权利、尊重他人同样的平等权利的重要性，这就会大大加强人们的守法意识、法治观念，从而能够积极地行使权利、履行义务，并自觉地同一切不平等和特权现象做斗争。同时，平等制度的确立和事实平等环境的形成，也为人们的自觉守法提供了外在的保障。

（二）法是实现平等的必要条件和可行手段

平等的实现是一个复杂的过程。这个过程实质上就是将平等的观念、理想和要求以平等的原则和平等的社会制度为中介转化为事实平等的过程。平等的原则、制度与平等的观念、理想和要求不同。平等的观念只是人们对平等的一种认识或思想。由于这种认识，人们产生了对平等的渴望，平等观念随之变成平等的理想，进而又转化为人们对平等的实在要求。但平等的要求仍然属于“应然”领域，这种要求要变成现实，首先还必须使之上升为一个社会或国家活动的基本原则，作为社会或国家普遍接受的活动依据。然后，将平等的原则体现于各种社会制度（政治制度、经济制度）之中，采取具体的社会政策来保护平等。这就是所谓的“平等的社会制度”阶段。接下来就是贯彻执行平等制度的规定，使平等制度转化为事实的平等。

从历史和现实的实践看，平等原则和制度的确立，几乎都采取了法律规定的形式。也就是说，各个国家将平等上升为基本原则和制度，都是通过法律来加以规定的，使平等首先表现为法律原则和具体的法律制度。其主要原因在于：

第一，法律是一种国家规范，即国家制定或认可的规范，它所规定和调整的是国家一些比较重大的社会关系。所以，一些重要的社会或国家原则和制度必须由法律来加以规定，通过法律加以保护。平等的原则和制度就是如此。

第二，法律是由国家强制力保证实施的，具有普遍的效力。与其他社会规范（如道德、政策）相比，它具有更强的约束性、权威性和有效性。平等上升为法律原则和法律制度，能够使人们更易于遵守和执行，从而增强了平等实现的可能性。由此看出，从法律上保护平等，具有其他保障条件（如道德保障）不可替代的优越性。在那些缺乏平等基础的国家，最为切实可行的措施，就是首先做到法律上的平等。

然而，法律上的平等仍然只是一种可能的平等、形式上的平等，而且是一种有限的平等。这是因为：一方面，法律上的平等仅仅是一种法律规定上的平等，要转化为事实平等还需要一个过程。参考案例 14－3 也充分说明了这一点。我国宪法虽然规定了法律面前人人平等的原则，但并不表明在事实上实现了人人平等。另一方面，法律平等的范围是受限制的，法律需要通过国家制定或认可，法律的制定过程受到掌握政权者之意志的干预或控制。既然如此，那么，掌握政权者在将平等法律化的过程中，就会有所选择：哪些平等可以上升为法律，哪些平等不能规定为法律。对于那些虽很重要但暂时还不能达到的平等，法律就不会予以确认。有时候，平等的要求与一定的经济基础是相背离的，掌握政权者当然也就不会以法律形式规定这种平等。例如，在资本主义社会，无产者的平等要求是消灭私有制、剥削和阶级本身，这就与资本主义以剥削雇佣劳动为基础的私有制发生矛盾，有产者自然不会将这一平等要求上升为法律的原则和制度。

由此可见，法律上的平等，无论是在内容上还是在范围上都是有限的。从法律上实现平等，只是一个必要的途径，但不是最终的、具有决定意义的途径。尤其是完全的平等（消灭阶级的平等）的实现，仅靠法律的规定和实施是远远不够的。

第五节　法的价值冲突及其解决

一、法的价值冲突的概念及表现

法的价值冲突研究是法的价值研究的必要内容，因为法的价值冲突解决得好坏与否，直接关系着法律成本的高低和法律效益的大小。所以，法的价值冲突的有效、有益的解决，就成为法的价值研究的至关重要的问题与目的。法的价值是一个多元多维的庞大体系。其中包含着各种准则，不同的阶级、社团、个人在法律实践和法律理论上有不同的价值观念。不同法的价值准则和法的价值观念，各自内部和相互之间的矛盾，就是法的价值冲突。这种冲突不仅表现在不同法的价值准则、观念之间，而且表现在法的价值准则、观念的不同性质或形式上。

从法的价值准则来看，法的价值冲突表现为自由与平等的冲突，自由与秩序的冲突，秩序与正义的冲突，平等与正义的冲突，秩序与人权的冲突，秩序与理性的冲突，等等。在此我们仅着重论述以下几个方面。

（一）自由与平等的冲突

自由与平等是极其重要的法的价值，总的来说，二者并不矛盾。但在一些特定的情况下，自由与平等可能会出现冲突，或可能因自由而损失平等，或因平等而损失自由，自由与平等不可兼得。

法律自由价值和平等价值的冲突首先表现在立法上，是将自由摆在第一位还是将平等摆在第一位，立法者对此的选择不同，在具体的立法结果上也会呈现出极大的差异。其次表现在执法上，执法者在自由与平等相冲突时是选择自由还是选择平等，当然要受法律规范所体现的价值选择的影响。然而在许多场合和许多方面，执法者的执法活动仍存在着对自由和平等作出选择的空间。执法中的自由与平等的取舍既要受制于法律规范的价值倾向，也要受制于执法机关及其工作人员的价值倾向。对自由与平等的取舍往往导致执法后果的迥然不同，使案件的处理结果处于要么“公正”要么“不公正”的境地。最后，法律中自由与平等的冲突表现在对法律的理解、遵守、监督和评价上。人们对自由与平等的不同选择会导致人们对法律的不同理解和不同评价，也会影响人们遵守法律规定的状况和监督法律实施的情形。

（二）自由与秩序的冲突

在法律上强调自由高于秩序的主张包括三种情形：一是认为，自由绝对地高于法律及其秩序，法律及其秩序绝对地服从自由。立法者不得以秩序为由制定否定或限制自由的法律。二是认为，在法律实施时，当自由与秩序发生冲突时，应强调自由而不惜牺牲秩序。三是认为，自由全面地高于法律和秩序，以秩序损害自由的法律本身就不是良好的法律。为了自由，不仅可以不要秩序，也可以不要法律。

在法律上强调秩序高于自由的主张也包括三种情形：一是认为，法律是秩序的化身，法律和秩序的存在本身就是对自由的束缚和规制，因而自由必须以秩序为依归、以法律为准绳。秩序是立法追求的目的，自由是立法制约的对象。二是认为，在法律确定了自由和秩序的位置之后，二者发生冲突，自由应无条件地服从秩序。执法者可以因为秩序而忽视自由或剥夺、限制某些自由。三是认为，秩序全面地高于自由。在立法上要以秩序为目标，自由服从秩序。在执法上，如果自由与秩序发生冲突，人们甚至应当不顾法律的规定，以牺牲自由为代价来谋取秩序。

自由与秩序，二者在实际的法律操作上的对立，往往令法律专家和法学家们难以取舍，甚至无所适从。

（三）秩序与平等（正义）的冲突

秩序与平等（正义），作为法律的价值来说一般是可以协调地并存的。然而，二者之间也难免会相互冲突。

从抽象的意义上讲，秩序与平等（正义）各有其利。一般地说，秩序有利于统治，有利于创造安定的社会环境，有利于社会的持续发展和稳步前进。然而没有平等（正义）作为基础的秩序，必然是难以长久维持的秩序。平等（正义）有利于满足人的精神需求和心理平衡，有利于创设和维护良好的秩序。然而在特定情况下，秩序也会与平等（正义）相背离，为了平等（正义）而不得不牺牲一定的秩序，或为了秩序而不得不牺牲一定的平等（正义）。

真正的法的价值，在秩序与平等（正义）之间，谋求的平等（正义）理应是有秩序的平等（正义），谋求的秩序理应是平等（正义）的秩序。然而在平等（正义）与秩序的实际运作中又往往形成了一个又一个重大的理论和实践难题。

二、法的价值冲突的解决方式

在历史上曾经有不同的法的价值冲突的解决方式，例如，民主的方式与专制的方式，主体认同的方式与外在统一的方式，合法的方式与非法的方式，等等。自然，就理想的社会而言，是可以形成一种涵盖、平衡各种价值冲突的，社会宽容的，立法作为一种确立普遍规则的活动，也多是在这个意义上协调、平衡各种法的价值之间所可能会有的矛盾。然而，由于立法不可能穷尽社会生活的一切形态，在个案中更可能因为特殊情形的存在而使得价值冲突难以避免，因而必须形成相关的平衡价值冲突的规则。在这个方面，可以采纳的原则主要有：价值位阶原则；个案平衡原则；比例原则。

（一）价值位阶原则

这是指在不同位阶的法的价值发生冲突时，在先的价值优于在后的价值。在利益衡量中，首先就必须考虑其中涉及的某种法益较其他法益是否有明显的价值优越性。就法的基本价值而言，主要是以上所言的自由、秩序与平等（正义），其他则属于基本价值以外的一般价值（如效率、利益等）。但即使是基本价值，其位阶顺序也不是并列的。尽管人们对自由与秩序之间的关系存在不同看法，但一般而言，自由代表了人的最本质的需要，它是法的基本价值的顶端；平等（正义）是自由的价值外化，它成为自由之下制约其他价值的法律标准；而秩序则表现为实现自由、平等（正义）的社会状态，必须接受自由、平等（正义）标准的约束。因而，在以上价值之间发生冲突时，可以考虑按照位阶顺序来予以确定何者应优先适用。

（二）个案平衡原则

这是指当处于同一位阶上的法的价值之间发生冲突时，必须综合考虑主体之间的特定情形、需求和利益，以使得个案的解决能够适当兼顾双方的利益。例如，在行政诉讼裁判中，法官应当审视这样一些因素：首先，因行政执法活动而受到影响的私人利益；其次，通过所诉诸的程序而错误剥夺此类利益的风险；最后，政府的利益，包括涉及的职能和其他的或替代的程序要求所需要的财政及行政方面的负担。由此可以看出，在有关行政诉讼案的处理上，法院并不以“公共利益”作为绝对高于“个人利益”的价值标准来看待，而是结合具体情形来寻找两者之间的平衡点。

（三）比例原则

价值冲突中的“比例原则”，是指为保护某种较为优越的法的价值须侵及一种法益时，不得逾越此目的所必要的程度。例如，为维护公共秩序，必要时可能会实行交通管制，但应尽可能实现“最小损害”或“最少限制”，以保障人们的行车自由。换句话说，即使某种价值的实现必然会以其他价值的损害为代价，也应当使此等损害降至最低限度。

【本章小结】

法的价值，就是法这种客体对个人、阶级、社会的积极意义，是法的存在、作用和变化对这些主体需要的满足及其程度。法的价值既是主体的又是客体的，是主体性与客体性的统一。

法的价值是多种多样的。由于法的价值与人的客观需要和利益相关联，而人的需要和利益又是多维度、多层次的，因此法的价值也是有所不同的，其中既有法所要体现的基本价值或一般价值，也有法的特殊价值（如阶级价值）；既有个人价值、集体（社会）价值，也有国家价值、人类价值；既有物质价值，也有精神价值；既有应然价值，也有实然价值；等等。

在历史上曾经有不同的法的价值冲突的解决方式，例如，民主的方式与专制的方式，主体认同的方式与外在统一的方式，合法的方式与非法的方式，等等。在个案中平衡价值冲突所采纳的原则主要有：价值位阶原则；个案平衡原则；比例原则。

【本章研习活动】

1. 思考

思考并判断以下说法是否正确，并说明理由：

（1）用私力救济取代公力救济的法律程序是人类文明社会对争端解决方式的最佳

选择。

（2）法学所关注的自由主要是社会生活中的自由，即在社会关系中可以按照自己的意志活动的权利。

（3）司法机关独立行使职权、回避制度等都是现代社会法律为了保障冲突和纠纷的公正解决所提供的规则和程序。

2. 分析

2004 年四川省双流县发生了一起村民激愤杀人案件。被害人张某安患有精神分裂症，生前经常打骂母亲和家人，还先后强奸母亲与大嫂。此外，村里不少女孩在放学路上被他调戏过，他还经常打骂村民。2004 年 8 月 24 日，张某安的母亲及两个哥哥张某成、张某明预谋打死张某安。当晚 9 时许，张某成、张某明在双流县太平镇碰见弟弟，用扁担、木棒将其打死。此后，三人被捕。检察院认为，三名被告人非法剥夺他人生命，应当以故意杀人罪依法追究其刑事责任。案发后，当地村民得知此案开庭审理的消息后，称张某安死有余辜。村民认为，张某安的母亲和两个哥哥杀死他是为民除害，也是替大家雪恨。村民对三名被告人都很同情，希望法院能轻判。

问题：

（1）村民们所持的是什么样的法的价值？如何看待这些法的价值？

（2）检察院的意见与村民们的观点有什么样的价值冲突？

要点提示：

这里如何认定张某安实施有害行为时的精神状态是一个关键点。

3. 讨论

2005 年 3 月 8 日，龙岗公安分局龙新派出所民警在刘屋社区悬挂了两条内容为“坚决打击河南籍敲诈勒索团伙”和“凡举报河南籍团伙敲诈勒索犯罪、破获案件的，奖励 500 元”的横幅，在社会上引起了不良影响。深圳市公安局和龙岗公安分局了解情况后认为，这两条横幅用词不当，内容错误，严重伤害河南籍务工人员乃至河南群众的感情，也与“建设和谐深圳”的要求不相符。为此，深圳市公安局和龙岗公安分局除责成龙新派出所立即拆除横幅外，还就此事进行了专门调查，对相关责任人进行了处理。

问题：

从法的价值角度评判，派出所民警悬挂该横幅的行为为什么不适当？

要点提示：

可从秩序、平等及其冲突的角度去分析。

【推荐阅读材料】

1. 张文显：《法理学》（第三版），北京，法律出版社，2007。

2. 卓泽渊：《法理学》，北京，法律出版社，2004。

3. 卓泽渊：《法的价值论》，北京，法律出版社，2006。

第十五章　法与其他社会因素

【本章引言】

法安天下，德润人心。

——习近平

无论是政治的立法或市民的立法，都只是表明和记载经济关系的要求而已。

——马克思

如果没有政权，无论什么法律，无论怎样选出的机关都等于零。

——列宁

【本章学习目标】

通过本章的学习，你应该能够：

1. 掌握法与政策的异同，以及法与道德的异同；
2. 了解法与生产关系、生产力、市场经济的关系，以及法与政治、文化之间的关系；
3. 熟悉中国传统法律文化的当代意义、宗教的含义、法律与宗教的异同，以及政教合一国家与政教分离国家中法与宗教的关系。

第一节　法与经济

法与其他社会现象之间存在着相互作用的关系，这种相互作用的关系在法律与经济之间表现得尤为重要。这种关系的具体内容为何，不同的思想家有不同的观点。马克思主义法学认为，法律与经济的联系是最根本的联系，这里所谓的“经济”，主要是指特定社会的生产方式，即一定的社会生产力和人们在物质资料生产过程中所形成的一定的生产关系的统一。社会生产方式是推动社会发展进步的根本力量，也是决定其他各种经济现象和社会现象发展状况的根本因素。

法与生产方式之间的关系也就是法与生产力、生产关系之间的关系。法是由生产方式决定的，其中生产关系直接决定法律，生产力间接决定法律。

一、法与生产关系

生产关系是人们在生产过程中所形成的相互关系。从静态结构上看，它包括三个方面：生产资料所有制关系，产品的分配关系，以及由此决定的人们在生产过程中所处的地位。从动态过程上看，它包括四个环节：生产、交换、分配和消费。与社会的上层建筑概念相对应，生产关系的总和构成一定社会的经济基础。

（一）经济基础对法具有决定作用

法作为上层建筑的组成部分，其本质、产生、发展以及特征，都是由经济基础所决定和制约的。经济基础对法的决定作用表现在以下几个方面：

（1）经济基础的性质决定法的性质。法在本质上是由经济基础决定的。有什么样的经济基础就有什么性质的法。每一种经济基础都有自己特定类型的法。

（2）经济基础的发展变化决定着法的发展变化。法从无到有，从低级到高级，从一种社会类型到另一种社会类型，归根到底都是由经济基础决定的。每一种社会类型的法都不过是以法的形式表现出来的占统治地位的经济关系，随着经济基础不断发生的量的变化，法也往往不断地被调整以反映发展变化的生产关系不同的内在要求。

（3）法的内容，即法所规定的权利与义务和它们之间的相互关系，以及权利和义务的社会价值，是由经济基础决定的。

（4）经济基础对法的决定作用是从最终意义上讲的。法并不是从经济基础中直接地、自发地产生出来，经济基础对法的决定作用是通过人们有意识的活动实现的。此外，除了经济基础对法的决定作用外，对法的性质、内容、发展规律产生影响以至在某些情况下起决定作用的因素还有国家制度、历史传统、民族习惯、社会心理、政治观点、道德、宗教等。

（二）法对经济基础具有反作用

法与经济基础的关系，不仅反映在它决定于经济基础，也反映在它对经济基础具有积极的能动作用或反作用。这主要表现在以下几个方面：

（1）法对经济基础有指引和预测作用。它可以通过提供行为规范，以法的形式总结和反映成功的经验来促进经济关系和经济活动向健全、完善的方向发展，引导经济关系和经济活动朝着有利于掌握政权的阶级的方向发展，从而对经济基础起到引导和促进作用。

（2）对不利于、有损政治统治存在和发展的经济基础实行限制、削弱和废除。一个社会往往存在着不同的生产关系，有的生产关系是与政治统治相互冲突的，对这样的经济基础，掌权者往往利用法的手段来限制其发展，甚至可能彻底加以废除。

（3）法对经济基础的反作用，有进步与否的区分。判断其进步与否的标准，主要是看法所服务的经济基础的性质。法为先进的经济基础服务，就促进社会经济的发展，推动社会进步；法为落后的经济基础服务，就阻碍社会经济发展和社会进步。

二、法与生产力

生产力是生产主体运用劳动工具作用于劳动对象以获取物质资料的能力。它包括劳动者、劳动工具和劳动对象三个要素。生产关系是人与人之间的关系。生产力则是人与自然的关系。生产关系由生产力决定，围绕生产力结成生产关系。生产力是最活跃、最革命的因素，通过决定生产关系间接地决定法律及其发展变化。离开生产力，就无法理解生产关系为何发展变化。法律对生产力的作用主要是通过生产关系，取决于它所维护的生产关系是否适应生产力发展水平。如果它所维护的生产关系适应生产力发展水平，就会促进生产力的发展；否则，将阻碍生产力的发展。除了通过生产关系之外，法与生产力也会发生某种直接关系，如当代作为生产力的科学技术的发展对法律具有直接的影响，而法律则通过促进科学技术的发展、推广科学技术成果等方式，直接作用于生产力。

三、我国社会主义法与经济的关系

（一）经济对社会主义法的决定作用

在制定社会主义法时，应考虑所制定的法是否有利于生产力的发展，应当从实际经济条件出发，使所制定的法符合客观经济规律。只有这样的法，才能为社会主义经济基础服务，促进生产力发展。

在制定社会主义法时，应正确处理各种物质利益关系。在我国现阶段，物质利益关系涉及诸多方面，立法时应善于将这些物质利益关系体现为法律权利和法律义务。

（二）社会主义法对经济的服务作用

我国社会主义法要为生产力的发展服务，提高生产力发展水平，以加强社会主义经济基础，为法律权利的实现提供物质条件。我国社会的基本矛盾，是落后的生产力发展水平与不断增长的人民群众的物质文化需求的矛盾。不断增长的人民群众的物质文化需求，翻译成法律语言，就是不断增长的权利要求。如何把法律上的权利变成现实中的权利，一个最重要的条件是生产力发展水平所能提供的物质基础。否则，就像没有经济增长的滥发纸币会造成通货膨胀一样，没有不断增长的生产力的依托，规定法律权利的法典也会贬值。

生产力如何发展，从生产力本身内部出发进行分析，是生产力三要素的问题：生产主体的科学技术素质的提高和积极性的发挥，劳动工具水平的提高以及劳动对象的合理开发利用。我国法律对这些方面的促进作用表现在：对劳动者有关的法律规定，科技文化方面的法律及促进它在生产工具中的凝结，以及对自然资源合理开发利用方面的法律规定。生产力的三要素受到生产关系的制约，如对自然资源合理开发利用，除了技术之外，还要有对主体的利益驱动，需要法律权利义务对利益关系进行调整。生产关系就是利益关系，生产关系的调整也是利益关系的调整。同样，我国经济资源配置方式的转换也是利益关系的调整。所以，我国社会主义法促进经济发展的一个重要方面是调整利益关系。法律随着生产实践的发展，要根据需要进行权利和义务的调整。法律权利的配置对经济效率能够产生重要的影响，不同的配置会产生不同的效率。效率优先、兼顾公平是发展社会主义生产力的要求，也是社会主义生产关系的要求。我国法律按照这个标准配置权利和义务以促进社会生产力的发展。

四、法与市场经济

当今世界有计划经济和市场经济两种资源配置的基础性手段。事实证明，市场经济是当今世界最有效率的经济运行机制。无论是哪种市场经济，其与法的关系和对法的要求都比其他类型的经济表现得更为突出。

（一）市场经济需要法律的保障

建立市场经济体制，离不开法律的保障。这是因为市场经济内在地需要法律，没有法律就没有市场经济。在这种意义上，人们往往说市场经济实质上就是法治经济，这主要表现在以下几个方面。

1. 市场经济是主体独立、平等的经济

市场经济主体的行为和地位需要由法律来规范和确定，需要有法律所确认、保障的从事市场经济活动的财产权和其他经济权利。在市场经济中，要求经济主体的地位平等、意志自由。经济主体通过平等、自由的协商或讨价还价，共同决定他们之间的互利有偿、互相制约的关系。在这里，没有超越经济的行政权力或其他力量，指导或调节主体之间关系的只能是平等的法律规则。

2. 市场经济关系是契约经济关系

现代市场经济运行过程中的各种活动，几乎都是通过契约来实现。产品生产、市场交换、分配方式、产品消费、社会保障等各个环节，虽然形式上有许多差别，但实质上都是契约关系的表现。从身份到契约是从自然经济到市场经济的主要标志。

3. 市场经济是自由竞争、平等竞争的经济

竞争就是比赛，比赛就要有比赛规则和规范。因而在市场经济中，必须要有维护自由、公平竞争的必要规则，以规范各个经济主体的行为。否则，市场机制就会失灵或扭曲，经济生活必然陷入混乱。

4. 市场经济是多重利益并存的经济

在市场经济中，表现为各种利益的多样化，如个人、集体和国家利益的多样化，中央与地方利益的多样化，地区与地区、部门与部门利益的多样化等。利益的多样化必然引起利益的交叉、重叠和冲突。为了衡量与确定在互相交叉、重叠和冲突的利益之间，哪些是应当受到承认、尊重和保护的正当利益，哪些应该表现为不受侵犯的权利，就需要有相应的法律规则予以确认；为了公正地解决市场交易中利益冲突和纠纷，就需要有相应的法律程序。

5. 市场经济是开放性经济

现代市场经济的内在动力机制使得它呈现扩展的状态，要求打破一切地域限制，使国内市场与国际市场接轨，把国内市场变为国际市场的一部分。这就要求主权国家既要熟悉和善于运用国际经贸法律、规则和惯例，又要充分注意并善于使自己的涉外经贸法律、法规同国际经贸法律、规则和惯例接轨。

（二）法在实现市场经济宏观调控中的作用

市场经济的运行机制固然有其突出的优点，但也有需要抑制的弱点。如市场经济主体在局部利益的驱动下，其经营往往带有盲目性、冲动性，容易导致市场供求总量失衡；在市场机制下，市场反映的往往只是眼前的经济现象，难以准确反映经济发展的趋势等。这些因素的存在，往往需要国家通过各种手段对市场经济实行宏观调控。在宏观调控的种种方式或工具中，法律是主要的一种。法在实现市场经济宏观调控中的作用主要有以下几个方面。

1. 对市场经济的运行起引导作用

通过法的规范，引导市场经济主体在遵循市场经济体制自身要求的同时，也遵循一套统一而普遍适用的规则，避免或抑制各经济主体随意发展、利益冲突和某些经济领域发展失控或呈现危机，使市场经济难以健康发展。

2. 对市场经济的运行起促进作用

通过法的规范，为市场经济的发展创造条件；反映市场经济规律，促进市场经济发展。不仅通过直接调整市场经济的法，为市场经济的发展、完善创造条件，促使市场经济按法所反映的规律发展，还通过不直接调整市场经济的法，为正确处理各种社会关系提供标准，促进市场经济的发展。

3. 对市场经济的运行起保障作用

这种保障作用主要表现为：通过法律规范，确认和维护市场经济主体的正当权益，为市场经济运行提供利益保障；确立和维护必要的平等原则，为市场经济运行提供平等保障；建立和维护必要的法的秩序、法的环境，为市场经济运行提供秩序保障和环境保障。

4. 对市场经济的运行起必要的规制作用

通过法律规范，在引导、促进和保障市场经济的同时，也制约市场经济中的自发性、盲目性等非有序化倾向和片面强调物质利益本位的消极因素，使市场经济健康发展。

第二节　法与政治

对于什么是政治，古今中外的思想家都有不同的解释。马克思主义经典作家对政治的概念也曾从不同的角度作过解释。马克思主义认为，经济是基础，政治是经济的集中反映。政治的主体是阶级。政治的核心是国家。国家是关系全部政治的根本问题，一切阶级都要同国家发生关系。国家代表着政治统治权和社会管理权，哪个阶级掌握了这个权力，它就能够参与国事，指导国家，确立国家的活动方式和内容。

一、法与政治的共同点与不同点

法与政治都产生于一定的生产方式，都是一定经济基础之上的上层建筑，都反映一定阶级的意志和利益。它们是相互作用、相辅相成的关系。政治对法有直接的影响、制约作用，法又确认和调整政治关系，直接影响政治的发展。在法与政治的关系中，政治对法具有主导作用，法对政治具有服务作用。就法与政治两者的相互作用来说，政治对法的作用更明显、更直接，政治在与法发生关系的过程中经常居于主导地位。这特别表现在：政治的发展变化直接导致法、法治的发展变化。当法的状况和法的制定、修改、废止是由于政治的发展变化所引起的时候，当法反映政治目的和要求的时候，这种法的活动，可以说是为政治服务的。

应注意，并不能将法与政治完全等同或对应。首先，两者在范围上有所差别。政治可以反映在法律上，上层建筑其他部分如意识形态也同样体现政治。法律反映政治，但并不是所有法律都直接反映政治。除了政治之外，法律还执行社会公共职能，调整社会公共事务领域内所发生的相互关系。其次，政治意识不等于法律意识。政治家可能会抛弃法律，不以法律的手段去解决问题，实行不讲法律的政治，但法学家不能不关心政治。此外，某些政治概念不一定适宜作法律概念，如“敌人”“反革命”等；某些政治问题也不能完全依靠法律来解决。所以，将法与政治简单地等同起来是错误的。

二、政治对法的影响、制约作用

相对于法律来说，统治者的政治占据着支配地位，起着主导作用，其对法的影响和制约作用主要表现在以下几个方面：

第一，政治关系的基本状况是法的状况的重要依据，政治的先进与落后是法的先进与落后的重要根据，特别是规定国家基本制度的宪法和基本法律，往往是政治力量对比关系的表现。

第二，政治可以为法的发展提供条件和环境。不能设想，在政治条件或政治环境十分恶劣的情形下，法和法治能有较好的发展。

第三，政治可以影响和制约法、法治的内容。国家、阶级、政党、民族的政治活动的内容，不可避免地影响和制约法、法治的有关内容，社会各阶级的关系也必然会反映在法的权利和义务规定方面。

第四，政治的发展变化往往直接导致法的发展变化，社会各阶级的力量对比关系不是固定不变的，而是随着社会经济的发展不断地改变。阶级力量对比关系的动态过程，导致反映原有阶级力量对比关系的法律的动态变化过程。政治的发展变化不断地向法律的废、改、立提出要求。如我国社会主义政治从以前的阶级斗争到现在的以经济建设为中心的转变，这种转变导致我国法律的体系和内容也发生了很大的转变。

三、法对政治的确认、调整和影响作用

法具有确认和调整政治关系并直接影响政治发展的作用。这种作用表现在以下几个方面：

第一，法可以确认各阶级、阶层、集团在国家生活中的地位，调整掌握政权的阶级与其他阶级、阶层、集团的关系。在阶级对立的社会，也就是调整统治阶级与被统治阶级的关系、统治阶级内部的关系，以及统治阶级与同盟者的关系。

第二，法可以反映和实现一定阶级、集团的政治目的和政治要求，例如，以法的形式将它们确立下来，使其具体化为普遍的、明确的行为规范，并通过国家强制力来保障其实现。

第三，法可以为一定阶级和国家的中心任务服务，如现阶段我国的中心任务是进行社会主义现代化建设，这一中心任务就是现阶段我国最大的政治。

第四，法可以对危害掌握政权阶级的行为采取制裁措施，起着捍卫其政治统治的作用。

四、法与政策

政策通常是指政党、国家或其他社会组织在一定历史时期基于社会政治经济等形势的发展作出的政治决策和对策。在我国，权威性的政策有执政党的政策和国家的政策。这两种政策的来源和主体不同，党的政策来自共产党，国家的政策来自中央国家权力机关和政府，但很多政策往往既是党的政策又是国家的政策。

（一）法与执政党政策的一致性和区别

在我国，执政党的政策与国家的法律从根本上说是一致的，即都是社会主义上层建筑

的组成部分，都服务于社会主义现代化建设，都以马克思列宁主义、毛泽东思想、邓小平理论、“三个代表”重要思想、科学发展观、习近平新时代中国特色社会主义思想为指导思想。在当代中国，党领导立法工作，其方式是：凡立法涉及重大体制和重大政策调整的，必须报党中央讨论决定。党中央向全国人大提出宪法修改建议，依照宪法规定的程序进行宪法修改等。但执政党的政策与法律在很多方面又有区别，主要表现在下述几个方面。

1. 两者制定的机构不同

法律是国家意志的体现，由国家立法机关制定和认可；党的政策是党的意志的体现，由党的领导机关制定。

2. 两者的规范形式不同

法律必须具有高度的明确性，因此，法有自己特定的表现形式，如宪法、法律、行政法规等，内容有确定性特征，具体明确地规定人们的权利和义务；党的政策则不同，其表现形式一般有纲领、决议、宣言、指示等，内容相对来说比较原则，带有号召性和指导性。

3. 两者的实施方式不同

法律依靠国家强制力来保障实施；而党的政策则靠宣传动员和党的组织工作方式实施，党员违反政策，轻者给予批评教育，重则给予党纪制裁，这与对违法者进行法律制裁不同。

4. 两者的约束对象不同

法律对所有公民、法人和国家机关的行为都具有约束力；而党的政策只对党员的行为具有约束力。

5. 两者的稳定程度不同

法律和政策都具有一定程度的稳定性，但比较起来，法律具有较高的稳定性，一般不能朝令夕改，否则，它所调整的社会关系便会处于捉摸不定的状态，这样就不能建立良好的法律秩序；而党的一些政策则具有一定的灵活性，常常随着社会形势的变化而调整。

（二）法与执政党政策的关系

法与执政党政策的关系主要表现在下述几个方面。

1. 执政党的政策是立法的依据和指导思想

在现代社会，一个国家的发展目标、内容、步骤等纲领性的计划，一般都是由执政党拟定，在中国也是这样。因为中国共产党是执政党，是代表广大人民群众根本利益的党，因此，中国共产党的政策与人民的意志、国家意志具有本质上的一致性。所以在我国，党的政策一直是国家立法的依据和指导思想。立法以党的政策为指导，有利于提高立法质量。

2. 法律通常由党的政策转化而来

在现代社会，执政党的一个主要执政方式就是把自己的主张提交立法机关，经由法定程序上升为国家法律，在中国也是这样。因为中国共产党是全心全意为人民服务的党，以人民的根本利益为一切工作的出发点，所以中国共产党把自己的政策主张交给人民代表大会讨论，然后转化为人民意志、国家意志。

3. 执政党的政策有利于推进法律的实施

执行法律以政策为指导，有利于更好地发挥法律为社会服务的效能。法律的稳定性较强，但社会政治经济形势在不断发展，而执政党的政策比较灵活，能及时反映这种发展变化。法律实施以政策为指导，能更有效地适应社会需要。同时，在执政党的政策上升为国家意志、转化为法律之后，执政党将围绕法律的实施制定一系列政策，并通过各级党组织、国家机关中的领导干部和全体党员的模范作用，推进法律的实施。

（三）法对执政党政策的制约

法与执政党政策的关系不仅体现为政策对法的指导作用，也体现为法对政策的制约作用。《中国共产党章程》中明确规定："党必须在宪法和法律的范围内活动。"我国《宪法》也规定："一切国家机关和武装力量、各政党和各社会团体、各企业事业组织都必须遵守宪法和法律。一切违犯宪法和法律的行为，必须予以追究。"

我国宪法和法律体现了以工人阶级为领导的全体人民的意志和利益。执政党的根本宗旨是为人民服务，要求执政党在宪法和法律的范围内活动。执政党在宪法和法律的范围内活动，是加强社会主义法治的关键。宪法和法律是在执政党的政策指导下制定的，体现了政策的精神和内容。执政党领导人民制定法律，也必须领导人民遵守法律。这既有助于社会主义法治建设、树立法的权威，也有助于加强和改善执政党的领导。

第三节　法与文化

文化是指一个民族精神和物质两方面的生活方式的总和。它包括知识、观念、社会意识形态等精神现象，以及外在的社会制度和组织机构、仪式、行为规范和一切物化形态的东西。

一、文化对法的指导和影响

（一）法律通过文化反映社会政治经济的要求

法律是对社会政治经济现实内在要求的反映。但这种反映并不是自动的、直接的，而是需要经过文化的中介，通过对社会现实的认识以及价值评价等精神活动，才能把社会的内在规则上升为法律，形成法律规范。正因为如此，法律有时会把这种要求反映得好些，有时反映得差些。经过文化的中介指导，文化状况影响着法律质量的高低。

（二）文化本身作为社会因素会影响法律的内容和形式

法律有经济渊源、政治渊源，也有文化渊源。法律作为社会行为规范，受到整个社会因素的制约或影响。文化是社会的一个重要方面，它不可避免地在内容和形式方面对法律产生影响。如中国传统的儒家文化的"德主刑辅"思想对中国传统法律的影响，它一方面使法律道德化，另一方面使法律刑罚化。从社会历史发展角度看，文化水平的高低制约着法律的野蛮和文明程度。

（三）文化影响着法律所要达到的社会效果

法律的内容和它追求的社会目的能否变为现实、效果如何，同样受到社会各种因素的制约，文化因素是其中之一。文化作为社会精神领域人的内在观念，指导人的外在行为。从这个意义上看，文化是一种行为方式，文化有自己内在的行为模式要求。文化本身蕴含的行为模式与法律所规定的行为模式是否契合，直接关系到法律的实现程度和社会效果以及在实施过程中所要付出的代价，即国家强制力执行所要花费的成本大小。任何法律的实施都要求与之相适应的文化支持，尤其是社会价值观念的支持。

因此，法律一方面在国家强制力支持下调整人的行为，另一方面进行由外在到内在的反向过程，即法律的社会化过程。根据人的精神指导人的行为的原理，力求在人的精神领域为法律确立一个文化支点。一般而言，法律与社会占支配地位的主导文化是一致的，因为法律创制本身要经过社会主导文化的指导，要把这种主导文化所要求的行为模式体现为普遍的法律模式。但一个社会的文化可能是多元的，有时也可能表现为法律模式与社会主导文化偏离甚至错位。这在社会变革时期，法律转变和文化观念转变没有同步的情况下，表现得较为突出。如中国清末从西方国家引进的法律，由于社会的主导文化仍然是中国传统文化，“中体西用”缺少充分有效的文化支持，导致其最终成为一个摆设。因此，法律能否实现其社会效果，一个与之相适应的文化是不可缺少的条件。

二、法对文化的促进和制约

（一）法本身代表着一种文化

法有自身的精神，代表着一种文化。例如，罗马法代表罗马法文化，中国传统中华法系代表中国传统儒家文化，我国社会主义法代表社会主义文化。法的实施是对它所代表的文化的促进，法律通过行为模式对凝结在法律之中的文化精神进行不断的确认和重申。

（二）法对社会整体文化发展的作用

法对社会文化发展所起的作用，取决于法本身代表的文化精神。有的法律阻碍社会文化的发展，如欧洲中世纪宗教法庭对科学文化的压制。但一般来说，现代社会的法律执行着重要的文化职能，促进社会文化的发展，如我国《宪法》规定，国家发展社会主义的教育事业，提高全国人民的科学文化水平。国家举办各种学校，普及初等义务教育，发展中等教育、职业教育和高等教育，并且发展学前教育。国家发展各种教育设施，扫除文盲，对工人、农民、国家工作人员和其他劳动者进行政治、文化、科学、技术、业务的教育，鼓励自学成才。国家鼓励集体经济组织、国家企业事业组织和其他社会力量依照法律规定举办各种教育事业。国家发展自然科学和社会科学事业，普及科学和技术知识，奖励科学研究成果和技术发明创造。《宪法》和有关法律规定，公民有言论和出版的自由，有进行科学研究、文学艺术创作和其他文化活动的自由。

三、中国传统法律文化对中国现代法治构建的作用

中国现代法治是中国式的现代法治，中国式的现代法治既有世界各国现代法治的共同特征，也有基于自己国情的中国特色。因此，中国现代法治的建构，必须从中国国情出发，借鉴国外法治有益经验，但绝不照搬外国法治的理念和模式。这里所讲的中国国情，当然包括中国的法律文化传统。对中国法律文化传统不能一味否定，其中也有许多在今天仍值得弘扬的内容。一个简单的事实是：传统的文化在我国已有几千年的积淀和延续，割断这样一个“文化脐带”是根本不可能的。中国在建设法治社会的过程中亦应如此，我们既要学习借鉴西方法律文化传统中的优秀部分，更要汲取并弘扬中华传统法律文化中独有的优秀的东西，把中西方两种法律文化融合起来，建立起中国特色社会主义法治国家。

第四节　法与道德

一、道德的概念和特征

道德是人们关于善与恶、正义与非正义、公正与偏私、光荣与耻辱等问题的观念以及同这些观念相适应的由社会舆论、传统习惯和内心信念来保证实施的行为准则、规范的总和。

道德具有以下几个特点：

(1) 具有经济制约性。道德与法律一样，都来源于社会物质生活条件。

(2) 具有阶级性。不同的阶级有不同的道德，在社会中占支配地位的道德是统治阶级的道德。

(3) 具有历史性。道德随着历史发展而不断变化，每一个历史时代都有自己的道德善恶标准，对人的行为进行评价和规范。

(4) 具有继承性。道德内含的进步的优秀因素会被新的道德吸收和消化，体现道德发展的连续性。

二、法与道德的联系和区别

(一) 法与道德的联系

法与道德有着密切的联系。它们作为社会规范在功能上相辅相成，共同调整社会关系。它们从合法与合理，从国家与社会，从外在与内在，从低层次到高层次，多方位、多角度地调整人的行为。尽管在不同的历史时期，有的社会强调以道德为主、以法律为辅，而有的社会则强调以法律为主、以道德为辅，但在共同使用二者方面概莫能外。即使在强调和实行法治的现代社会，道德的功能也是不能否认的，二者仍然表现出相辅相成的关系。法治确立法律的首选地位，但此法必须依赖道德基础以获得法的善良性质。法治确立外在制度的首要地位，但此制度必须依赖道德规范以获得制度的正义性质。每个社会都把自己道德的善恶标准输入法律内容，法律渗透着正义与否的价值观念。道德有高层次与低层次之分，法律反映的道德层次受到社会状况的制约。道德与利益不可分，法律按照道德正义标准对社会利益关系作出恰当的、可行的处理，不能把道德和利益分离。“法律是最低限度的道德”是现代人们通常的说法，当然这个限度会随着社会的发展而不断变化。

(二) 法与道德的区别

法与道德既有联系也有区别，作为两种不同的社会规范，它们的区别主要表现在以下几个方面。

1. 产生的方式不同

法是由国家制定或认可的，通过国家机关创制的规范性或非规范性法律文件的形式表现出来，如宪法、法律、行政法规、判例法等。道德是人们在社会生产和生活过程中逐步形成的关于善与恶、正义与非正义的观念及行为准则和规范，通常存在于人们的内心和社会舆论中，或者以文字形式存在于思想家们的著作中。

2. 调整的范围不同

(1) 道德的调整范围比法律的调整范围要广。法律调整的社会关系，道德要调整；法律不调整的社会关系，如友谊关系、爱情关系等，道德也要调整。

（2）道德对人的行为的调整比法律更有深度。法律调整人的行为，尽管也涉及行为的主观状态，但这种主观状态依附于行为。道德则不然，它可以单独评价人的行为动机道德与否，而不问行为效果如何。

（3）道德（尤其是社会主义道德）的调整比法律的调整更有高度。

3. 内容结构不同

法有明确具体的权利和义务，并且有明确的法律后果。道德的内容一般比较概括，具有原则性。一般认为，道德侧重于个人对他人、对社会履行的义务。这种义务的履行并不意味着他方享有相应的权利，也不以义务履行者取得某种权利为条件。但也不能一概而论，因为道德是有层次性的，如市场经济的公平要求是以权利和义务的平衡为内容的，不得欺诈的义务是以相应方的应得权利为对象的，一方履行这种道德义务意味着他方享有相应的道德权利。法律后果意味着对违反法律的行为要给予惩罚。道德后果不同，一般来说，对于违反低层次道德要求的要予以谴责，对于达到高层次道德要求的要给予赞扬。

4. 实施的方式不同

法依国家强制力保证实施；而道德则依人们的内心信念和社会舆论等方式加以实施。

三、社会主义法律与社会主义道德的相互关系

（一）社会主义法律对道德具有促进作用

1. 社会主义法律以法律规范的形式把社会主义道德的某些原则和要求加以确认，使之具有法的属性

遵守法律化的社会主义道德成为法律上的义务，从而使它获得强有力的保障。违反它，既是违反道德规范也是违反法律规范，既要受到道德谴责又要受到法律追究，这样就能够使社会主义道德更好地实现。如我国《民法典》规定：民事主体从事民事活动应当遵循自愿原则、公平原则、诚信原则、守法与公序良俗原则、绿色原则；父母对未成年子女负有抚养、教育和保护的义务，成年子女对父母负有赡养、扶助和保护的义务；禁止家庭暴力；禁止家庭成员间的虐待和遗弃等，这些都是社会主义法律对道德的确认。

2. 社会主义法律是进行社会主义道德教育的重要方式

因为社会主义法律体现了社会主义道德的基本精神和要求，所以通过法律教育和法律实施活动，可以促进社会主义道德，提高人们的道德素质。一般来说，凡是法律所禁止的行为大都也是社会主义道德所谴责的行为，法律所鼓励的行为也是社会主义道德所要求的行为。通过对违法犯罪行为的处理，不仅使人们看到什么行为是法律禁止的，而且使人们认识到什么行为是道德所谴责的。通过对守法行为的保护和奖励，培养人们的道德观念。因此，社会主义法律对道德方面的促进作用，不仅表现在对违法犯罪行为的制裁方面，而且表现在对先进行为、模范遵守法律的公民的表彰奖励方面。社会主义法律通过对那些为社会和国家作出积极贡献的行为、对那些在保护人民利益和保护国家财产等方面作出贡献的公民予以奖励，对那些为了公共利益而受到损失的公民给予必要的补偿等方式，鼓励人们的道德行为，培养人们的道德情操，以形成良好的社会风尚。

（二）社会主义道德对法律的制定和实施具有重要的促进作用

1. 社会主义道德是社会主义法律制定的价值导引

社会主义法律的创制以道德为指导，体现了法的合理性、正义性。社会主义道德通过对社会关系和人的行为的正义与非正义的衡量，把它转换为法律上的权利和义务，把合理与否转换为合法与否，构成权利义务关系。如对利益关系，确定什么利益是合理的、什么利益是不合理的，经过立法程序，对合理的利益给予保护，对不合理的利益予以禁止。如果社会主义立法不以道德为指导，将失去其合理性。社会主义法律要保持合法性与合理性的一致，必须以道德为导向。另外，社会主义立法以道德为指导，不能脱离社会现实的道德基础，要受到实际道德水平的制约。

2. 社会主义道德对法律实施的促进作用

社会主义法律的实施需要国家强制力的保证，也需要社会主义道德的驱动。良好的道德状况有助于法律的有效实现。执法人员执行法律，要运用国家强制力，依靠法律制度的保证，同时要有包括道德素质在内的执法人员内在素质的保证。执法人员具有高度的职业道德，公正无私，刚直不阿，有助于正确合法地执行法律。执法人员在“自由裁量权”范围内直接按照合理性原则处理问题时，道德素质更为重要。法律的遵守要依靠人民群众的舆论和道义支持。道德觉悟的提高是顺利实施法律的重要条件，否则将助长对法律的机会主义态度。社会道德风尚会提高维护社会主义法律的自觉性和积极性。

3. 社会主义道德可以弥补社会主义法律在调整社会关系方面的不足

对于因社会主义法制不健全而留下的法律漏洞，可以由社会主义道德加以弥补。另外，由于社会主义法律本身所具有的局限性，对法律调整范围之外的社会关系，也可以由社会主义道德加以调整。

四、重视在国家和社会治理中法治与德治并重

依法治国和以德治国相结合的内涵，法学界曾有不同的理解。根据党的十八届四中全会决定的阐述，对依法治国和以德治国相结合的内涵，应当理解为法律和道德是国家和社会治理中共同发挥作用的两个重要手段，维护国家和社会秩序，既需要法治也需要德治，两者不可或缺。这里的“法治”与“德治”概念，主要是从国家和社会治理的方式，即社会秩序维护的意义上使用的。所谓“法治”，主要是指在社会治理和社会秩序的维护中，重视法律的功能。所谓“德治”，主要是指要重视发挥道德教化在社会治理中的功能。在社会治理中，“法治”和“德治”的作用同等重要。

目前，针对影响稳定和破坏社会秩序的各种社会无组织化或无序、失范状态，究竟应当采取何种社会治理模式，对此有不同的认识和观点。一种较为普遍的观点是，建立完备的市场经济法律体系，强化法律手段，应是我国社会治理模式的选择。另一种观点则认为，目前社会上存在的各种问题，是由于一个时期以来不重视道德建设的结果，法律不是万能的，依据一些国家的经验，强调要充分重视道德在社会治理中的作用。我国的实践已充分证明，市场经济体制的建立，要有完备的法律制度加以规范和保障，要高度重视法治的作用；同时，也需要完善的道德机制，充分发挥道德在社会治理中的作用。“法治”与“德治”并重，应是中国社会治理模式的最佳选择。

治理国家既依靠法律又依靠道德，任何类型的国家莫不如此。在社会治理中，作为维

护社会秩序的两种重要手段，法律和道德在各自的领域里发挥着社会调整作用，两者的功能是不可互相替代的。把道德视为法治建设障碍的观点是缺乏说服力的。“宣称一项法律规则有效的目的就在于确保该项法律规则得以有效的遵守和实施。然而，如果许多人都认为该项规则是完全不合理的或非正义的，那么这一目的就无从实现。”① 也就是说，“当一条规则或一套规则的实效因道德上的抵制而受到威胁时，它的有效性就可能变成一个毫无意义的外壳”②。任何法律体系的建立，都离不开一定的伦理道德基础，都必须获得道德的支持，否则，所制定的法律就会同社会价值背道而驰，就会丧失其存在的意义。在黑格尔看来，道德也是法的一种，即“主观意志的法”。③“所谓法律，就是遵守最小限度的道德的、利用外在强制力来禁止严重的不道德的东西。”④

从法律与道德的逻辑关系来看，两者是一种交叉关系。“法律和道德代表着不同的规范性命令，然而它们控制的领域却在部分上是重叠的。”⑤ 有相当部分的法律规范实质上就是道德的提升，而且随着社会的发展，法律和道德之间相互重叠的部分会越来越多。在交叉、重叠以外的领域，则由法律和道德共同发挥着各自的调节作用。

从以上分析可以看出，法律与道德在维护社会秩序方面应该说是两者互为补充，不存在谁主谁次的问题。尽管法律规范与道德规范有时也会相悖或有相互冲突的部分，但从总体上看，两者的根本目的是一致的，都是国家和社会治理不可缺少的举措。

第五节　法与宗教

法律作为一种“人造物”，不可避免地体现了特定共同体的人们的人生观和世界观。而人们的人生观和世界观在一定程度上取决于人们对人类存在的“起源”和“未来”的问题的回答。宗教中有着对这个问题的回答。⑥ 在这个意义上，法和宗教存在着相互作用。

在人类历史上，随着社会形态的发展和各种政权形式的出现，曾出现过各种各样的宗教。目前，世界上影响较大的宗教有基督教、佛教和伊斯兰教，并称为世界三大宗教。

一、法与宗教的异同

（一）法与宗教的相同之处

任何宗教中都有许多戒律、规则，从它们的内容看，这些宗教规则不仅是对人的外在行为的约束，也是对人的内心活动的指导，是对人的行为的精神控制。一般来说，宗教戒律与法律有一些共同之处：它们都是约束人们行为的规范，在历史上的某些时期，宗教戒律的实现也像法律一样依赖于特定的机构。如在中世纪的欧洲，基督教教规的实现就需要教会这样的组织；宗教戒律的执行与法律的执行都需要特定的解释机构，法律的执行需要解释机构，宗教也是如此。

①② E 博登海默．法理学：法律哲学与法律方法．邓正来，译．北京：中国政法大学出版社，2004：359.

③ 黑格尔．法哲学原理．范扬，张企泰，译．北京：商务印书馆，1961：111.

④ 中国社会科学院哲学研究所伦理学研究室．现代世界伦理学．贵阳：贵州人民出版社，1981：286.

⑤ 同①379.

⑥ 魏德士．法理学．丁小春，吴越译．北京：法律出版社，2003：188－189.

(二) 法与宗教的区别

尽管法律与宗教有上述相同的方面，但宗教戒律与法律又有许多区别：

(1) 产生方式不同，宗教戒律是宗教创始人和领袖借助于神的名义规定的。

(2) 内容不同，宗教戒律的主要内容是义务。

(3) 实施方式不同，宗教戒律主要通过信仰机制依靠自愿行为来实施。

(4) 适用原则不同，宗教戒律以属人主义原则为标准，只对教徒具有约束力，不同于法律的属地主义和属人主义相结合的原则。

二、政教合一国家中的法与宗教

政教合一国家的法与宗教的关系是法律的宗教化和宗教的法律化。法律的宗教化是指法律依靠宗教神学的辩护和支持，从而获得一种宗教性或神圣性，以作为法律合法性的终极根据。要崇拜超自然、超人间的力量，因此也要崇拜来自这个力量的法律；要信仰超自然、超人间的力量，因此也要信仰来自这个力量的法律。对法律要无条件信仰和服从，不问为什么，即使荒谬也要信仰。立法出于神意，法律惩罚出于神罚。法律的宗教化，不仅通过国家强制力，而且借助于人们的崇拜和信仰机制加以实施。

宗教的法律化是指宗教规范被赋予法律效力并成为法律规范。如果说法律的宗教化是法律获得宗教属性，那么，宗教的法律化则是宗教获得法律属性。在政教合一国家，宗教规范成为法律规范。如欧洲中世纪基督教是社会的重要支柱，教权与王权密切联系在一起，教会法是重要的法律形式，它对整个社会都适用。其内容不仅规定教会本身的组织和教徒生活规范，而且对土地、婚姻家庭、犯罪与惩罚等世俗问题都有具体规定。所以恩格斯说：“政治和法律都掌握在僧侣手中，也和其他一切科学一样，成了神学的分枝，一切按照神学中通行的原则来处理。教会教条同时就是政治信条，圣经词句在各法庭中都有法律的效力。”①

三、政教分离国家中的法与宗教

近代欧洲的自然法学派用法学世界观代替神学世界观，否认社会关系由教会信条建立，认为这些关系以法律为基础并由法律来加以建立。启蒙思想家们用人的眼光代替神的眼光来看待法律，认为法律是人的理性体现，而不是神的意志体现，主张政教分离。在政教分离国家，一般主张法律和宗教相分离——法律的法律化和宗教的宗教化，法律和宗教各自回归本身，法律把宗教性退还给宗教，宗教把法律性退还给法律。宗教不干涉法律事务，在法律范围内活动；法律不干涉宗教事务，保证“宗教信仰自由”。

四、我国社会主义法的“宗教信仰自由”政策

宗教是个复杂问题，具有历史性、观念性、民族性和国际性等特点。我国社会主义法规定宗教信仰自由，每个公民既有信仰宗教的自由，也有不信仰宗教的自由；有信仰这种

---

① 马克思，恩格斯．马克思恩格斯全集：第7卷．中文1版．北京：人民出版社，1959：400.

宗教的自由，也有信仰那种宗教的自由。我国《宪法》第 36 条规定：“中华人民共和国公民有宗教信仰自由。任何国家机关、社会团体和个人不得强制公民信仰宗教或者不信仰宗教，不得歧视信仰宗教的公民和不信仰宗教的公民。国家保护正常的宗教活动。任何人不得利用宗教进行破坏社会秩序、损害公民身体健康、妨碍国家教育制度的活动。宗教团体和宗教事务不受外国势力的支配。”可以看出，在我国，理论和实践都坚持政教分离原则。

【本章小结】

法与各种社会现象都有不同程度的联系，其中与经济的联系是最根本的联系，特别是与各种经济现象中的生产方式的关系尤为密切。

相对于法律来说，统治者的政治占据着支配地位，起着主导作用。在我国，执政党的政策与法律在很多方面既有区别又有联系。执政党的政策是立法的依据和指导思想；法对执政党政策有制约作用。

法与文化之间的关系表现为：文化对法有指导和影响作用；法对文化有促进和制约作用。

法与道德既有联系也有区别，作为两种社会规范，它们的区别在于：产生的方式不同；调整的范围不同；内容结构不同；实施的方式不同。社会主义法律对道德具有促进作用，社会主义道德对法的制定和实施具有重要的促进作用。

法与宗教之间有相同的方面，但又有许多区别。政教合一国家的法与宗教的关系是法律的宗教化和宗教的法律化。在政教分离国家，一般主张法律和宗教相分离。我国社会主义法规定宗教信仰自由，每个公民既有信仰宗教的自由，也有不信仰宗教的自由；有信仰这种宗教的自由，也有信仰那种宗教的自由。

【本章研习活动】

1. 思考

判断以下说法是否正确，并说明理由：

（1）法不能决定生产关系的产生，也不能加速或者延缓其发展。

（2）法律与道德只是根源于经济的同一价值的不同表现形式，二者的总体精神和内容有着显著的不同之处。

（3）在我国，中国共产党的政策与人民意志、国家意志具有本质的一致性，党的政策是国家立法的依据和指导思想。

2. 分析

恩格斯在其晚年阐述唯物史观的基本原理时曾指出：政治、法律、哲学、宗教、文学、艺术等的发展是以经济发展为基础的。但是，它们又都互相影响并对经济基础产生影响。并不是只有经济状况才是原因，才是积极的，而其余一切都不过是消极的结果。这是在归根到底不断为自己开辟道路的经济必然性的基础上的互相作用。

问题：

根据本章有关内容分析恩格斯这一段话的含义。

【推荐阅读材料】

1. 沈宗灵：《法理学》，北京，北京大学出版社，2003。

2. 刘作翔：《法律文化理论》，北京，商务印书馆，1999。

3. 武树臣：《中国传统法律文化》，北京，北京大学出版社，1994。

4. ［美］伯尔曼：《法律与宗教》，北京，三联书店，1991。

5. 刘海年、刘瀚、李步云、李林：《依法治国与精神文明建设》，北京，中国法制出版社，1997。

第十六章　法治国家的一般理论

【本章引言】

一个现代化国家必然是法治国家。

——习近平

统治者应该以正式公布的和被接受的法律，而不是以临时的命令和未定的决议来进行统治。

——洛克

在专制政府中国王便是法律，同样的，在自由国家中法律便应该成为国王，而且不应该有其他情况。

——潘恩

【本章学习目标】

通过本章的学习，你应该能够：

1. 掌握法制与法治的概念；
2. 了解法治的原则；
3. 熟悉法治国家形成的条件和实现的途径。

第一节　法制与法治的概念

一、法制的含义

“法制”一词在我国古代就已出现，如“命有司，修法制，缮囹圄”。但在 1949 年中华人民共和国成立前，“法制”一词较少使用，主要用作以“法制史”命名的著作或法制局、法制委员会之类的机关名称。1949 年以后，“法制”一词广为使用。“文化大革命”前，我国法制一般被称为“革命法制”或“人民民主法制”。1978 年中共十一届三中全会后，被称为“社会主义法制”。①

法制，顾名思义，就是指国家的法律和法律制度。在其词源意义上，它仅仅描述法律和法律制度本身，并不具有任何价值含义。因为自从人类进入阶级社会以来，任何政权形式为了维护自己的统治，都要建立与其统治目的相适应的法律和法律制度。但我们现在所使用的“法制”一词已经超出了它的词源意义，具有深刻的价值内涵。

1997 年中共十五大提出“依法治国，建设社会主义法治国家”的治国方略之前，对“法制”一词通常有三种理解：

（1）从广义上、静态意义上来理解，法制是指国家的法律和制度，或法律制度的简称。在这种意义上，只要国家制定法律和制度，便有法制。

（2）从狭义上、动态意义上来理解，法制是指依照法律来治理国家的一种治国方式、原则和制度，也就是这个国家不仅有法可依，而且一切国家机关、政党和公民都把宪法、法律作为最高的行为准则，依法办事。这种意义上的“法制”与“法治”含义相同，而且在奴隶制和封建制国家不存在，它是同近代资产阶级民主一起产生的。

（3）从动态和静态相结合的意义上来理解，法制既包括国家创造的法律制度，又包括法律在现实中的运行和实现的过程，把立法、执法、司法、守法和法律监督等环节作为一个有机联系的整体，其中心环节是依法办事。多数法学教科书和学者都是从此种意义上理解“法制”一词的。

二、法治的含义

我们现在所谓的“法治”，在英文中被表述为“the rule of law”，在德文中被表述为“rechtsstaat”（法治国）。最早提出“法治”的是古希腊思想家亚里士多德。现代西方法治起源于英国，其基本含义是法律至上或法律具有最高的权威（the supremacy of law）。也就是说，任何人不论他或她的社会地位或其他社会条件如何，都不能凌驾于法律之上，都必须服从法律的管辖。因此，法治意味着法律是构成文明社会的基本规范或者是维持文明社会的必要条件，没有法治，社会就会陷入混乱或专制状态。②

法治之法到底是什么？或者说法治的具体意思是什么？思想家和法学家们并没有达成一致的看法，原因在于法治的概念既有形式方面也有实质方面，而且这两个方面处于紧张关系之中。法治的形式概念强调法律必须是由有权机关按照特定方式制定的，必须是清晰的而且是面向未来的（即法不溯及既往）。法律能够促进规律性（regularity）、理性和各部分官员的整体性。法治的实质概念强调法律的内容必须是正当的，即法律是良法。所谓良法，是指那些与人们的权利相一致的法律。法律能够保证受影响的个人的合理预期。③ 法治的形式方面没有提供如何判断法律内容的标准，而实质方面合理的法律并不一定是符合形式标准的法律。

法治作为现代社会的控制装置，既不是一个简单的理念，也不是一个容易实现的标准，更不是诱人动听的标语和口号，而是建立在各种理由基础之上的许多原则和前提要件

① 沈宗灵．法理学．北京：北京大学出版社，2003：150.

② CARL F STYCHIN，LINDA MULCAHY. Legal method：text and materials. London：Sweet & Maxwell，2003：61.

③ 同②49，77.

的有机体。法治的生成与发展有其依赖的社会土壤和一定的制度环境，其实现不是轻而易举的，而是一个过程。

通过对“法制”与“法治”含义的分析可以看出，这两个概念既有联系又有区别。虽然法学界很多人主张两者在依法办事的意义上可以通用，但它们之间的区别是很明显的。如果把“法制”限定在法律制度的意义上使用，则法制是法治的前提和基础，但法治不是法制的必然。有法治必然有法制，但有法制不一定导致法治。法制关注的焦点是秩序，法治关注的焦点是法律的至上权威。为了不产生歧义，为了有助于对法制问题的研究，还是把“法制”与“法治”明确分开使用为好。

第二节　法治的原则

如何把法治的理念变为法治的现实，使“法治”一词中所隐含的正义、道德、公平、正当程序、个人权利和尊严等观念在现实中得到体现，并成为具有约束力和塑造力的制度？最为重要的是对法治理念中具有重要意义的原则进行抽象，并且在现实的政治和法律制度中加以贯彻。

一、法治原则概述

关于法治的原则，有各种不同的概括和表述。如英国宪法学家戴雪（A. V. Dicey）提出了法治的三个原则：第一，法律具有绝对的至高无上的地位。第二，任何人的权利和义务都必须由普通法院来解决。第三，不是宪法赋予个人权利与自由，而是个人权利产生宪法。戴雪的法治三原则在西方世界尤其在英国很有影响，成为国家政治制度设计的根据。

当代英国另一位法学家拉兹（J. Raz）把法治原则归纳为八条：第一，法律应该是公开和明确的规则。第二，法律应该相对稳定，不能频繁改变。第三，特别法的制定尤其要符合公开、稳定、明确和普遍的原则。第四，司法独立。第五，审判公开而且公正。第六，法院应该有权审查其他法治原则的实施。第七，司法程序应简便易行。第八，惩罚犯罪的机构所享有的自由裁量权应该受到法律的严格限制。①

美国法学家富勒（L. L. Fuller）概括了法治社会应具备的八项原则：第一，法律的一般性。第二，法律的公布。第三，适用于将来的而非溯及既往的法律。第四，法律的明确性。第五，避免法律中的矛盾。第六，法律不应要求不可能实现的事情。第七，法律的稳定性。第八，官方行动和法律的一致性。②

1959 年，在印度新德里召开的国际法学家会议通过的《新德里宣言》把法治原则概括为四条：第一，立法机关的任务是创造和维护个人尊严得以维护的各种条件，并使《世界人权宣言》中的各项原则得到实施；第二，规范行政权力，同时保证一个有效率的政府来维持法律秩序；第三，要有正当的刑事程序；第四，司法独立和律师自由。

---

① 李林，等．法治的理念、制度和运作．依法治国　建设社会主义法治国家．北京：中国法制出版社，1996：238.

② 沈宗灵．现代西方法理学．北京：北京大学出版社，1992：58－62.

二、我国的法治原则

学者们在对法治的各种原则进行理想化的概括的同时，法治原则的具体应用则因国家政治制度的不同而不同。在我国，法治作为治国方略已经得到了全社会的认同，法治原则在我国法律制度中主要表现在以下几个方面。

（一）人民主权原则

人民主权的实质是民主。民主是法治最重要的价值之一。人类之所以选择法治作为治国的根本方法，一个重要的原因是，同其他的治国方法相比，民主最可能通过法治的方式表现出来，而法治也必须从民主中获得其政治的和道德的合法性。没有民主，法治就缺少了最重要的基石。正是基于这样的理念，我国《宪法》规定，中华人民共和国的一切权力属于人民。人民选举自己的代表，通过各级人民代表大会行使自己的权力。人民代表大会通过法律制定的民主程序把人民的意志反映在法律当中，因此，法治就是按照人民的意志治理国家。

（二）依法行政原则

依法行政是指政府运用公共权力必须根据并遵循法律，这是现代法治的要义。在我国的政治体制中，这一原则表现为国家最高行政机关和地方各级国家行政机关的重要职责是具体实施国家的宪法和法律，在法律的范围内，领导和组织国家的行政工作（参见本书第七章第二节相关内容）。

（三）司法机关独立行使职权原则

我国《宪法》规定，人民法院和人民检察院依照法律规定，独立行使职权，不受行政机关、社会团体和个人的干涉。按照司法机关独立行使职权的要求，仅有《宪法》的原则性规定是不够的，我们还需要进行大量的制度建设工作。这些制度建设包括：在制度上消除产生司法地方保护主义的根源；司法机关的用人权和财权相互独立；健全司法机关内部的监督机制和社会对司法机关的外部监督制度；等等（参见本书第七章第三节相关内容）。

（四）保障人权原则

人民主权和公民权利在我国是统一的，但是，作为法治原则，二者的出发点则完全不同。人民主权的含义是人民是国家权力的本源。在这个意义上，人民的权力是积极的。公民权利的保障则涉及法治的另外一个价值目标，那就是保护人权。在任何社会里，在强大的公共权力面前，人权都是脆弱的，需要特别保护。我国 1982 年的《宪法》专章规定了公民的基本权利和义务，突出体现了我国《宪法》对公民权利的重视。根据《宪法》，我国公民不仅享有充分的政治权利，如选举权和被选举权、言论、集会、结社、游行、示威等自由，而且享有人身权利和人格权利，任何人不得未经法定程序而被逮捕，不得未经法庭审判而被确定为有罪。公民因国家机关或者国家工作人员侵犯其权利而受到损失时，有权依照法律的规定获得赔偿。我国《宪法》和法律对人权的保障一直很重视，不仅规定了公民享有广泛的政治、社会、经济、文化权利，而且为权利的实现提供了物质和法律上的保障条件。随着我国法制建设的发展，保障人权的立法正在逐步完善，如《行政诉讼法》和《国家赔偿法》等法律，为公民权利的实现和权利的救济提供了相应的法律保障。此外，我国还签署和批准加入了联合国的《经济、社会和文化权利国际公约》和《公民权利和政治权利国际公约》。

2004年的宪法修正案，首次将“人权”概念引入宪法，明确规定“国家尊重和保障人权”。“人权”写入宪法，是社会主义人权发展的重大突破。1991年11月，国务院新闻办公室发表《中国的人权状况》白皮书，首次以政府文件的形式正面肯定了人权在中国特色社会主义政治发展中的地位。1997年，首次将“人权”概念写入中国共产党的十五大报告，从而使人权由对外宣示的主题变为党领导国家建设的主题。2004年的宪法修正案把“人权”写入宪法，将“人权”由一个政治概念提升为法律概念，将尊重和保障人权由党和政府文件的政策性规定上升为国家根本法的一项原则，这是中国人权发展的一个重要里程碑。这表明人权已成为国家的价值观和我国社会主义的基本价值和目标。人权入宪，对于提高全社会的人权意识，推进社会主义政治文明建设具有重要意义。

同时，在公民的具体权利方面，2004年的宪法修正案进一步规定：“公民的合法的私有财产不受侵犯。”“国家依照法律规定保护公民的私有财产和继承权。”明确给予公民的私有财产和在现行《宪法》下不受侵犯的公有财产同等的地位。

第三节　法治国家形成的条件

依法治国是人类在历史进程中，经过共同努力和不断摸索所取得的文明成果，也是全人类共同的崇高理想。要在中国实现依法治国，建设和形成社会主义法治国家，应该具备以下五个基本条件。

一、具有完备的社会主义法律体系

我国要建成社会主义法治国家，首先要有反映社会发展规律和时代潮流、代表人民意志和利益的法律体系，做到有法可依。这里的法律体系必须科学、严谨、完备。我国自改革开放以来，立法工作取得了重大的发展。可以说，一个以宪法为统帅，以宪法相关法、民法、商法等多个法律部门的法律为主干，由法律、行政法规、地方性法规等多个层次的法律规范构成的法律体系已经形成；在国家的社会、政治、经济和其他主要领域已经基本上做到了有法可依。但是也要看到，我们还有不少重要法律没有制定出来，法律体系尚不完备。

我国的社会主义法律体系主要应当由以下几类法律构成：

（1）规定国家根本制度、公民基本权利和义务、国家机关设置的宪法和宪法性法律；

（2）规定国家行政机关的组织、职权、行为、行使职权的程序、行政人员遴选方式的行政法；

（3）国家从整体利益出发对经济生活进行必要干预、对经济秩序进行维护和对市场进行宏观调控的经济法；

（4）对行政机关侵犯公民、法人的权利进行救济的行政诉讼法；

（5）规定市场经济活动的主体制度、物权、债权、知识产权、人身权制度，行为规则制度和公司、票据、保险、海商制度的民商法；

（6）解决民事、商事、经济纠纷的民事诉讼法；

(7) 规定犯罪和刑罚的刑法;

(8) 公正地进行刑事诉讼、有效地惩治犯罪和保护无辜者的刑事诉讼法;

(9) 规定保护劳动者权益、提供社会保障、对社会弱者予以救济的社会法。

立法不能“头痛医头、脚痛医脚”。法的体系要协调,不能彼此重复和相互矛盾。特别是法律应反映社会发展规律和时代精神,兼顾国家、群体与个人的利益;处理好权利保障与权力行使的界限和必要的管理之间的关系,处理好权利与义务的关系。

二、具有健全的民主制度和监督制度

社会主义法治国家首先应当是社会主义民主国家。没有民主,也就没有真正意义上的依法治国。建设社会主义法治国家的根本就在于,公民的民主权利得到充分的保障;国家权力的配置,包括中央与地方、领导者个人和领导集体、执政党和国家机构以及其他政党和社会组织的关系,都要体现民主原则。人民应能通过法定的民主程序当家做主,进行重大决策,管理国家大事。司法与执法体制和程序的各个环节,也都要贯彻民主原则,保证人民群众的广泛参与。

与民主制度相联系的是监督制度。真正的法治国家,人民都有对立法机关、行政机关和司法机关依照法定程序进行监督的权利。我国当前应加强对国家权力的立法监督、行政监督、监察监督、司法监督和人民群众的监督(包括舆论监督)。如果没有有效的监督机制,就难以保证国家机构及其工作人员完全按照人民的意愿和利益办事,也很难实现人民当家做主、参政、议政的权利。

三、具有严格的行政执法制度与公正的司法制度

在依法治国的国家中,行政权是法律赋予的。行政机关的行政行为必须在法律规定的范围内按法定程序实施,严格依法行政;行政权力不得滥用,必须接受法律的制约;滥用行政权力造成的损害必须能够经过法定程序予以救济。同时,还应建立对行政违法责任人的追究制度。

公正的司法制度是对受到侵害的人民权利给予补救的关键一环,也是维护社会公正、保障法律得以正确实施的最后一关。在健全公正的司法制度时必须注意以下几点:司法机关依法独立行使职权,任何行政机关、社会团体和个人都不得进行干涉;司法机关依法享有的地位应当得到保障;要有公正的审判制度,保证案件的审理以事实为根据、以法律为准绳,法律面前人人平等;还应建立严明的冤案、错案责任追究制度;司法机关的工作条件必须保证。

四、具有高素质的法治工作队伍

古人云:“徒法不足以自行。”法律是靠人来执行的,法律秩序也是靠人来维持的。习近平总书记指出:“全面推进依法治国,必须着力建设一支忠于党、忠于国家、忠于人民、忠于法律的社会主义法治工作队伍。”① 我国的法治工作队伍主要由法治专门队伍、法律

① 习近平.加强党对全面依法治国的领导.求是,2019(4).

服务队伍、法学专家队伍等三支队伍组成。我国的法治专门队伍由三部分人员构成，主要包括在各级人大和各级政府从事立法工作的人员，在行政机关从事执法工作的人员，在司法机关从事司法工作的人员（包括法官、检察官、监察人员等）。我国的法律服务队伍主要包括律师队伍、公证员队伍、司法鉴定人队伍、仲裁员队伍、人民调解员队伍、法律服务志愿者队伍等。法学专家队伍主要包括高等院校和科研机构从事法学研究和法学教育的人员等。

所谓高素质，包括三层含义：一是要有较高的政治素质。要具有坚定的政治立场，具有忠于法律、忠于事实、大公无私、廉洁奉公、以身殉法的精神。要建立有效的执法监督制度，以防止那些假公济私、品质恶劣、贪赃枉法的人混入法治工作队伍。二是作为一名合格的法治工作者要提高业务能力。提高业务能力，就是要精通法律，要有良好的法学素养，并能正确运用法律解决问题。法治工作者的法学素养包括扎实的专业知识，丰富的社会知识、社会阅历和经验，以及法律思维的确立等方面。如果法治工作者没有丰富的法律知识和较好的法学素养，将很难适应社会发展和法治实践的要求，更谈不上能力的提高。因此，要设置一定的职业门槛，只有符合职业资格要求，经过国家统一法律职业资格考试合格的人，才能进入法治工作队伍。三是要有崇高的职业道德。爱岗敬业、忠于事实和法律、维护社会公平正义、“德法兼修”，是对法治工作者的基本要求。习近平总书记指出：“司法活动具有特殊的性质和规律，司法权是对案件事实和法律的判断权和裁决权，要求司法人员具有相应的实践经历和社会阅历，具有良好的法律专业素养和司法职业操守。”①

五、全民具有法治意识

所谓法治意识，是指依法办事、依法行政、依法律己、依法行使权利和履行义务的意识。法律仅靠公务员、法官和检察官来执行是远远不够的，还要靠全国人民自觉遵守。有了法治意识，纸上的法律才能变成实际生活中的法律，成为干部和民众的内在自我要求，严格执法、守法光荣、违法犯罪可耻、徇私枉法可恶的道德标准和价值观念才能树立起来。

要提高全民的法治意识，必须加强法治宣传教育，引导全民自觉守法、遇事找法、解决问题靠法。在全国广泛开展的普法教育，是提高法治意识的重要途径。应当把普法教育制度化、法律化，把掌握法律知识、具备法治观念作为各级领导干部和全体公民的必备素质，作为应履行的义务。另外，要把法律知识作为公务员考试、干部考核晋升的重要内容。

第四节　法治国家建设目标和实现途径

一、中国法治国家建设的总目标

2014 年 10 月 23 日，中国共产党第十八届中央委员会第四次全体会议通过的《关于全

① 习近平．习近平关于全面依法治国论述摘编．北京：中央文献出版社，2015：102.

面推进依法治国若干重大问题的决定》（以下简称《决定》）提出，全面推进依法治国，总目标是建设中国特色社会主义法治体系，建设社会主义法治国家，促进国家治理体系和治理能力现代化，并对这个总目标进行了阐释。这是《决定》在理论创新上的一个新亮点和理论贡献。

这个总目标的提出，既明确了全面推进依法治国的性质和方向，又突出了全面推进依法治国的工作重点和总抓手。一是向国内外鲜明宣示我们将坚定不移地走中国特色社会主义法治道路。二是明确全面推进依法治国的总抓手就是建设中国特色社会主义法治体系。三是建设中国特色社会主义法治体系、建设社会主义法治国家是实现国家治理体系和治理能力现代化的必然要求。

中国特色社会主义法治道路和中国特色社会主义法治体系成为贯穿《决定》的思想红线和主线，阐明了我们党和国家在新的历史起点上全面推进依法治国，要举什么旗、走什么路、实现什么样的总目标的问题。如何加快建设社会主义法治国家，中国的法治之路如何走？在理论指导和价值目标上就是以中国特色社会主义法治理论体系为指导，走中国特色社会主义法治道路。

《决定》提出了建设中国特色社会主义法治体系，形成完备的法律规范体系、高效的法治实施体系、严密的法治监督体系、有力的法治保障体系，形成完善的党内法规体系。社会主义法治体系是一个新的法学概念，它涉及立法、执法、司法、守法、法律监督、法治保障，以及党内法规体系建设等内涵丰富的综合性内容。这个概念的提出，是建立在改革开放以来法治建设实践基础之上的，是对目前法治建设各个环节的概括和综合。具体到法治实践层面，建设中国特色社会主义法治体系，就是要做到科学立法、严格执法、公正司法、全民守法，坚持依法治国、依法执政、依法行政共同推进，坚持法治国家、法治政府、法治社会一体建设，实现国家治理体系和治理能力现代化。

二、法治发展的模式

从世界范围法治发展的路径选择与模式设计上看，法治发展的道路有两种模式：一种是早期西方发达国家的社会演进型法治发展模式；另一种是发展中国家目前正在进行的政府主导型的或称为政府推进型的法治发展模式。前者强调社会自身主导作用，法治的进步发展依赖于社会自身的力量，社会是推进法治的主体。因而，这种法治发展模式只推崇社会制度的自生自发，即自然演化，而反对政府的制度设计，其发展的方向呈现出自下而上的特征。后者则更重视政府的主导作用。在这种观点看来，正像现代市场经济和民主政治不是依靠社会自身力量缓慢发展，而是依靠政府的设计和推动才能尽快加速社会发展、实现现代文明一样，当代发展中国家的法治发展也不能仅靠自发的进化，缓慢的演化必然制约社会的进步。因此，发展中国家要尽快实现法治进程，就不能按照西方社会演进型的模式进行，而必须在外部压力和示范作用下按照“借鉴—结合—创新”的模式建设法治国家，这就要求必须由政府来领导，并由政府来具体规划和组织实施。简言之，必须主要依靠国家和政府的强制力实行强制性的制度变迁，政府是推进法治的主体，其发展的方向呈现出自上而下的特征。中国的法治发展模式明显应属于后者。

从一定意义上说，中华人民共和国从成立那天起，就开始进行社会主义的依法治国的建设工作。但是，由于对其重要性认识不足，法律虚无主义盛行，使我们的法治国家的建设遭受挫折，使这一工作在相当长一段时间内停顿下来。但是，我们的人民、我们的执政党并没有抛弃这一治国方略。在清理了自己的错误，吸取了“文化大革命”的教训之后，从1978年起邓小平提出了“发展社会主义民主，加强社会主义法制”“一手抓建设，一手抓法制”等一系列民主法制建设的基本方针，为依法治国，建设社会主义法治国家指明了方向。在短短十几年间，我们初步建立起了中国特色社会主义法律体系，确立了依法行政制度，健全了现代的司法机关，构筑了全国的民主监督和法律救济系统，极为广泛地普及了法律知识，为社会主义法治国家建设奠定了一定的基础。但是，社会主义法治国家建设的现状与人民的要求和期望相距尚远，同依法治国的理想目标仍有很大距离。时代和人民要求我们进一步深化改革，作出更大的努力，朝着依法治国，建设社会主义法治国家的理想目标坚定不移地前进。

三、中国建设社会主义法治国家的具体步骤

（一）理论观念的更新

要实现社会主义的依法治国，建设社会主义法治国家，就必须清除不适合形势发展要求的传统观念和陈旧理论对人们的影响，使新观念、新思想在人们头脑中生根。需要变革、更新的理论观念主要有以下方面。

1. 确立宪法观念，使宪法原则落到实处

宪法是国家的根本法，是一国法律体系的核心，在整个法律体系中具有至上的权威性和最高的法律地位，是国家法治建设的基础。法治权威能否树立起来，首先要看宪法有没有权威。因而，“坚持依法治国首先要坚持依宪治国，坚持依法执政首先要坚持依宪执政”。

建立法治国家，仅有宪法是不够的。如果宪法制定后，或是未受重视，或是未得到执行，甚或政治当局可以随时修改它，那么，这样的宪法就会形同虚设，更谈不上是具有最高地位的法律了。实行法治，必须使制定的宪法得到实施，使国家政权的组织和活动只能根据其条款来进行统治并受其限制。认真实施宪法本身就意味着法治。如何确立宪法的权威，使宪法原则进一步具体化，具有可操作性，使之得到实现、落实？确立宪法观念，是当前建立法治国家要着重解决的关键问题。

为确立宪法权威，党的十八届四中全会通过的《决定》提出了一系列新的举措，如完善全国人大及其常委会宪法监督制度，健全宪法解释程序机制；加强备案审查制度和能力建设，依法撤销和纠正违宪违法的规范性文件；将每年12月4日定为国家宪法日；在全社会普遍开展宪法教育，弘扬宪法精神；建立宪法宣誓制度，凡经人大及其常委会选举或者决定任命的国家工作人员正式就职时公开向宪法宣誓。上述举措，对提升人们的宪法观念起到了重要的促进作用。

2. 正确理解治国方略，确立法治观念

依法治国和建设法治国家，需要确立法治观念。所谓法治观念，就是依法管理国家，管理经济和社会的观念。要树立法治观念，必须明确以下几点：

（1）法律具有极大权威。由于法律是人民意志、党的主张和国家意志的体现，因此任何人都必须无条件遵从。

（2）法大于权。也就是说，我们国家的任何权力都是人民赋予的，都是宪法或法律赋予的，任何权力都要依法行使并受到法律的约束。任何人不得以权代法、以权压法、以权

乱法、以权废法。

(3) 任何人在法律面前都是平等的：权利平等、义务平等、违法受追究平等。从普通公民到领导干部，无论现在职务多高，过去功劳多大，都没有凌驾于法律之上、超乎于法律之外的特权。

3. 在全社会树立对法律的信仰

在我国法治化的过程中，当前的一个主要障碍是法律并没有在人们的心目中树立起其应有的崇高地位。在社会的各种控制手段中，人们对法律的功能仍缺乏信任，迷信领导，迷信权威。因而，要避免出现以依法治国之名而行“人治”之实，把“法治”仅作为一种口号的现象。此外，在司法实践中，司法不公、司法腐败也影响着人们对法律的信任。实行法治，建设法治国家，仅仅制定一些法律制度还不够，必须确立人们对法律的尊重和信仰。在制定符合客观规律和人民意愿的法律的基础上，通过公正的执法和司法，把法律当作非人格化的统治者，一切国家机关、社会组织及个人都应对法律的权利和义务负责，都要树立受法律权利裁决的观念。

依法治国，建设社会主义法治国家还有许多理论观念需要更新，如确立法律至上的观念、权利观念、权力制约和监督观念、国家是公共权力机关的观念等。公民上述观念的确立，一方面要靠大力宣传教育，使之掌握有关法治问题的基本知识；另一方面要靠建构一套完备的法治机制和人们对法治实践（主要是执法和司法）的经验积累。

（二）制度与领导方式的改革

要实现社会主义的依法治国，必须对我国的一些制度和领导方式进行必要的改革。

1. 坚持党对全面依法治国的领导，正确处理党的领导与法治的关系

党和法治的关系问题是法治建设的核心问题。党的十八届四中全会通过的《决定》提出，坚持党的领导，是社会主义法治的根本要求，是党和国家的根本所在、命脉所在，是全国各族人民的利益所系、幸福所系，是全面推进依法治国的题中应有之义。习近平总书记在阐述党和法治的关系时指出：“我们必须牢记，党的领导是中国特色社会主义法治之魂，是我们的法治同西方资本主义国家的法治最大的区别。离开了中国共产党的领导，中国特色社会主义法治体系、社会主义法治国家就建不起来。”① 中国共产党的领导地位是共产党领导人民在长期的革命斗争中和社会主义建设中形成的。中国共产党的领导是我国政治生活的核心。因此，坚持党对社会主义建设事业的全面领导不能有丝毫削弱和动摇。中国共产党不仅是我国社会主义事业的领导核心，也是依法治国、建设社会主义法治国家的领导核心。党的领导和社会主义法治是一致的。

如何实现党的领导，这是中国共产党一直在探索的理论和实践问题。党的十六大和十六届四中全会在如何加强中国共产党执政能力建设方面，提出了依法执政的问题。依法执政，既要求党依据宪法和法律治国理政，也要求党依据党内法规管党治党。在立法、执法、司法和法律的实施过程中，党都发挥着极大的作用。因而推进社会主义法治国家建设，必须处理好党的领导、人民当家做主、依法治国的关系。党的领导是关键，人民当家做主是基础，依法治国是保证，绝不能把三者割裂开来、对立起来。以为发扬民主、强调

---

① 习近平．习近平关于全面依法治国论述摘编．北京：中央文献出版社，2015：33，35.

法治就不需要党的领导，这是错误的。

在加强党对依法治国的领导的同时，也要改革和完善党的领导方式和执政方式，做到党的领导法律化、制度化、规范化和程序化，从而使党的领导建立在合法性的基础之上。这就要做到以下两点：

（1）经过法定程序，使党的主张成为国家意志。党的主张如果要获得全体人民的一致遵行，就需要通过一定的程序转化为国家意志，表现为国家的法律。要把改革和发展的重大决策同立法结合起来，把党关于国家和社会事务的重大主张与意志，通过法定的程序，确定为具有国家强制力的法律，从而实现党的主张与人民意志的统一，保证党始终代表广大人民的根本利益。

（2）党必须在宪法和法律规定的范围内活动。这就要求作为领导者的中国共产党，无论是制定政策还是进行活动，无论是党员个人还是党的组织，都要遵循宪法和法律的规定，成为守法的模范。党自身也要受到宪法和法律的制约，不得享有超越宪法和法律的特权。执政党必须依法执政，包括必须经过选举程序当选为国家、政府的官员才能执政；一切执政行为都必须依法，不得违法执政。

2. 深入推进依法行政，加快建设法治政府

《决定》提出了法治政府建设目标要求，即加快建设职能科学、权责法定、执法严明、公开公正、廉洁高效、守法诚信的法治政府。如何达到建设法治政府这一目标，《决定》提出了一系列新的措施。

首先，建立政府责任清单，即要坚持“法定职责必须为”。行政机关要勇于负责、勇于担当，坚决纠正不作为、乱作为，坚决克服懒政、怠政，坚决惩处失职、渎职。

其次，推行权力清单，即“法无授权不可为”。行政机关不得法外设定权力，没有法律法规依据，不得作出减损公民、法人和非法人组织合法权益或者增加其义务的决定。推行政府权力清单制度，坚决消除权力设租、寻租空间。

再次，健全依法决策机制。建立重大决策终身责任追究制度及责任倒查机制，对决策严重失误或者依法应该及时作出决策但久拖不决造成重大损失、恶劣影响的，严格追究行政首长、负有责任的其他领导人员和相关责任人员的法律责任。

最后，全面推进政务公开。坚持以公开为常态、不公开为例外原则。涉及公民、法人或非法人组织权利和义务的规范性文件要予以公布。

3. 改革立法制度，继续完善社会主义法律体系

我国的立法工作虽然成效显著，但在经济生活、政治生活、文化生活和社会生活的许多方面，还存在着空白。消除或减少这些空白要靠更加主动、积极、有效的立法。因此，要重视基本法律的完善，这是依法治国的基础。要更新立法观念，大胆吸收、借鉴和移植一切有利于解放、保护和发展生产力，有利于改革开放的法律规范和法律技术。

4. 改革行政执法制度

建设社会主义法治国家，实现建设法治国家的目标，除了进一步完善相关法律外，今后的工作更主要的是实施法律。有法不依等于无法。我们现在面临的问题和困境不是无法可依，而是有法不依、执法不严、违法不究，视法律为装饰门面的道具和滥用公权侵犯私权的工具。一些执法部门机械执法，对一些侵害公民权益的现象，不是认真履行职责、积极维护公民合法权益，而是以法制不健全作为自己不作为、推脱责任的借口。有的执法

部门滥用权力或者非法执法，以维护社会公共利益为由，无视法律的存在，随意侵犯宪法、法律赋予公民的权利和自由，把法律视为“治民工具”。因此，必须“深化行政执法体制改革，全面推进严格规范公正文明执法，加大关系群众切身利益的重点领域执法力度，完善行政执法程序，健全行政裁量基准。强化行政执法监督机制和能力建设，严格落实行政执法责任制和责任追究制度。完善基层综合执法体制机制”。

5. 改革和完善司法制度，保证司法公正

建立完善的司法制度，是法治国家的一个重要特征。在建立市场经济体制的过程中，如何改革和完善我国的司法制度，保证司法的客观公正，维护法律的尊严和权威，是我国法治建设需要解决的一个重要问题。

法律和秩序是人类社会赖以生存和发展的基石，而司法机关的使命就在于保障个人自由权利，防止专横统治，维护既定的秩序和社会利益。因此，没有司法保障，建设法治国家是不可能的。完善司法制度，提高司法水平，最基本、最核心的问题是要保证司法的客观公正，实现社会正义。

公正是法治的生命线。习近平总书记指出：“公正司法是维护社会公平正义的最后一道防线。所谓公正司法，就是受到侵害的权利一定会得到保护和救济，违法犯罪活动一定要受到制裁和惩罚。”① 司法公正对社会公正具有重要的引领作用，司法不公对社会公正具有致命的破坏作用。为此，党的二十大报告指出：“深化司法体制综合配套改革，全面准确落实司法责任制，加快建设公正高效权威的社会主义司法制度，努力让人民群众在每一个司法案件中感受到公平正义。规范司法权力运行，健全公安机关、检察机关、审判机关、司法行政机关各司其职、相互配合、相互制约的体制机制。强化对司法活动的制约监督，促进司法公正。加强检察机关法律监督工作。完善公益诉讼制度。”

第一，建立领导干部干预司法活动、插手具体案件处理的记录、通报和责任追究制度。任何党政机关和领导干部都不得让司法机关作违反法定职责、有碍司法公正的事情，任何司法机关都不得执行党政机关和领导干部违法干预司法活动的要求。对干预司法机关办案的，给予党纪政纪处分；造成冤假错案或者其他严重后果的，依法追究刑事责任。

第二，优化司法职权配置。最高人民法院设立巡回法庭，审理跨行政区域重大行政和民商事案件。探索设立跨行政区域的人民法院和人民检察院，办理跨地区案件。

第三，明确司法机关内部各层级权限，健全内部监督制约机制，司法机关内部人员不得违反规定干预其他人员正在办理的案件，建立司法机关内部人员过问案件的记录制度和责任追究制度。完善主审法官、合议庭、主任检察官、主办侦查员办案责任制，落实谁办案谁负责。

【本章小结】

法治是指法律至上或具有最高权威。法治的概念既有形式方面也有实质方面。作为现代社会的控制装置，法治是一系列原则和前提要件的有机体，其实现是一个过程。

法治原则在我国法律制度中主要表现在以下方面：人民主权原则；依法行政原则；司

---

① 习近平．习近平关于全面依法治国论述摘编．北京：中央文献出版社，2015：67.

法机关独立行使职权原则；保障人权原则。要在中国实现法治，应该具备以下五个基本条件：(1) 完备的社会主义法律体系；(2) 健全的民主制度和监督制度；(3) 严格的行政执法制度与公正的司法制度；(4) 高素质的法治工作队伍；(5) 全民具有法治意识。中国建设社会主义法治国家的具体步骤：理论观念的更新；制度与领导方式的改革。

【本章研习活动】

1. 思考

目前在建设法治国家的过程中，还存在如下一些观念或困惑：

(1) 法治、法治，最终还是要靠人来治理，岂不是仍离不开人治吗？

(2) 法治不是万能的，法律手段难道能代替其他一切手段吗？

(3) 推行法治会不会削弱党的领导，强调法律权威会不会损害党的权威？

针对上述观点或困惑，请你谈谈自己的看法。

2. 分析

1997 年前后，中共中央将“依法治国，建设社会主义法制国家”改为“依法治国，建设社会主义法治国家”。请从理论上分析这一改动的理由。

【推荐阅读材料】

1. 张文显：《法理学》(第三版)，北京，法律出版社，2007。

2. 刘海年、李步云、李林：《依法治国　建设社会主义法治国家》，北京，中国法制出版社，1996。

3. 蒋立山：《中国法治道路初探》(上、下)，载《中外法学》，1998 (3)、(4)。

人大芸窗数字教材解决方案

人大芸窗数字教材是中国人民大学出版社汇聚教学名师、优秀教材和优质资源，全力打造的“内容”＋“平台”一体化的数字化教学产品，目前涵盖经济、管理、财会、人文、法学、英语等学科，旨在提供一套与教学紧密衔接、可扩展、智能化的数字化教学解决方案。

一、优质丰富的内容资源

1. 精选优秀教材，数字资源内容与纸质教材严格一致；

2. 内置 PPT 课件、习题库、教学案例、扩展阅读等优质教学资源。

二、便捷实用的数字化教学平台

1. 与教学内容紧密结合，提供资源管理、作业、测试、班级管理、电子教材、笔记书签、学生评价、教学互动等数字化教学全流程功能；

2. 协助用户进行全程教学管理与进度监控，并可进行大数据分析与智能测评。

《法理学（第七版）》配套有电子教材、知识点库、关键词、习题库、教学案例和 PPT 课件学习资料。PPT 课件、案例分析要点可供教师教学参考，电子教材和习题库可用于学生课后自学。

丰富的教学资源，简单易用的学习平台，让您轻松、高效地掌握学习内容。